KB070129

세상이 변해도
배움의 즐거움은
변함없도록

시대는 빠르게 변해도
배움의 즐거움은
변함없어야 하기에

어제의 비상은
남다른 교재부터
결이 다른 콘텐츠
전에 없던 교육 플랫폼까지

변함없는 혁신으로
교육 문화 환경의 새로운 전형을
실현해왔습니다.

비상은 오늘, 다시 한번
새로운 교육 문화 환경을 실현하기 위한
또 하나의 혁신을 시작합니다.

오늘의 내가 어제의 나를 초월하고
오늘의 교육이 어제의 교육을 초월하여
배움의 즐거움을 지속하는 혁신,

바로, 메타인지 기반 완전 학습을.

상상을 실현하는 교육 문화 기업 비상

메타인지 기반 완전 학습

초월을 뜻하는 meta와 생각을 뜻하는 인지가 결합한 메타인지는
자신이 알고 모르는 것을 스스로 구분하고 학습계획을 세우도록 하는
궁극의 학습 능력입니다. 비상의 메타인지 기반 완전 학습 시스템은
잠들어 있는 메타인지를 깨워 공부를 100% 내 것으로 만들도록 합니다.

GRAMMAR TAPA

LEVEL 1

How to Study
구성과 특장

STEP 2 핵심 문법 Focus를 공부하고 이해도를 점검하세요.

핵심 문법 Focus

문법 Focus를 다양한 유형의 문제로 반복 학습하고,
〈교과서 문장 응용하기〉로 Writing 실력을 높이세요.

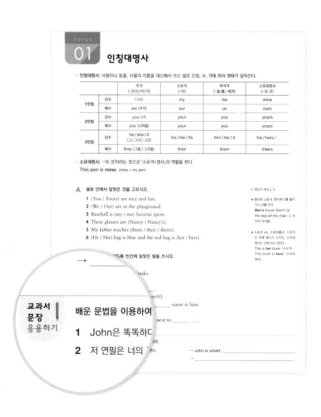

STEP 1 Chapter의 전체적인 내용을 파악하세요.

챕터 미리 보기

공부할 내용을 미리 파악하면서 〈용어 사전〉으로
어려운 문법 용어의 의미를 익히세요.

STEP 3
내신적중 실전문제로 문법을 학습하며
내신도 대비하세요.

〈내신적중 실전문제〉로 학교 시험 빈출 유형을 파악하고, 해당 Chapter의 문법을 이용한 〈서술형 평가〉의 Writing, Reading 문제를 통해 내신을 완벽하게 대비하세요.

STEP 4
Workbook으로 한 번 더 정리하세요.

공부한 내용은 〈요점정리 노트〉로 Chapter별 핵심 문법 사항을 다시 한 번 정리한 후, 문제를 통해 복습하여 완벽하게 이해하고 넘어가세요.

내신적중 실전문제

» 정답과 해설 p.2

01 짝지어진 단어의 관계가 나머지 넷과 다른 것은?
① it — its
② her — hers
③ my — mine
④ your — yours
⑤ their — theirs

02 빈칸에 알맞은 것은?

We love _____ very much.

① my
② she
③ they
④ your
⑤ him

03 빈칸에 알맞은 말이 바르게 짝지어진 것은?

· This is my sister, Sara. _____ is very pretty.
· I have a dog and a cat. I like _____.

① I — it
② He — them
③ She — we
④ She — them
⑤ They — your

04 두 문장의 뜻이 같도록 할 때 빈칸에 알맞은 것은?

This is her yellow umbrella.
= This yellow umbrella is _____.

① it
② its
③ she
④ her
⑤ hers

05 우리말과 뜻이 같도록 빈칸에 알맞은 말을 순서대로 쓰시오.

그것은 우리의 것이 아니다.
→ _____ is not _____.

[06~07] 대화의 빈칸에 알맞은 것을 고르시오.

06
A Is the red jacket yours?
B Yes. It is _____.

① his
② your
③ hers
④ mine
⑤ yours

07
A Are you from Boston?
B _____ I'm from New York.

① Yes, you are.
② No, you aren't.
③ Yes, I am.
④ No, I'm not.
⑤ Yes, I'm not.

내신적중 실전문제

» 정답과 해설 p.2

서술형 평가

[01~02] 다음 표를 보고, 대화를 완성하시오. (완전한 문장으로 쓸 것)

Name	Job	Country
Jessica	teacher	Canada
Ava	student	Canada
Jiho	student	Korea

01
A Ava and Jiho _____ students. Is Jessica a student, too?
B _____. She's _____.

02
A Are Jessica and Ava from Canada?
B _____.
A Is Jiho from Canada?
B _____, _____ from Canada.

03 괄호 안의 지시대로 문장을 바꿔 쓰시오.
(1) It is my favorite picture. (부정문으로)
→
(2) They are in the same club. (의문문으로)
→

04 괄호 안의 말을 이용하여 우리말을 영작하시오.
(1) 그 책들은 나의 것이다. (those)
→
(2) 나의 어머니는 나를 사랑한다. (loves)
→

[05~06] 다음 글을 읽고, 물음에 답하시오.

I have several close friends. They are Sue, Peter, and John. Sue and I are in the same class. She is very nice to me. Peter and John are my neighbors. They are brothers. They know Sue, too. So we often meet her together.
Today is Sunday. Peter and John ⓐ _____ in their house. Sue ⓑ _____ in her grandparents' house now. I ⓒ _____ in the park with my sister now.

05 빈칸 ⓐ~ⓒ에 알맞은 be동사를 쓰시오.

06 윗글의 내용과 일치하도록 질문에 답하시오.

Q Are Peter and you brothers?
→

CHAPTER 01 인칭대명사와 be동사 ········· 요점정리 노트

» 정답 p.57

01 인칭대명사

· 인칭대명사: 사람이나 동물, 사물의 이름을 대신해서 쓰는 말로 인칭, 수, 격에 따라 형태가 달라진다.

		주격 (~은/는/이/가)	소유격 (~의)	목적격 (~을/를, ~에게)	소유대명사 (~의 것)
1인칭	단수	I (나는)	¹	me	mine
	복수	we (우리는)	our	us	²
2인칭	단수	you (너는)	your	³	yours
	복수	you (너희는)	your	you	yours
3인칭	단수	he 그는 / she 그녀는 / it 그것은	⁴ her its	him her ⁵	his ⁶
	복수	they (그들은/그것들은)	⁷ their	them	theirs

· 소유대명사: '~의 것'이라는 뜻으로 '소유격+명사'의 역할을 한다.
This pen is ⁷ _____. (mine = my pen) 이 펜은 나의 것이다.

02 be동사의 의미와 형태

· be동사: '~이다, ~(에) 있다'라는 뜻으로 주어의 인칭과 수에 따라 형태가 변한다.

인칭		인칭대명사	be동사	축약형
1인칭	단수	I	⁸	I'm
	복수	we	are	we're
2인칭	단수	you	are	you're
	복수	you	are	you're
3인칭	단수	he / she / it	⁹	he's / she's / it's
	복수	they	are	they're

We ¹⁰ _____ good friends. 우리는 좋은 친구들이다.

03 be동사의 부정문

· 'be동사+¹¹_____'의 형태로 '~가 아니다, ~가 없다'라는 뜻을 나타낸다.

		부정	축약형
단수	1인칭	I am not	I'm not
	2인칭	you are not	you're not / you aren't
	3인칭	he / she / it is not	he's / she's / it's not he / she / it isn't
복수	1, 2, 3 인칭	we / you / they are not	we're / you're / they're not we / you / they aren't

I ¹² _____ from Canada. 나는 캐나다 출신이 아니다.
You are not(aren't) happy. 너는 행복하지 않다.
He ¹³ _____ a writer. 그는 작가가 아니다.
They are not(aren't) my classmates. 그들은 나의 반 친구들이 아니다.

04 be동사의 의문문

· 'be동사+주어 ~?'의 형태로, 대답은 'Yes, 주어+be동사.'(긍정), 'No, 주어+be동사+not.'(부정)으로 한다.
A ¹⁴ _____ you a middle school student? 너는 중학생이니?
B Yes, I am. / No, ¹⁵ _____. 응, 그래. / 아니, 그렇지 않아.
A ¹⁶ _____ he kind? 그는 친절하니?
B Yes, he ¹⁷ _____. / No, he isn't. 응, 그래. / 아니, 그렇지 않아.

FOCUS 01 인칭대명사

1 괄호 안에 알맞은 것을 고르시오.
(1) (She / Her) is my sister.
(2) I don't like (him / his).
(3) They will visit (we / us).
(4) Do you know (I / my) address?

2 괄호 안의 말을 빈칸에 알맞은 형태로 쓰시오.
(1) I'm proud of _____. (you)
(2) I can't understand _____ idea. (he)
(3) His phone is on the desk, and _____ is in the bag. (I)
(4) The woman is _____ grandmother. (they)

3 밑줄 친 부분을 인칭대명사로 바꿔 문장을 다시 쓰시오.
(1) Mr. Smith is kind and nice.
→
(2) This is my mother's photo.
→
(3) Emma met Alice and Tim.
→
(4) The cat's eyes are blue.
→

4 두 문장의 뜻이 같도록 빈칸에 알맞은 말을 쓰시오.
(1) This is her camera.
→ This camera is _____.
(2) These are his pants.
→ These pants are _____.
(3) That is our house.
→ That house is _____.
(4) Is this your puppy?
→ Is this puppy _____?

FOCUS 02 be동사의 의미와 형태

1 인칭대명사에 알맞은 be동사와 축약형을 쓰시오.

인칭대명사	be동사	축약형
(1) I		
(2) you		
(3) she		
(4) it		

2 빈칸에 알맞은 be동사를 쓰시오.
(1) Your bicycle _____ old.
(2) This bag _____ Sophia's.
(3) I _____ a scientist.
(4) They _____ tennis players.

3 밑줄 친 부분을 어법상 바르게 고쳐 쓰시오.
(1) My cousins is twin sisters.
→
(2) Its my favorite subject.
→
(3) Kevin are interested in painting.
→
(4) I are your homeroom teacher.
→

4 빈칸에 알맞은 말을 쓰시오.
(1) This is Ms. White. _____ my English teacher.
(2) My name is Minji. _____ a middle school student.
(3) That little boy is my brother. _____ very cute.
(4) These are Sam and Mary. _____ my classmates.

Contents

차례

When you have a dream,
you've got to grap it and
never let go.

by Carol Burnett

꿈이 있다면, 그 꿈을 잡고 절대 놓아주지 마라.

캐롤 버넷

CHAPTER

01

인칭대명사와
be동사

인칭대명사란 무엇인가?

인칭대명사는 사람이나 동물, 사물의 이름을 대신하여 가리키는 말이다. *인칭은 1인칭(I), 2인칭(you), 3인칭 (he, she, it)으로 나눌 수 있고, 문장에서 어떤 역할을 하는지에 따라 주격, 소유격, 목적격으로 쓰인다.

Jenny is **my** sister. **She** is very kind. Jenny은 나의 언니이다. 그녀는 매우 친절하다.
　　　　　소유격　　　주격(= Jenny)

인칭대명사에 따라 be동사는 어떻게 쓰이는가?

be동사는 주어의 인칭과 수에 따라 그 형태가 am, are, is로 달라진다.

	단수주어	be동사	복수주어	be동사
1인칭	I	am	We	are
2인칭	You	are	You	are
3인칭	He / She / It	is	They	are

I am a middle school student. 〈1인칭 단수〉 나는 중학생이다.
You are my best friend. 〈2인칭 단수〉 너는 나의 가장 좋은 친구이다.
They are from England. 〈3인칭 복수〉 그들은 영국 출신이다.

be동사가 있는 문장의 부정문과 의문문은 어떻게 만드는가?

be동사의 부정문
주어+be동사+not ~.
He is a teacher. 그는 선생님이다.
→ He **is not(isn't)** a teacher. 그는 선생님이 아니다.

be동사의 의문문
Be동사+주어 ~? – (긍정) Yes, 주어+be동사. / (부정) No, 주어+be동사+not.
They are thirteen years old. 그들은 열세 살이다.
→ **Are they** thirteen years old? 그들은 열세 살이니?
　— **Yes**, they **are**. 응, 그래. / **No**, they **aren't**. 아니, 그렇지 않아.

용어 사전

* **인칭**: 어떤 동작의 주체가 말하는 사람(1인칭), 말을 듣는 사람(2인칭), 그 외 다른 사람(3인칭) 중 누구인지를 구별하는 말이다.

인칭대명사

- **인칭대명사**: 사람이나 동물, 사물의 이름을 대신해서 쓰는 말로 인칭, 수, 격에 따라 형태가 달라진다.

		주격 (~은/는/이/가)	소유격 (~의)	목적격 (~을/를,~에게)	소유대명사 (~의 것)
1인칭	단수	I (나)	my	me	mine
	복수	we (우리)	our	us	ours
2인칭	단수	you (너)	your	you	yours
	복수	you (너희들)	your	you	yours
3인칭	단수	he / she / it (그 / 그녀 / 그것)	his / her / its	him / her / it	his / hers / -
	복수	they (그들 / 그것들)	their	them	theirs

- **소유대명사**: '~의 것'이라는 뜻으로 「소유격+명사」의 역할을 한다.

This pen is **mine**. 〈mine = my pen〉

A 괄호 안에서 알맞은 것을 고르시오.

1 (You / Yours) are nice and fun.
2 (We / Our) are in the playground.
3 Baseball is (my / me) favorite sport.
4 These glasses are (Nancy / Nancy's).
5 My father teaches (them / their / theirs).
6 (He / His) bag is blue and the red bag is (her / hers).

B 우리말과 뜻이 같도록 빈칸에 알맞은 말을 쓰시오.

1 그것은 너의 실수이다.
  → It is _____ mistake.
2 이 좌석들은 우리의 것이다.
  → These seats are _____.
3 우리는 그를 안다. 그의 이름은 Sam이다.
  → We know _____. _____ name is Sam.
4 내 삼촌의 집은 나의 집 옆에 있다.
  → _____ uncle's house is next to _____.

》 정답과 해설 p.2

◆ 명사의 소유격: 명사에 's를 붙이거나 of를 쓴다.
Ben's house (Ben의 집)
the legs **of** the chair (그 의자의 다리들)

◆ 소유격 *vs.* 소유대명사: 소유격은 뒤에 명사가 오지만, 소유대명사는 단독으로 쓰인다.
This is **her** book. (소유격)
This book is **hers**. (소유대명사)

교과서 문장 응용하기 │ 배운 문법을 이용하여 영어 문장을 써 봅시다.

1 John은 똑똑하다. 나는 그를 좋아한다. → John is smart. _____

2 저 연필은 너의 것이다. → _____

be동사의 의미와 형태

▪ be동사는 '~이다, ~(에) 있다'라는 뜻으로 주어의 인칭과 수에 따라 형태가 변한다.

인칭		인칭대명사	be동사	축약형
1인칭	단수	I	am	I'm
	복수	we	are	we're
2인칭	단수	you	are	you're
	복수	you	are	you're
3인칭	단수	he / she / it	is	he's / she's / it's
	복수	they	are	they're

He **is**(He's) my brother.　　　　　　　　We **are**(We're) good friends.

A 빈칸에 be동사를 알맞은 형태로 쓰시오.

1 I _____ a basketball player.

2 Olivia _____ a good cook.

3 His schoolbag _____ black.

4 James and Amy _____ in the classroom.

B 밑줄 친 부분의 축약형을 쓰시오.

1 <u>She is</u> from New York.　　　　　　_____

2 <u>It is</u> a science magazine.　　　　　_____

3 <u>They are</u> my daughters.　　　　　_____

4 <u>I am</u> a middle school student.　　_____

C 다음 문장의 주어를 괄호 안의 말로 바꿔 문장을 다시 쓰시오.

1 They are so big. (It)

→ _____

2 My brother is fourteen years old. (We)

→ _____

3 I am late for the class. (You)

→ _____

》 정답과 해설 p.2

◆ be동사의 의미
1. ~이다: I **am** a student. (나는 학생이다.) → '신분'을 의미함
2. ~(에) 있다: My book **is** on the desk. (나의 책은 책상 위에 있다.) → '상태'를 의미함

◆ this is는 줄여 쓰지 않는다.
This is my dog. (○)
This's my dog. (×)

교과서
문장
응용하기

배운 문법을 이용하여 영어 문장을 써 봅시다.

1 그녀는 오늘 아프다. (sick)　　　　　　→ _____

2 그것들은 멋진 그림이다. (wonderful, pictures)　→ _____

03 be동사의 부정문

▪ be동사의 부정문은 be동사 뒤에 not을 붙여 쓰며 '~가 아니다, ~이 않다'라는 뜻을 나타낸다.

		긍정	부정	축약형
단수	1인칭	I am	I am not	I'm not
	2인칭	you are	you are not	you're not / you aren't
	3인칭	he / she / it is	he / she / it is not	he's / she's / it's not he / she / it isn't
복수	1, 2, 3인칭	we / you / they are	we / you / they are not	we're / you're / they're not we / you / they aren't

I **am not** from Canada.　　　　　　She **is not(isn't)** a writer.

A 밑줄 친 부분의 축약형을 쓰시오.

» 정답과 해설 p.2

1 <u>You are not</u> tall.　　　　　　_____

2 <u>I am not</u> hungry.　　　　　　_____

3 <u>They are not</u> in the kitchen.　　_____

4 <u>He is not</u> a famous singer.　　_____

5 <u>We are not</u> in the same class.　_____

◆ am not은 amn't라고 축약해서 쓰지 않는다.
I amn't a doctor. (×)

B 다음 문장을 부정문으로 바꿔 쓰시오.

1 I am thirsty.

→ _____

2 He is a math teacher.

→ _____

3 You are from Japan.

→ _____

4 It is my favorite book.

→ _____

5 Lisa and Sara are twelve years old.

→ _____

6 We are at the bus stop.

→ _____

교과서 문장 응용하기

배운 문법을 이용하여 영어 문장을 써 봅시다.

1 그는 지금 집에 없다. (at home)　　　→ _____

2 Sam과 Jenny는 나의 반 친구들이 아니다. (classmates) → _____

04 be동사의 의문문

- be동사의 의문문은 「Be동사+주어 ~?」의 형태이며, 대답은 긍정이면 「Yes, 주어+be동사.」, 부정이면 「No, 주어+be
동사+not.」으로 한다.

You are a middle school student.

→ **Are you** a middle school student? — **Yes**, I **am**. / **No**, I'm **not**.

A 다음 문장을 의문문으로 바꿔 쓰시오.

1 Your shoes are new.

→ _____

2 He is a police officer.

→ _____

3 We are late for the meeting.

→ _____

4 They are hockey players.

→ _____

5 His uncle is in the living room.

→ _____

» 정답과 해설 p.2

◆ 의문문의 주어가 일반명사나 고유명사라고 해도 대답할 때는 인칭대명사로 바꿔 쓴다.
A Is Mina at school?
B Yes, **she** is. / No, **she** isn't.

B 대화의 빈칸에 알맞은 말을 쓰시오.

1 A Are your dogs black?

B No, _____ _____.

2 A _____ your mother a doctor?

B Yes, _____ _____.

3 A _____ _____ tired today?

B _____, I am.

4 A _____ James from Germany?

B _____, _____ _____. He's from Spain.

5 A _____ the movie boring?

B _____, _____ _____. It's interesting.

교과서 문장 응용하기

배운 문법을 이용하여 영어 문장을 써 봅시다.

1 Emma는 10살이니? → _____

2 그분들이 네 아버지와 어머니이시니? – 응, 그래. → _____

14 Grammar TAPA

➡ 내신적중 실전문제를 풀기 전에 Workbook p.2에 있는 요점정리를 참고하세요.

내신적중 실전문제

» 정답과 해설 p.2

01 짝지어진 단어의 관계가 나머지 넷과 <u>다른</u> 것은?

① it — its ② her — hers
③ my — mine ④ your — yours
⑤ their — theirs

02 빈칸에 알맞은 것은?

> We love _____ very much.

① my ② she
③ they ④ your
⑤ him

03 빈칸에 알맞은 말이 바르게 짝지어진 것은?

> • This is my sister, Sara. _____ is very
>   pretty.
> • I have a dog and a cat. I like _____.

① I — it ② He — them
③ She — we ④ She — them
⑤ They — your

04 두 문장의 뜻이 같도록 할 때 빈칸에 알맞은 것은?

> This is her yellow umbrella.
> = This yellow umbrella is _____.

① it ② its ③ she
④ her ⑤ hers

05 우리말과 뜻이 같도록 빈칸에 알맞은 말을 순서대로 쓰시오. 주관식

> 그것은 우리의 것이 아니다.
> → _____ is not _____.

[06~07] 대화의 빈칸에 알맞은 것을 고르시오.

06

> A Is the red jacket yours?
> B Yes. It is _____.

① his ② your
③ hers ④ mine
⑤ yours

07

> A Are you from Boston?
> B _____ I'm from New York.

① Yes, you are. ② No, you aren't.
③ Yes, I am. ④ No, I'm not.
⑤ Yes, I'm not.

08 빈칸에 알맞지 <u>않은</u> 것은?

> _____ is my English teacher.

① She
② He
③ Mrs. Baker
④ You
⑤ His father

09 밑줄 친 부분을 축약하여 쓸 수 <u>없는</u> 것은?

① It <u>is not</u> my bike.
② <u>They are</u> my friends.
③ I <u>am not</u> a lazy boy.
④ <u>You are</u> very special.
⑤ <u>She is</u> a famous actress.

10 빈칸에 aren't가 들어갈 수 있는 것끼리 짝지어진 것은?

> ⓐ You _____ smart.
> ⓑ My dog _____ cute.
> ⓒ They _____ from America.
> ⓓ Isabella and I _____ designers.

① ⓐ, ⓑ
② ⓑ, ⓒ
③ ⓐ, ⓑ, ⓓ
④ ⓐ, ⓒ, ⓓ
⑤ ⓑ, ⓒ, ⓓ

11 빈칸에 알맞은 말을 쓰시오. 주관식

> Noah and Olivia are busy. _____ parents are busy, too.

12 밑줄 친 부분 중 어법상 어색한 것은?

① Sally <u>is</u> in the library.
② My pet's name <u>isn't</u> Dolly.
③ Dennis <u>isn't</u> hungry now.
④ Amy and I <u>am</u> not friends.
⑤ John's brothers <u>are</u> kind to me.

13 그림을 보고, 대화의 대답으로 알맞은 것은?

> A Is Mr. Jones a music teacher?
> B _____

① Yes, he is.
② No, he isn't.
③ Yes, it is.
④ No, it isn't.
⑤ No, she isn't.

14 빈칸에 Is가 들어갈 수 <u>없는</u> 것은?

① _____ their house big?

② _____ your uncle a pilot?

③ _____ you sleepy now?

④ _____ a computer cheap?

⑤ _____ she from Brazil?

15 |보기|의 밑줄 친 부분과 쓰임이 <u>다른</u> 것은?

> **보기**
> I like <u>her</u> hairstyle.

① <u>Her</u> eyes are big.

② Cathy is <u>her</u> friend.

③ I meet <u>her</u> every day.

④ Are you <u>her</u> mother?

⑤ Is <u>her</u> cat from Thailand?

16 두 문장의 뜻이 같도록 빈칸에 알맞은 말을 쓰시오. 주관식

> You're not quiet and kind.
> = You _____ quiet and kind.

17 어법상 옳은 것은?

① This's his pencil.

② Its neck is very long.

③ These pictures are our.

④ My favorite season am spring.

⑤ Jim and Kelly isn't late for school.

18 대화의 빈칸에 알맞은 말을 쓰시오. 주관식

> A _____ the shoes new?
> B Yes, _____ _____.

19 괄호 안의 알맞은 말이 바르게 짝지어진 것은?

> ⓐ (Am / Is / Are) they scientists?
> ⓑ (Am / Is / Are) I a student?
> ⓒ (Am / Is / Are) Ms. Brown a nurse?

① Am — Is — Are

② Am — Are — Is

③ Is — Am — Are

④ Is — Are — Am

⑤ Are — Am — Is

20 밑줄 친 ①~⑤ 중 어법상 어색한 것을 골라 바르게 고쳐 쓰시오. 주관식

> Mark ①is from Australia. ②He lives in Seoul now. ③His family lives in Seoul, too. ④His father works in Suwon. Mark loves ⑤her very much.

_____ → _____

서술형 평가

[01~02] 다음 표를 보고, 대화를 완성하시오. (완전한 문장으로 쓸 것)

Name	Job	Country
Jessica	teacher	Canada
Ava	student	Canada
Jiho	student	Korea

01

A Ava and Jiho _____ students. Is Jessica a student, too?

B _____. She's _____.

02

A Are Jessica and Ava from Canada?

B _____.

A Is Jiho from Canada?

B _____ from Canada. _____ _____.

03 괄호 안의 지시대로 문장을 바꿔 쓰시오.

(1)

It is my favorite picture. (부정문으로)

→ _____

(2)

They are in the same club. (의문문으로)

→ _____

04 괄호 안의 말을 이용하여 우리말을 영작하시오.

(1)

그 책들은 나의 것이다. (those)

→ _____

(2)

나의 어머니는 나를 사랑한다. (loves)

→ _____

독해형 어법

[05~06] 다음 글을 읽고, 물음에 답하시오.

　I have several close friends. They are Sue, Peter, and John. Sue and I are in the same class. She is very nice to me. Peter and John are my neighbors. They are brothers. They know Sue, too. So we often meet her together.

　Today is Sunday. Peter and John ____ⓐ____ in their house. Sue ____ⓑ____ in her grand-parents' house now. I ____ⓒ____ in the park with my sister now.

05 빈칸 ⓐ ~ ⓒ에 알맞은 be동사를 쓰시오.

ⓐ _____　ⓑ _____　ⓒ _____

06 윗글의 내용과 일치하도록 질문에 답하시오.

Q Are Peter and you brothers?

→ _____

CHAPTER

02

일반동사

동사란 무엇인가?

동사는 사람이나 동물, 사물의 동작이나 상태를 나타내는 말이다. 영어에서 동사는 *be동사와 *일반동사, *조동사 세 가지로 나눌 수 있다.

동사

be동사: am, are, is   **일반동사:** go, like, play 등   **조동사:** will, can, may 등

문장에서 일반동사는 어떻게 쓰이는가?

일반동사도 be동사와 마찬가지로 주어의 인칭과 수(단·복수)에 따라 형태가 변하는데, 주어가 3인칭 단수(he, she, it, Mr. Lee, the cat 등)일 경우에 「동사원형+-(e)s」의 형태로 쓴다. 부정문과 의문문을 만들 때에는 조동사 do(does)를 이용한다.

긍정문

1, 2인칭, 3인칭 복수: 주어+동사원형

3인칭 단수: 주어+동사원형+-(e)s

I **want** cookies.
나는 쿠키를 원한다.

She **wants** cookies.
그녀는 쿠키를 원한다.

부정문

1, 2인칭, 3인칭 복수: 주어+don't+동사원형 ~.

3인칭 단수: 주어+doesn't+동사원형 ~.

I **don't want** cookies.
나는 쿠키를 원하지 않는다.

She **doesn't want** cookies.
그녀는 쿠키를 원하지 않는다.

의문문

1, 2인칭, 3인칭 복수: Do+주어+동사원형 ~?

3인칭 단수: Does+주어+동사원형 ~?

Do you **want** cookies?
너는 쿠키를 원하니?

Does she **want** cookies?
그녀는 쿠키를 원하니?

용어 사전

* **be동사:** 주어의 상태를 나타내는 동사이다.

* **일반동사:** 주어의 동작이나 상태를 나타내는 동사이다.

* **조동사:** be동사나 일반동사 앞에 쓰여서 그 동사에 어떤 특정한 의미를 더해 주는 동사이다.

일반동사

- **일반동사**: 주어의 동작이나 상태를 나타내는 동사로 be동사와 조동사를 제외한 나머지 동사를 말한다.

I **walk** to school. 〈동작〉　　　　　　　　　　　I **like** Thailand food. 〈상태〉

- **일반동사의 현재형**: 주어의 인칭과 수에 따라 형태가 변한다.

주어	형태	예문
1, 2인칭 단·복수	동사원형	I **like** spring and summer. We **live** in Seoul.　　　　You **get** up early.
3인칭 복수	동사원형	They **play** soccer after school.

A 다음 문장에서 일반동사를 골라 밑줄을 그으시오.　　　　　　　　　》 정답과 해설 p.4

1 We love each other.　　　　　　3 They need a new house.
2 I speak English and Chinese.　　4 My sister and I have breakfast.

B 빈칸에 알맞은 말을 | 보기 |에서 골라 쓰시오. (한 번씩만 사용할 것)

| 보기 |
| do　　　play　　　read　　　teach　　　watch |

1 I _____ comic books.
2 We _____ our homework every day.
3 You _____ math at a middle school.
4 Jenny and Sam _____ movies every weekend.
5 My brothers _____ computer games together.

C 우리말과 뜻이 같도록 빈칸에 알맞은 말을 쓰시오.

1 너는 일요일마다 수영을 한다.
　→ You _____ on Sundays.
2 나는 매일 밤 라디오를 듣는다.
　→ I _____ to the radio every night.
3 그들은 버스를 타고 학교에 간다.
　→ They _____ to school by bus.

교과서
문장
응용하기 | 배운 문법을 이용하여 영어 문장을 써 봅시다.

1 그들은 피아노를 연주한다.　　　　　→ _____
2 우리는 방과 후에 영어를 공부한다.　　→ _____

일반동사의 3인칭 단수형

■ 주어가 3인칭 단수이고 현재시제일 때 일반동사는 「동사원형+-(e)s」의 형태로 쓴다.

대부분의 동사	동사원형+-s	like → likes, meet → meets, read → reads 등
-o, -s, -x, -ch, -sh로 끝나는 동사	동사원형+-es	go → goes, miss → misses, fix → fixes, watch → watches, wash → washes 등
「자음+y」로 끝나는 동사	y를 i로 바꾸고+-es	study → studies, try → tries, fly → flies 등
「모음+y」로 끝나는 동사	동사원형+-s	play → plays, say → says, enjoy → enjoys 등
불규칙 동사		have → has

My father **watches** TV after dinner.   Cathy **has** three dogs.

A 다음 동사를 3인칭 단수형으로 쓰시오.   》 정답과 해설 p.4

1 cry _____   5 eat _____   9 mix _____
2 go _____   6 play _____   10 teach _____
3 sleep _____   7 want _____   11 carry _____
4 come _____   8 need _____   12 miss _____

B 우리말과 뜻이 같도록 빈칸에 들어갈 말을 | 보기 |에서 골라 알맞은 형태로 쓰시오.

┌ 보기 ┐
  study   have   wash   enjoy   start

1 그 콘서트는 6시 30분에 시작한다.
  → The concert _____ at 6 : 30.
2 나의 어머니는 고전 음악을 즐긴다.
  → My mother _____ classical music.
3 토끼는 커다란 귀를 가지고 있다.
  → A rabbit _____ long ears.
4 그는 아침 식사 전에 그의 손을 씻는다.
  → He _____ his hands before breakfast.
5 Jasmine은 영어와 스페인어를 공부한다.
  → Jasmine _____ English and Spanish.

- -

교과서 문장 응용하기 배운 문법을 이용하여 영어 문장을 써 봅시다.

1 David는 그의 숙제를 한다.   → _____
2 내 여동생은 이야기책을 읽는다. (storybooks)   → _____

07 일반동사의 부정문

■ 일반동사의 부정문은 주어 뒤에 do not 또는 does not을 붙이고 동사원형을 쓴다.

주어	형태	예문
1, 2인칭 단·복수, 3인칭 복수	주어+don't(do not)+동사원형 ~.	I **don't like** chocolate.
3인칭 단수	주어+doesn't(does not)+동사원형 ~.	She **doesn't like** chocolate.

A 괄호 안에서 알맞은 것을 고르시오.

》 정답과 해설 p.4

1 I (don't / doesn't) enjoy shopping.

2 My father (don't / doesn't) work on Mondays.

3 Ann and her sister (don't / doesn't) clean their room.

4 He (don't / doesn't) need a new computer.

B 우리말과 뜻이 같도록 괄호 안의 말을 이용하여 문장을 완성하시오.

1 Eric은 야채를 좋아하지 않는다. (like)

→ Eric _____ _____ vegetables.

2 그녀는 집에 일찍 오지 않는다. (come)

→ She _____ _____ home early.

3 나의 조부모님은 패스트푸드를 전혀 드시지 않는다. (eat)

→ My grandparents _____ _____ fast food at all.

C 다음 문장을 부정문으로 바꿔 쓰시오.

1 I feel happy today.

→ _____

2 He has a pet.

→ _____

3 You read the newspaper every day.

→ _____

4 Sally goes to church every Sunday.

→ _____

교과서 문장 응용하기

배운 문법을 이용하여 영어 문장을 써 봅시다.

1 나의 부모님들은 커피를 마시지 않는다. → _____

2 그녀는 안경을 쓰지 않는다. (glasses) → _____

08 일반동사의 의문문

■ 일반동사의 의문문은 주어 앞에 Do 또는 Does를 쓰고 주어 뒤의 일반동사는 동사원형을 쓴다.

주어	형태	대답
1, 2인칭 단·복수, 3인칭 복수	Do+주어+동사원형 ~?	Yes, 주어+do. / No, 주어+don't.
3인칭 단수	Does+주어+동사원형 ~?	Yes, 주어+does. / No, 주어+doesn't.

A **Do you like** English?
B **Yes,** I **do.** / **No,** I **don't.**

A **Does Andy watch** TV?
B **Yes,** he **does.** / **No, he doesn't.**

A 다음 문장을 의문문으로 바꿔 쓰시오.

》정답과 해설 p.4

1 You sing well.

   → _____

2 They come from France.

   → _____

3 She teaches Japanese on Mondays.

   → _____

4 Mr. Johnson has two daughters.

   → _____

5 Jack and Danny play badminton after school.

   → _____

◆ 의문사가 있는 의문문은 「의문사
+do(does)+주어+동사원형 ~?」
의 형태로 쓰며, Yes나 No로
답하지 않는다.
A **What does** Mia **do?**
B She reads books.

B 대화의 빈칸에 알맞은 말을 쓰시오.

1 A _____ he have a cellphone?
  B Yes, he _____ .

2 A _____ _____ take dance lessons?
  B No, I don't.

3 A _____ your uncle live in country?
  B Yes, _____ _____ .

4 A _____ Emily cook well?
  B _____ , _____ _____ . She's a good cook.

5 A Do Mr. and Mrs. Smith _____ your new dress?
  B No. _____ _____ like it.

교과서
문장
응용하기

배운 문법을 이용하여 영어 문장을 써 봅시다.

1 너는 일찍 일어나니? (early)   → _____

2 그녀는 오늘 학교에 가니?   → _____

➡ 내신적중 실전문제를 풀기 전에 Workbook p.5에 있는 요점정리를 참고하세요.

01 다음 중 동사의 3인칭 단수형이 잘못 연결된 것은?

① buy — buys ② fly — flyes

③ live — lives ④ go — goes

⑤ fix — fixes

02 빈칸에 알맞은 것은?

_____ works at a hospital.

① I ② You

③ Mr. Brown ④ They

⑤ Bob and Sue

03 괄호 안의 말을 빈칸에 알맞은 형태로 쓰시오. 주관식

My mother _____ Chinese. (study)

[04~05] 빈칸에 알맞지 않은 것을 고르시오.

04

Janet _____ on Saturdays.

① gets up late

② ride her bike

③ washes her car

④ helps her mother

⑤ goes to the movies

05

Does he _____?

① has a car

② speak English

③ go to bed early

④ remember you

⑤ clean his room

06 우리말과 뜻이 같도록 빈칸에 알맞은 말을 쓰시오. 주관식

Sam과 그의 남동생은 계란을 먹지 않는다.

→ Sam and his brother _____ eat eggs.

07 밑줄 친 부분 중 어법상 어색한 것은?

① The baby cries loudly.

② The girl loves her friends.

③ She has breakfast every day.

④ Jisu watches TV in the living room.

⑤ My brother plaies baseball after school.

08 대화의 빈칸에 알맞은 것은?

> **A** Does the concert finish at 9:00 p.m.?
> **B** _____ It finishes at 8:00.

① Yes, I do.　　　② No, I don't.
③ Yes, it does.　　④ No, it doesn't.
⑤ No, he doesn't.

09 밑줄 친 부분의 쓰임이 나머지 넷과 다른 것은?

① <u>Do</u> we have enough time?
② My friends <u>don't</u> play chess.
③ <u>Do</u> you visit your grandparents?
④ I <u>do</u> my homework in the evening.
⑤ Carl and Paul <u>don't</u> know each other.

10 빈칸에 don't(doesn't)가 들어갈 수 없는 것은?

① We _____ like shopping.
② He _____ sing very well.
③ Jim and I _____ drink milk.
④ Kelly _____ a basketball player.
⑤ They _____ make noises in the classroom.

11 대화의 빈칸에 공통으로 알맞은 말을 쓰시오. 주관식

> **A** Jisu, _____ your parents like action movies?
> **B** Yes, they _____.

12 빈칸에 알맞은 것을 모두 고르면?

> Sora and her brother _____.

① goes for a walk
② help their parents
③ doesn't tell a lie
④ don't like ice cream
⑤ wants a new computer

13 어법상 어색한 것은?

① He doesn't read books.
② She don't play the violin.
③ I don't enjoy many sports.
④ Cathy and Jack don't like cats.
⑤ John doesn't wear school uniforms.

14 다음 문장을 의문문으로 바꿔 쓸 때 빈칸에 알맞은 말을 쓰시오. 주관식

> My sister washes her hair every night.
> → _____ your sister _____ her hair every night?

15 우리말을 영어로 바르게 옮긴 것은?

> 그 로봇은 팔이 없다.

① The robot have not arms.
② The robot don't has arms.
③ The robot don't have arms.
④ The robot doesn't has arms.
⑤ The robot doesn't have arms.

16 대화의 빈칸에 알맞은 말이 바르게 짝지어진 것은?

> A _____ Ann and Bill walk to school?
> B No, _____.

① Do — we don't
② Do — they don't
③ Do — he doesn't
④ Does — they don't
⑤ Does — she doesn't

17 어법상 어색한 것끼리 바르게 짝지어진 것은?

> ⓐ She doesn't listen to music.
> ⓑ Chris carrys his soccer ball.
> ⓒ Does Brian go on a picnic with his family?
> ⓓ My school don't have a music room.
> ⓔ Do you keep a diary in English?

① ⓐ, ⓓ   ② ⓑ, ⓓ
③ ⓒ, ⓔ   ④ ⓑ, ⓒ, ⓓ
⑤ ⓒ, ⓓ, ⓔ

18 어법상 옳은 것은?

① Do my cat look cute?
② Birds fly in the sky.
③ Jack play the guitar very well.
④ Amy doesn't studies Korean.
⑤ My father don't do the dishes.

19 대화의 빈칸에 알맞은 것은?

> A _____
> B No, she doesn't. She only has sisters.

① Do her sisters like you?
② Do her sisters live with her?
③ Does Mary like her sisters?
④ Does Mary have a brother?
⑤ Does Mary help her sisters?

20 밑줄 친 ①~⑤ 중 어법상 어색한 부분을 찾아 바르게 고쳐 쓰시오. 주관식

> ①Do you like computer games? I ②like computer games a lot. I ③play ④them every day. But my brother ⑤isn't plays computer games at all.

_____ → _____

서술형 평가

01 다음 문장을 부정문과 의문문으로 각각 바꿔 쓰시오.

Sophia has lunch at noon.

(1) (부정문) _____
(2) (의문문) _____

[02~03] 다음 글을 읽고, 물음에 답하시오.

I am Minho. My favorite hobby is baseball. ⓐ I am a good baseball player. ⓑ I practice every afternoon.

02 밑줄 친 ⓐ를 |조건|에 맞게 같은 의미의 문장으로 바꿔 쓰시오.

┌─ 조건 ┐
1. 일반동사를 사용할 것
2. 5단어의 문장으로 쓸 것
└─────────┘

→ _____

03 밑줄 친 ⓑ를 |조건|에 맞게 바꿔 쓰시오.

┌─ 조건 ┐
주어를 he로 쓸 것
└─────────┘

→ _____

04 다음 표를 보고, 각 인물이 좋아하는 것과 좋아하지 <u>않는</u> 것에 대한 문장을 쓰시오.

	좋아하는 것	좋아하지 않는 것
Suji	sports, movies	music, books
Kevin	sports, books	movies, computer games

(1) Suji (좋아하는 것)

→ _____

(2) Kevin (좋아하지 <u>않는</u> 것)

→ _____

[05~06] 다음 미나의 글을 읽고, 물음에 답하시오.

My sister and I get up at 6:00 in the morning every day. We go jogging. Then, we take a shower, and have breakfast. My sister go to work at 7:30, and I go to school at 8:00. I come home at 4:00, but my sister comes home at 7:00. We have dinner together at 7:30 with our parents. I do my homework after dinner. My sister helps me with my homework every day. We go to bed at 11:00.

05 윗글에서 어법상 <u>어색한</u> 부분을 찾아 바르게 고쳐 쓰시오.

_____ → _____

06 윗글의 내용과 일치하도록 질문에 답하시오.

(1) Do Mina's sister and Mina come home together?

→ _____

(2) Does Mina's sister help Mina's homework?

→ _____

CHAPTER

03

명사와 관사

🍃 **명사란 무엇이며 어떤 것들이 있는가?**

명사는 사람이나 사물 등의 이름을 나타내는 말로 셀 수 있는 명사와 셀 수 없는 명사로 나뉜다.

🍃 **관사란 무엇이며 어떤 것들이 있는가?**

관사는 명사 앞에 쓰여 명사의 성격을 정하는 말로 *부정관사 a / an과 *정관사 the가 있다.

용어
사전

* **부정관사:** 명사가 불특정한 사물을 나타내는 경우에 앞에 덧붙이는 관사이다.

* **정관사:** 명사 앞에 붙어서 지시나 한정의 뜻을 나타내는 관사이다.

셀 수 있는 명사의 복수형_ 규칙 변화

- 셀 수 있는 명사는 개수가 하나이면 단수형, 여럿이면 복수형으로 쓸 수 있다.

one **girl** and one **boy** 〈단수〉　　　　　two **girls** and two **boys** 〈복수〉

- **명사의 복수형:** 일반적으로 단어 끝에 -(e)s를 붙여서 만든다.

대부분의 명사	명사+-s	girl → girls, house → houses, table → tables 등
-o, -s, -x, -sh, -ch로 끝나는 명사	명사+-es	tomato → tomatoes, bus → buses, box → boxes, dish → dishes, bench → benches 등 [예외] pianos, photos
「자음+y」로 끝나는 명사	y를 i로 바꾸고+-es	city → cities, baby → babies, story → stories 등
「모음+y」로 끝나는 명사	명사+-s	boy → boys, toy → toys, day → days 등
-f, -fe로 끝나는 명사	f, fe를 v로 바꾸고+-es	leaf → leaves, knife → knives, wolf → wolves 등

A 명사의 복수형을 쓰시오.

》 정답과 해설 p.6

1 lady _____
2 key _____
3 photo _____
4 watch _____

5 wolf _____
6 camera _____
7 potato _____
8 fox _____

◆ 항상 복수형으로 쓰는 명사: 짝으로 이루어진 명사는 복수형으로 쓴다. (shoes, pants, gloves, glasses, scissors, chopsticks 등)

B 괄호 안에서 알맞은 것을 고르시오.

1 Look at the (dog / dogs). It's really cute.
2 Amy has four (class / classes) on Friday.
3 We can see many yellow (leaf / leaves) in fall.
4 My mother grows a lot of (flower / flowers) in the garden.

C 밑줄 친 부분을 어법상 바르게 고쳐 쓰시오.

1 He is a science <u>teachers</u>. _____
2 Brian travels to many <u>countrys</u>. _____
3 The <u>boies</u> like sports very much. _____
4 I need five <u>tomato</u> for the pizza. _____
5 We have two <u>pianoes</u> in the music room. _____

교과서
문장
응용하기

배운 문법을 이용하여 영어 문장을 써 봅시다.

1 나는 칼 두 개가 필요하다. (knife)　　　→ _____

2 나의 이모는 아기가 세 명 있다. (aunt)　　→ _____

셀 수 있는 명사의 복수형_ 불규칙 변화

불규칙 변화	man → men, woman → women, tooth → teeth, foot → feet, child → children, mouse → mice, goose → geese, ox → oxen 등
단수형 = 복수형	sheep → sheep, fish → fish, deer → deer, Chinese → Chinese, Japanese → Japanese 등

A 밑줄 친 부분을 어법상 바르게 고쳐 쓰시오.   》 정답과 해설 p.6

1 Mrs. Brown has four <u>child</u>.   _____

2 We get wool from <u>sheeps</u>.   _____

3 Some <u>deers</u> have short legs.   _____

4 I have clean and white <u>tooth</u>.   _____

5 His hands and <u>foot</u> are cold now.   _____

6 A fisherman catches many <u>fishes</u>.   _____

7 There are many <u>mouses</u> in the kitchen.   _____

B 우리말과 뜻이 같도록 빈칸에 알맞은 말을 쓰시오.

1 거위들은 매우 시끄럽다.

　→ _____ are very noisy.

2 너의 발은 깨끗하지 않다.

　→ Your _____ are not clean.

3 그 구멍 안에 쥐들이 있다.

　→ The _____ are in the hole.

4 많은 양들이 들판에 있다.

　→ A lot of _____ are in the field.

5 요즘 많은 일본인들이 한국을 방문한다.

　→ These days many _____ visit Korea.

6 그 농부는 황소 두 마리와 암소 세 마리가 있다.

　→ The farmer has two _____ and three cows.

7 이 공원은 젊은 남자들과 여자들 사이에 인기가 있다.

　→ This park is popular among young _____ and _____.

**교과서
문장
응용하기**　배운 문법을 이용하여 영어 문장을 써 봅시다.

1 그는 양 다섯 마리를 지킨다. (keep)   → _____

2 우리는 매일 우리의 이를 닦는다. (brush)   → _____

셀 수 없는 명사

■ 셀 수 없는 명사는 고유한 이름이나 특정한 형태가 없는 명사로, 앞에 a나 an을 쓸 수 없으며 항상 단수형으로 쓴다.

물질명사	일정한 모양이 없는 물질을 나타내는 명사	juice, sugar, air, money, paper, water 등
추상명사	추상적 의미를 나타내는 명사	love, peace, health, hope, beauty, friendship 등
고유명사	사람의 이름, 지명, 요일, 월 등 고유한 것을 나타내는 명사 (첫 글자는 항상 대문자로 씀)	James, Seoul, England, Friday, October 등

A 괄호 안에서 알맞은 것을 고르시오.

» 정답과 해설 p.6

1 Her hair (is / are) very long.

2 The news (is / are) on television.

3 Put some (salt / salts) into the soup.

4 We have a lot of (rain / rains) in summer.

5 (A health / Health) is very important to me.

B 밑줄 친 부분을 어법상 바르게 고쳐 쓰시오.

1 We don't have a juice. _____

2 Do you want some coffees? _____

3 Mr. Johnson has a lot of moneys. _____

4 Amelia comes from a France. _____

5 The movie is about a love for animals. _____

C 우리말과 뜻이 같도록 빈칸에 알맞은 말을 쓰시오.

1 희망은 마치 등대와 같다.

→ _____ is like a lighthouse.

2 저에게 물을 좀 주세요.

→ Please give me some _____.

3 영국의 수도는 런던이다.

→ The capital city of _____ is _____.

교과서
문장
응용하기 배운 문법을 이용하여 영어 문장을 써 봅시다.

1 시간은 돈이다. → _____

2 Pooh는 꿀을 좋아한다. → _____

물질명사의 수량 표현

■ 물질명사의 수량 표현은 주로 담는 용기나 측정하는 단위를 사용해서 나타내며, 복수형은 앞의 단위를 복수 형태로 쓴다.
water → **a glass of** water (물 한 잔)   **a bottle of** water (물 한 병)

a cup of (한 컵의)	coffee, tea	**a piece of** (한 조각의)	paper, cheese, cake, pizza, bread
a glass of (한 잔의)	water, juice, milk	**a slice of** (한 조각의)	pizza, bread, cheese
a bottle of (한 병의)	oil, beer, wine	**a spoonful of** (한 숟가락의)	sugar, salt
〈복수형〉 **two slices** of pizza		**three cups** of coffee	

A 다음을 주어진 단어로 시작하는 복수형으로 바꿔 쓰시오.

》정답과 해설 p.6

1 a piece of cake   →   two _____
2 a slice of pizza   →   three _____
3 a bottle of beer   →   five _____
4 a cup of green tea   →   three _____
5 a spoonful of sugar →   six _____

◆ **a pair of**: 한 쌍을 이루는 복수형 명사의 수량은 a pair of 로 나타낸다.
a pair of gloves (장갑 한 쌍)

B 빈칸에 들어갈 말을 | 보기 |에서 골라 알맞은 형태로 쓰시오. (한 번만 사용할 것)

| 보기 |
| cup   glass   bottle   slice   piece |

1 I have four _____ of paper.
2 They buy two _____ of wine.
3 Do you want a _____ of coffee?
4 My mother gives me a _____ of bread.
5 Oliver drinks three _____ of water every day.

C 밑줄 친 부분을 어법상 바르게 고쳐 쓰시오.

1 The young lady orders two teas.   _____
2 We need five slice cheese for the pizza.   _____
3 He puts two spoonful sugar in the soup.   _____

- -

교과서 문장 응용하기 배운 문법을 이용하여 영어 문장을 써 봅시다.

1 나는 아침 식사 후에 우유 한 잔을 마신다.   → _____
2 그는 빵 두 조각이 필요하다.   → _____

13 부정관사 a(an)

- 부정관사 a(an)은 셀 수 있는 명사의 단수형 앞에 쓰인다.

하나 (= one)	I eat **an** apple for breakfast.
불특정한 하나 (≠ one)	You are **a** student.
매 ~, ~마다	He visits his grandmother once **a** month.

- 첫 발음이 자음인 단어 앞에는 a, 모음인 단어 앞에는 an을 쓴다.

a box, a girl, a uniform / an egg, an hour, an orange

A 괄호 안에서 알맞은 것을 고르시오.

» 정답과 해설 p.6

1 James has (a / an) sister.

2 I want (a / an) new cellphone.

3 (A / An) week has seven days.

4 My uncle is (a / an) great painter.

5 There is (a / an) orange in the basket.

6 (A / An) old woman sits on the bench.

B 빈칸에 알맞은 말을 a나 an 중에서 골라 쓰고, 필요 없으면 ×표 하시오.

1 Dokdo is _____ island.

2 Emma is _____ honest girl.

3 She has _____ beautiful eyes.

4 He doesn't wear _____ glasses.

5 We visit Japan once _____ year.

6 Bring me _____ umbrella, please.

7 Tom is _____ middle school student.

C 어법상 어색한 부분을 찾아 고쳐 쓰시오.

1 Sophia is a only daughter. _____ → _____

2 We have three meals the day. _____ → _____

3 Mr. Smith works at an university. _____ → _____

4 He is actor in Korea. _____ → _____

교과서
문장
응용하기

배운 문법을 이용하여 영어 문장을 써 봅시다.

1 하루는 24시간이 있다. → _____

2 Jessica는 영어 선생님이다. → _____

정관사 the

■ 정관사 the는 특정한 것이나 명확한 것을 나타낼 때 쓰며, 명사의 종류나 단·복수에 관계없이 쓸 수 있다.

앞에 나온 명사를 반복할 때	I have a box. **The** box is heavy.
(서로 알고 있는) 특정한 것을 가리킬 때	Open **the** window, please.
수식어가 명사를 뒤에서 꾸며 줄 때	**The** dog under **the** tree is white.
유일한 것 앞	**The** moon moves around **the** Earth
악기 이름 앞	Sara plays **the** piano.

A 빈칸에 알맞은 말을 a, an, the 중에서 골라 쓰시오.

» 정답과 해설 p.6

◆ 첫 발음이 자음인 단어 앞에서는 [ðə], 첫 발음이 모음인 단어 앞에서는 [ði]로 발음한다.
[ðə] **the** book, **the** cat
[ði] **the** east, **the** apple

1 Alex plays _____ drums.
2 Pass me _____ salt, please.
3 _____ elephant has big ears.
4 _____ key on the table is mine.
5 Do you work five days _____ week?

B 어법상 어색한 부분을 찾아 고쳐 쓰시오.

1 A moon is high up in the sky. _____ → _____
2 A girl on the bench is pretty. _____ → _____
3 Do you play guitar in the band? _____ → _____
4 I have a bag. A bag is very old. _____ → _____
5 Is a pen under the desk yours? _____ → _____

C 우리말과 뜻이 같도록 빈칸에 알맞은 말을 쓰시오.

1 이 방의 공기는 좋지 않다.
→ _____ _____ in this room is not good.
2 Lucy는 한 소년을 좋아한다. 그 소년은 Thomas이다.
→ Lucy likes _____ boy. _____ boy is Thomas.
3 해는 동쪽에서 뜬다.
→ _____ _____ rises in _____ _____ .

교과서
문장
응용하기

배운 문법을 이용하여 영어 문장을 써 봅시다.

1 하늘이 매우 맑다. (very, clear) → _____
2 Brian은 나를 위해 바이올린을 연주한다. (for me) → _____

관사를 쓰지 않는 경우

- 식사, 운동 경기, 과목, 교통수단을 나타내는 명사 앞에는 관사를 쓰지 않는다.

I have **breakfast** at 7. 〈식사〉　　　　　He plays **soccer** on Sundays. 〈운동 경기〉

We study **English** and **math**. 〈과목〉　　They go to school by **bus**. 〈교통수단〉

- 시설물이 본래 목적이나 기능으로 사용될 때 관사를 쓰지 않는다.

after **school** (방과 후에)　　　　　　go to **school** ((수업 들으러) 학교에 가다)

go to **bed** (잠자리에 들다)　　　　　go to **church** ((예배 보러) 교회에 가다)

A 어법상 <u>어색한</u> 부분을 찾아 고쳐 쓰시오.

》 정답과 해설 p.6

1 Do you have a lunch at home?　　　＿＿＿＿＿ → ＿＿＿＿＿

2 My favorite subject is the science.　＿＿＿＿＿ → ＿＿＿＿＿

3 We don't go to the school on foot.　＿＿＿＿＿ → ＿＿＿＿＿

4 They come back home by the taxi.　＿＿＿＿＿ → ＿＿＿＿＿

5 Amy goes to the bed at 11 o'clock.　＿＿＿＿＿ → ＿＿＿＿＿

6 Jim plays the tennis with his friends.　＿＿＿＿＿ → ＿＿＿＿＿

◆ 식사명 앞에 수식하는 말이 오면 관사가 오기도 한다.
We have **a** nice dinner.

B 우리말과 뜻이 같도록 빈칸에 알맞은 말을 쓰시오.

1 우리 함께 저녁 식사를 하자.

→ Let's ＿＿＿＿＿ ＿＿＿＿＿ together.

2 그녀는 기차를 타고 그녀의 조부모님을 방문한다.

→ She visits her grandparents ＿＿＿＿＿ ＿＿＿＿＿.

3 김 선생님은 고등학교에서 음악을 가르친다.

→ Mr. Kim ＿＿＿＿＿ ＿＿＿＿＿ at a high school.

4 Andrew는 일요일마다 교회에 간다.

→ Andrew ＿＿＿＿＿ ＿＿＿＿＿ ＿＿＿＿＿ on Sundays.

5 나는 주말에 나의 남동생과 농구를 한다.

→ I ＿＿＿＿＿ ＿＿＿＿＿ with my brother on weekend.

6 Emily는 방학 동안에는 늦게 잠자리에 든다.

→ Emily ＿＿＿＿＿ ＿＿＿＿＿ ＿＿＿＿＿ late during vacations.

7 너는 월요일부터 금요일까지 학교에 가니?

→ Do you ＿＿＿＿＿ ＿＿＿＿＿ ＿＿＿＿＿ from Monday to Friday?

교과서
문장
응용하기 │ 배운 문법을 이용하여 영어 문장을 써 봅시다.

1 내 친구들은 방과 후에 야구를 한다.　　　→ ＿＿＿＿＿＿＿＿＿＿＿＿＿＿

2 그녀는 자전거를 타고 학교에 간다.　　　→ ＿＿＿＿＿＿＿＿＿＿＿＿＿＿

There is(are)

There is(are) ~.는 '~이 있다.'라는 뜻으로 be동사 뒤에 주어가 단수일 때는 is, 복수일 때는 are를 쓴다.

긍정문	There is+단수명사 ~. There are+복수명사 ~.	There is *a book* on the desk. There are *books* on the desk.	
부정문	There isn't(aren't) ~.	There isn't a book on the desk. There aren't books on the desk.	
의문문	Is(Are) there ~? – Yes, there is(are). 　No, there isn't(aren't).	A Is there a book on the desk? B Yes, there is. / No, there isn't.	A Are there books on the desk? B Yes, there are. / No, there aren't.

A 괄호 안에서 알맞은 것을 고르시오.

1 There is (a coin / coins) in the box.
2 (Is / Are) there a bench in the park?
3 There (is / are) many fish in the sea.
4 There (isn't / aren't) a dog on the sofa.
5 (Is / Are) there chopsticks on the table?

》 정답과 해설 p.6

◆ 셀 수 없는 명사(water, milk, sugar 등)는 단수 취급하여 There is ~.와 함께 쓴다.
There is water in the bottle.

B 밑줄 친 부분을 어법상 바르게 고쳐 쓰시오.

1 There <u>is</u> four seasons in Korea. _____
2 <u>Is</u> there sandwiches in the basket? _____
3 There are some <u>watch</u> in my bag. _____
4 There <u>aren't</u> only water in the glass. _____

C 우리말과 뜻이 같도록 괄호 안의 말을 바르게 배열하시오.

1 이 호텔에는 음식점이 없다. (isn't, restaurant, a, there)
　→ _____ in this hotel.
2 여기 주위에 은행이 있나요? (a, there, is, bank)
　→ _____ around here?
3 벽에 많은 그림들이 있다. (pictures, are, many, there)
　→ _____ on the wall.
4 놀이 공원에 많은 사람들이 있나요? (many, people, there, are)
　→ _____ in the amusement park?

교과서
문장
응용하기 | 배운 문법을 이용하여 영어 문장을 써 봅시다.

1 상자 안에 고양이가 한 마리 있다. → _____
2 의자 아래에 책들이 있나요? → _____

➡ 내신적중 실전문제를 풀기 전에 Workbook p.8에 있는 요점정리를 참고하세요.

내신적중 실전문제

01 다음 중 단어의 복수형이 <u>잘못</u> 연결된 것은?

① leaf — leaves   ② mouse — mice

③ day — days   ④ bench — benchs

⑤ story — stories

02 다음 중 음식의 수량을 바르게 표현한 것은?

①
two glass of waters

②
three breads

③
two pieces of pizza

④
two cup of teas

⑤
three bottles of wines

03 빈칸에 공통으로 알맞은 것은?

· Are you good at _____ math?
· I go to _____ school at 8:00.

① a   ② an   ③ the

④ its   ⑤ 관사 없음

04 우리말과 뜻이 같도록 빈칸에 알맞은 말을 쓰시오. 주관식

탁자 위에 케이크 한 조각이 있다.
→ There _____ _____ _____ of
cake on the table.

[05~06] 빈칸에 알맞은 것을 고르시오.

05

We need a _____.

① onion   ② bag

③ water   ④ toys

⑤ cheese

06

I have three _____.

① sheep   ② book

③ friend   ④ shirt

⑤ glass

07 빈칸에 the(The)가 들어갈 수 <u>없는</u> 것은?

① Alice is in _____ bedroom.

② _____ Juice on the table is for you.

③ We play _____ tennis after school.

④ There are five balls in _____ box.

⑤ The Earth goes around _____ sun.

08 괄호 안의 말을 바르게 배열하여 문장을 완성하시오. 주관식

> I need _____.
> (of, pieces, three, paper)

09 빈칸에 알맞은 것을 <u>모두</u> 고르면?

> There are _____ in the room.

① a window
② young men
③ lots of love
④ some tomatoes
⑤ many bottles of milk

10 대화의 빈칸에 알맞은 말이 바르게 짝지어진 것은?

> A Do you wear _____ uniform at school?
> B Yes, I do. But I don't like _____ uniform.

① 관사 없음 — a   ② a — the
③ a — 관사 없음   ④ an — the
⑤ an — an

11 밑줄 친 부분 중 어법상 <u>어색한</u> 것은?

① We see <u>many oxen</u>.
② There <u>are twelve news</u>.
③ She has <u>a lot of money</u>.
④ My father is <u>an engineer</u>.
⑤ <u>The cap</u> on the sofa is mine.

12 괄호 안의 말을 빈칸에 알맞은 형태로 쓰시오. 주관식

> Kate washes her _____ (hand) and _____ (foot) before dinner.

13 빈칸에 알맞은 말이 |보기|와 같은 것은?

> |보기|
> We eat out once _____ week.

① Do you have _____ MP3 player?
② Soccer is _____ exciting sport.
③ She will arrive here in _____ hour.
④ Is there _____ university in this city?
⑤ It's raining. I need _____ umbrella.

14 어법상 <u>어색한</u> 것은?

① People need air and water.
② There isn't a house on the hill.
③ Children drink milks every day.
④ Please give me a cup of tea.
⑤ Are there many tourists in this town?

15 밑줄 친 부분을 어법에 맞게 고쳐 쓰시오. 주관식

> My brother <u>plays piano</u> for my family.

→ _____

16 빈칸에 a나 an이 들어갈 수 있는 것은?

① I have _____ lunch at noon.
② Do you have _____ hobby?
③ He goes to work by _____ bus.
④ _____ leaves are red and yellow.
⑤ The rainbow in _____ sky is lovely.

17 어법상 <u>어색한</u> 것끼리 바르게 짝지어진 것은?

> ⓐ She has an orange.
> ⓑ They wash a dishes after breakfast.
> ⓒ Are there many fish in the pond?
> ⓓ My father wants five bottle of beers.
> ⓔ I study English and science today.
> ⓕ There is an old tree in the park.
> ⓖ There are some deers and gooses in this farm.

① ⓐ, ⓒ
② ⓑ, ⓔ
③ ⓑ, ⓓ, ⓖ
④ ⓒ, ⓓ, ⓔ, ⓖ
⑤ ⓑ, ⓓ, ⓔ, ⓕ

18 괄호 안에 알맞은 말이 바르게 짝지어진 것은?

> **A** Does she have (a / an) baby?
> **B** Yes, she does. She has two (babys / babies). They are twin (sister / sisters).

① a — babys — sister
② a — babies — sisters
③ a — babies — sister
④ an — babys — sisters
⑤ an — babies — sister

19 빈칸에 관사가 들어갈 수 <u>없는</u> 것은?

① Mr. Baker is _____ P.E. teacher.
② Clara works at _____ bookstore.
③ There is _____ mirror on the wall.
④ I meet my friends after _____ school.
⑤ We will go on _____ picnic this Sunday.

20 어법상 <u>어색한</u> 부분을 찾아 바르게 고쳐 쓰시오. 주관식

> I have a new bike. A bike is nice. I clean it every day.

_____ → _____

서술형 평가

01 밑줄 친 우리말을 영작하시오.

> **A** 너는 기타를 치니?
> **B** No, I don't.

→ _____

02 다음은 파티를 위해 준비한 음식과 음료의 목록이다. |보기|와 같이 파티에 온 손님이 먹는 음식과 음료에 대한 문장을 쓰시오.

음식	필요한 수량	음식	필요한 수량
cake	5조각	coffee	10잔
pizza	10조각	juice	5병
cheese	20조각	milk / water	7잔 / 10잔

> ┌ 보기 ┐
> 〈Tom〉 피자 한 조각과 치즈 두 조각, 우유 한 잔
> → Tom eats a slice of pizza and two slices of cheese. He drinks a glass of milk.

(1) 〈Mark〉 피자 두 조각, 커피 한 잔

→ _____

(2) 〈Jane〉 케이크 한 조각과 치즈 세 조각, 주스 한 병

→ _____

03 그림을 보고, 괄호 안의 말을 이용하여 문장을 완성하시오.

→ _____ on the playground. (child)

04 어법상 어색한 부분을 고쳐 문장을 다시 쓰시오.

(1) I go to the school by the bus.

→ _____

(2) My sister is pretty girl. She wears an uniform.

→ _____

[05~06] 다음 글을 읽고, 물음에 답하시오.

　　There are many men in a small village, but there is an only ⓐwoman in the village. The woman doesn't have many ⓑtooths. But she likes meat. She has eleven ⓒsheep in her yard. One man takes care of them for her. There is a pond in front of her house. There are many ⓓfishes in it. She often eats fish. Another man catches a fish for her every week. (a, the, has, house, big, woman), and there are some ⓔmice in it. She doesn't like mice! So some men try to catch them every day.

05 밑줄 친 ⓐ~ⓔ 중 어법상 어색한 부분을 찾아 바르게 고쳐 쓰시오.

(1) _____ → _____
(2) _____ → _____

06 괄호 안의 말을 바르게 배열하시오.

→ _____

CHAPTER

04

대명사

🍃 **대명사란 무엇이며 어떤 것들이 있는가?**

영어에서는 앞에 나온 명사의 반복을 피하기 위해 뒤에서는 명사를 대신하는 대명사로 바꿔 쓴다. 챕터 1에서 배운 인칭대명사 외에도 다양한 종류의 대명사가 있다.

지시대명사	가깝거나 멀리 있는 사람이나 사물을 가리키는 대명사	this, that, these, those
인칭대명사	사람이나 사물을 대신하여 가리키는 대명사	I, you, he, she, it 등
부정대명사	확실히 정해지지 않은 대상을 가리키는 대명사	one, another, other 등
재귀대명사	'~ 자신'이라는 뜻의 대명사	myself, yourself, himself 등

🍃 **각각의 대표적인 대명사는 어떻게 쓰이는가?**

다양한 종류의 대명사 중에서 대표적인 대명사들의 쓰임을 살펴보자.

지시대명사 this / that	this: '이것' – 가까이 있는 것(복수형: these)	**This** is my book. 이것은 내 책이다.
	that: '저것' – 멀리 있는 것(복수형: those)	**That** is your book. 저것은 너의 책이다.
비인칭주어 it	날씨, 시간, 계절, 날짜, 거리, 명암 등을 나타냄	**It** is sunny. 날씨가 맑다.
부정대명사 one	앞에 나온 명사와 같은 종류의 것을 가리킴	I don't have a watch. I need **one**. 나는 시계가 없다. 나는 하나 필요하다.
재귀대명사	재귀용법: 동사의 목적어와 문장의 주어가 동일할 때 씀	She loves **herself**. 그녀는 자기 자신을 사랑한다.
	강조용법: 주어 또는 목적어를 강조할 때 씀	She **herself** cooks dinner. 그녀는 직접 저녁 식사를 요리한다.

지시대명사

■ 지시대명사는 가깝거나 멀리 있는 사람이나 사물을 가리킬 때 쓴다.

this (복수형 these)	이것, 이 사람(거리, 시간상으로 가까이 있는 것)	This is my cap. These are my caps.
that (복수형 those)	저것, 저 사람(거리, 시간상으로 멀리 있는 것)	That is your cap. Those are your caps.

■ 의문문에 대답할 때 this / that은 it으로, these / those는 they로 받는다.

A Is **this** your bag?

B Yes, **it** is. / No, **it** isn't.

A Are **these** your pens?

B Yes, **they** are. / No, **they** aren't.

A 괄호 안에서 알맞은 것을 고르시오.

1 (This / These) is Sam's jacket.
2 Are (this / these) your parents?
3 (That / Those) are my classmates.
4 (That / Those) dog is not mine.

» 정답과 해설 p.8

◆ this / that은 '이 ~', '저 ~'라는 뜻으로 명사 앞에 와서 명사를 꾸며 주는 지시형용사로도 쓰인다.
This cake is delicious.
(이 케이크는 맛있다.)

B 어법상 어색한 부분을 찾아 고쳐 쓰시오.

1 These is my sister, Julie.

_____ → _____

2 That books aren't boring.

_____ → _____

3 Those girls is from Taiwan.

_____ → _____

4 **A** Is this your camera?

  B Yes, this is.

_____ → _____

◆ this is / these are / those are는 줄여 쓰지 않는다.
This's my book. (×)
These're her skirts. (×)
Those're his shoes. (×)

C 우리말과 뜻이 같도록 빈칸에 알맞은 말을 쓰시오.

1 저 남자는 변호사이다.

  → _____ man _____ a lawyer.

2 이 신발은 나에게 크다.

  → _____ shoes _____ big for me.

3 **A** 이것은 그녀의 기타이니? **B** 아니, 그렇지 않아.

  → **A** _____ _____ her guitar? **B** No, _____ isn't.

4 **A** 저 건물들은 매우 높니? **B** 응, 그래.

  → **A** Are _____ _____ very tall? **B** Yes, _____ are.

교과서
문장
응용하기

배운 문법을 이용하여 영어 문장을 써 봅시다.

1 이 사람은 내 친구이다.

  → _____

2 저 게임들은 재미있다. (interesting)

  → _____

비인칭주어 it

■ 비인칭주어 it은 날씨, 시간, 계절, 날짜, 요일, 명암, 거리 등을 나타낼 때 쓴다. 이때 it은 의미가 없으므로 '그것'이라고 해석하지 않는다.

It's rainy today. 〈날씨〉   It's eight o'clock. 〈시간〉

It's summer now. 〈계절〉   It's September 23rd. 〈날짜〉

It's Monday today. 〈요일〉   It's dark outside. 〈명암〉

It's seven kilometers from my house to the school. 〈거리〉

A 우리말과 뜻이 같도록 빈칸에 알맞은 말을 쓰시오.

》 정답과 해설 p.8

1 지금은 봄이다.

→ _____ _____ spring now.

2 아침 9시이다.

→ _____ _____ nine in the morning.

3 오늘이 화요일입니까?

→ _____ _____ Tuesday today?

4 버스정류장까지 10분이 걸린다.

→ _____ takes ten minutes to the bus stop.

5 겨울에는 날씨가 춥다.

→ _____ is _____ in winter.

6 오늘은 11월 12일이다.

→ _____ is _____ 12th today.

7 여기에서 지하철역까지 얼마나 먼가요?

→ How far _____ _____ from here to the subway station?

◆ 인칭대명사 it: '그것'이라는 뜻으로 해석하며, 앞에 나온 특정한 명사를 대신한다.
I play baseball. I like it.
(나는 야구를 한다. 나는 그것을 좋아한다.)

B 다음 문장을 바르게 해석하시오.

1 It's bright here.   _____

2 It's windy today.   _____

3 It's hot in summer.   _____

4 It's my birthday today.   _____

5 It's August 3rd.   _____

6 It's six o'clock now.   _____

교과서 문장 응용하기 | 배운 문법을 이용하여 영어 문장을 써 봅시다.

1 오늘은 3월 1일이다.   → _____

2 부산까지는 4시간이 걸린다. (take)   → _____

부정대명사 one

- **부정대명사**: 불특정한 사람이나 사물을 가리키는 대명사이다.

- **부정대명사 one**: 앞에 나온 셀 수 있는 명사와 같은 종류의 것을 가리킬 때 쓰며, 복수명사일 경우에는 ones로 쓴다.
  I need a watch. Can you lend me **one**? 〈one = a watch〉
  I have red gloves. She wants the same **ones**. 〈ones = gloves〉

A 빈칸에 알맞은 말을 one, ones, it 중에서 골라 쓰시오.

» 정답과 해설 p.8

1 I need a ticket. Do you have _____?

2 Emily has a pretty bag. I want the same _____.

3 Your computer doesn't work. Buy a new _____.

4 These pants are expensive. Do you have cheap _____?

5 My mother makes a cheese cake, but I don't like _____.

◆ 부정대명사 one은 앞에 나온 특정한 명사를 가리키는 it과 구별된다.
A Do you like the dress? (넌 그 드레스를 좋아하니?)
B Yes, I like **it**. (it = the dress) (응, 난 그것을 좋아해.)

B 대화의 빈칸에 알맞은 말을 one, ones, it 중에서 골라 쓰시오.

1 **A** Do you have a smartphone?
  B No, I don't. Jack has _____.

2 **A** I'm hungry. Let's eat pizza.
  B OK. I like _____ very much.

3 **A** I know many interesting stories.
  B Please tell me a funny _____.

4 **A** I don't like these glasses.
  B How about those _____?

C 밑줄 친 부분을 어법상 바르게 고쳐 쓰시오.

1 This cup is dirty. Give me a clean <u>ones</u>. _____

2 I don't have an eraser. Can you lend me <u>it</u>? _____

3 I have a digital camera. You can use <u>one</u>. _____

4 Alex has three balls; a blue one and two red <u>one</u>. _____

교과서 문장 응용하기 | 배운 문법을 이용하여 영어 문장을 써 봅시다.

1 나는 나의 시계를 잃어버렸다. 나는 새것이 하나 필요하다.
  → I lost my watch. _____

2 나는 분홍색 신발을 좋아하지 않는다. 나는 파란 것을 좋아한다.
  → I don't like pink shoes. _____

재귀대명사

■ **의미:** '~ 자신'이라는 뜻으로 주어의 동작이 주어 자신에게 미치거나 주어의 행위를 강조할 때 쓴다.

■ **형태:** 인칭대명사의 소유격 또는 목적격에 -self(복수형일 경우 -selves)를 붙여 만든다.

	1인칭	2인칭	3인칭
단수	myself	yourself	himself / herself / itself
복수	ourselves	yourselves	themselves

■ **용법**

재귀용법	문장의 주어와 목적어가 같을 때 목적어를 대신하여 쓰며 생략할 수 없다.	He often talks to **himself**.
강조용법	주어, 목적어, 또는 보어를 강조할 때 강조하는 말 뒤나 문장 끝에 쓰며 생략할 수 있다.	He does his homework **himself**.

A 빈칸에 알맞은 말을 |보기|에서 골라 쓰시오.   » 정답과 해설 p.8

1 Mr. Smith doesn't like _____.

2 Cats clean _____.

3 Are you proud of _____?

4 Let me introduce _____ to you.

5 Amy always thinks about _____.

6 My sister and I enjoy _____ at the concert.

> 보기
> myself   yourself
> himself   herself
> ourselves   themselves

B 밑줄 친 재귀대명사의 용법을 고르시오.

1 I am angry with <u>myself</u>.   (재귀용법 / 강조용법)

2 You can finish the work <u>yourself</u>.   (재귀용법 / 강조용법)

3 Kate cleaned her room <u>herself</u>.   (재귀용법 / 강조용법)

C 우리말과 뜻이 같도록 빈칸에 알맞은 말을 쓰시오.

1 나는 다쳤다.   → I hurt _____.

2 그는 거울 속의 자기 자신을 본다.   → He looks at _____ in the mirror.

3 우리는 우리 자신을 돌봐야 한다.   → We should take care of _____.

4 Jessica는 이 블라우스를 직접 만들었다. → Jessica made this blouse _____.

교과서
문장
응용하기

배운 문법을 이용하여 영어 문장을 써 봅시다.

1 나의 아버지는 직접 그의 컴퓨터를 수리한다. (fix)   → _____

2 그들은 파티에서 즐거운 시간을 보냈다. (at the party) → _____

내신적중 실전문제

» 정답과 해설 p.8

[01~02] 대화의 빈칸에 알맞은 것을 고르시오.

01

> **A** Excuse me. Is there a hair shop near here?
> **B** Yes. There is _____ near the park.

① it   ② one
③ that   ④ ones
⑤ them

02

> **A** Is that your chair?
> **B** No, _____. It is Ryan's.

① it is   ② it isn't
③ that isn't   ④ they are
⑤ they aren't

03 빈칸에 알맞은 것은?

> _____ boys are Tom and Jack. They are my friends.

① This   ② That
③ These   ④ One
⑤ Ones

04 괄호 안의 말을 빈칸에 알맞은 형태로 쓰시오. 주관식

> We enjoy _____ at the festival. (us)

[05~06] 빈칸에 공통으로 알맞은 것을 고르시오.

05

> • _____ is three o'clock.
> • _____ is windy and cloudy today.

① One   ② It
③ This   ④ That
⑤ Ones

06

> • It takes _____ hour to Incheon.
> • My school bag is very old. I want a new _____.

① it   ② one
③ an   ④ that
⑤ this

07 빈칸에 알맞은 말을 쓰시오. 주관식

> Cathy wants four caps; a red one and three green _____.

[08~09] 밑줄 친 부분의 쓰임이 나머지 넷과 다른 것을 고르시오.

08 ① It's cool in fall.
② What day is it today?
③ Let's go right now. It is dark.
④ Mom cooks *bulgogi*. It is delicious.
⑤ It is 2km from here to the park.

09 ① Please give me a one dollar bill.
② This isn't an old scarf. It's a new one.
③ I don't have a pen. Can you lend me one?
④ Do you need a sketchbook? I have one.
⑤ I have two balls; a red one and a blue one.

10 빈칸에 알맞은 말이 바르게 짝지어진 것은?

- Sora, introduce _____ to us.
- **A** Can I help you?
  B Thanks, but I should do it _____.

① you — yourself
② herself — myself
③ herself — yourself
④ yourself — myself
⑤ yourself — ourselves

11 그림 속 남학생의 말을 완성하시오. 주관식

_____ bike is mine.

12 다음 질문에 대한 대답으로 알맞은 것은?

Q How's the weather today?

① It is summer.
② It is October 1st.
③ It is Tuesday.
④ It is nice and warm.
⑤ It is bright here.

13 빈칸에 알맞은 말이 나머지 넷과 다른 것은?

① His idea is a great _____.
② The shirt is old. I need a new _____.
③ That television is too expensive. I want a cheap _____.
④ You know many games. Teach me a good _____.
⑤ She likes the song. She listens to _____ every day.

14 어법상 어색한 것은?

① It snows a lot.

② I remember these girls.

③ It is August 10th today.

④ Those shoes are for you.

⑤ People don't know about yourselves.

18 빈칸에 one이 들어갈 수 있는 것끼리 짝지어진 것은?

ⓐ Do you have a pet? I want _____.

ⓑ That is a small bag. She likes _____.

ⓒ I don't like this skirt. I need a long _____.

ⓓ These pants are nice, but can you show me blue _____?

① ⓐ, ⓑ   ② ⓐ, ⓒ

③ ⓑ, ⓒ   ④ ⓐ, ⓑ, ⓓ

⑤ ⓐ, ⓒ, ⓓ

[15~16] 빈칸에 공통으로 알맞은 말을 쓰시오.

15

- _____ is a nice jacket.
- _____ is winter in Korea.

19 |보기|의 밑줄 친 부분과 쓰임이 같은 것은?

┌─ 보기 ─────────────────────┐
It is my sister's new desk.
└────────────────────────────┘

① It is midnight.

② It is Saturday.

③ It is spring now.

④ It is April 20th.

⑤ It is a very hot soup.

16

- _____ are my favorite movies.
- _____ books are mine. Those are Mason's.

17 밑줄 친 부분 중 생략할 수 없는 것은?

① I painted the wall <u>myself</u>.

② Do you cut your hair <u>yourself</u>?

③ We take a picture of <u>ourselves</u>.

④ My dad makes breakfast <u>himself</u>.

⑤ She <u>herself</u> calls me every morning.

20 어법상 어색한 부분을 두 군데 찾아 고쳐 쓰시오.

A Oh, I don't have a pencil. I need ones.

B Use this one.

A Thank you. Do you go to the library today, too?

B Yes, I do.

A Is it far from here?

B No. That takes about 10 minutes by bus.

(1) _____ → _____

(2) _____ → _____

서술형 평가

01 다음 문장과 뜻이 같도록 |조건|에 맞게 문장을 바꿔 쓰시오.

> ┌─ 조건 ┐
> 1. It으로 시작할 것
> 2. 6단어의 문장으로 쓸 것

> We have a lot of rain in summer.
>
> → _____

02 우리말과 뜻이 같도록 괄호 안의 말을 바르게 배열하시오.
(단, 필요하면 형태를 바꿀 것)

> 내 여동생은 직접 설거지를 한다.
> (do, my sister, oneself, the dishes)
>
> → _____

03 다음 일기장을 보고, 날짜, 요일, 시간에 대해 완전한 문장으로 쓰고 해석하시오.

> April, 10th, Tuesday, 11:00 p.m.
>   Rainy
> It's dark outside now.
>   ⋮

(1) 날짜 _____

_____

(2) 요일 _____

_____

(3) 시간 _____

_____

04 우리말과 뜻이 같도록 괄호 안의 말을 이용하여 문장을 완성하시오.

(1)
> 지하철로 1시간 걸린다. (take, by subway)

→ _____

(2)
> 그의 컴퓨터는 아주 오래되었다. 그는 새것이 하나 필요하다. (need, new)

→ His computer is very old. _____

_____

 독해형
어법

[05~06] 다음 글을 읽고, 물음에 답하시오.

Look at this gray house. ⓐ <u>One is my house.</u> There are four bedrooms in it. It is very old. We need a new one. My uncle has two good houses. They are next to ours. ⓑ <u>These red one has three bedrooms and a bathroom.</u> ⓒ <u>That blue one has one bedroom.</u> My uncle lives in the blue one. I like his blue house.

05 밑줄 친 ⓐ, ⓑ를 어법에 맞게 고쳐 문장을 다시 쓰시오.

ⓐ _____

ⓑ _____

06 밑줄 친 ⓒ를 바르게 해석하시오.

→ _____

CHAPTER

05

시제

🌱 **시제란 무엇인가?**

동사는 주어의 동작이나 상태를 나타내는 것 이외에도 시간(과거, 현재, 미래)을 나타내는 역할을 한다. 이때, 시간을 나타내는 동사의 형식을 시제(tense)라고 하며, 시제는 동사의 형태를 바꿔서 나타낸다. 영어에는 단순시제(과거, 현재, 미래), 진행시제, 완료시제가 있는데, 이 챕터에서는 단순 과거시제와 진행시제를 살펴볼 것이다.

🌱 **과거시제란 무엇이며 어떻게 나타내는가?**

단순시제는 과거, 현재, 미래시제로 나눌 수 있다. 그중에서 과거에 일어났던 일을 나타내는 과거시제는 동사를 다음과 같은 형태로 바꿔 쓴다.

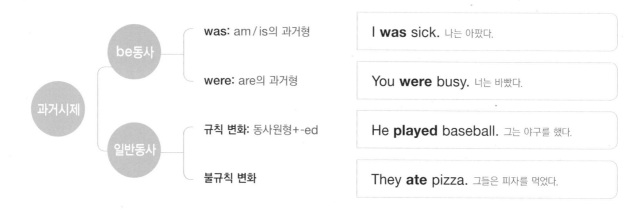

🌱 **진행시제란 무엇이며 어떻게 나타내는가?**

진행시제는 계속되는 동작이나 상태를 나타내며 「be동사＋동사원형＋-ing」의 형태로 쓴다.

21 be동사의 과거형

- be동사의 과거형은 was와 were가 있으며 주어의 인칭과 수에 따라 다르게 쓴다.

주어	be동사의 현재형 → 과거형	예문
1인칭 단수	am → was	I **was** busy yesterday.
2인칭 단수 / 1, 2, 3인칭 복수	are → were	They **were** busy yesterday.
3인칭 단수	is → was	Jiho **was** busy yesterday.

cf. 과거시제는 과거를 나타내는 부사(구)(yesterday, then, ago, last week, at that time 등)와 함께 자주 쓰인다.
  She was very excited **last night**.

A 괄호 안에서 알맞은 것을 고르시오.

» 정답과 해설 p.10

1 I (am / was / were) at home then.
2 We (are / was / were) tired last night.
3 Jack (is / was / were) in the seventh grade last year.
4 You (are / was / were) late for the meeting yesterday.

◆ be동사 과거형의 축약: 주어와 be동사의 과거형 was와 were 는 현재형처럼 줄여 쓸 수 없다.
He is → He's (○) /
He was → He's (×)
You are → You're (○) /
You were → You're (×)

B 빈칸에 알맞은 be동사의 과거형을 쓰시오.

1 I _____ very angry at that time.
2 Ted _____ happy with his parents.
3 My sisters _____ good at singing.
4 They _____ interested in computer games.
5 The leaves _____ yellow and red last week.

C 우리말과 뜻이 같도록 빈칸에 알맞은 말을 쓰시오.

1 그 요리사는 이탈리아에서 매우 유명했었다.
  → The cook _____ very famous in Italy.
2 아이들은 그 개를 무서워했다.
  → Children _____ afraid of the dog.
3 어제는 흥미진진한 날이었다.
  → _____ _____ an exciting day yesterday.
4 많은 아름다운 새들이 나무 위에 있었다.
  → Many beautiful _____ _____ on the tree.

교과서 문장 응용하기 | 배운 문법을 이용하여 영어 문장을 써 봅시다.

1 그 영화는 지루했다. → _____
2 그들은 작년에 초등학생들이었다. (elementary) → _____

be동사 과거형의 부정문과 의문문

	형태	예문
부정문	주어+was / were not(wasn't / weren't) ~.	I was not(wasn't) tired then. They were not(weren't) late for school.
의문문	Was / Were+주어 ~? – Yes, 주어+was / were. No, 주어+was / were+not(wasn't / weren't).	A Was he angry yesterday? B Yes, he was. / No, he wasn't. A Were you in Korea last year? B Yes, I was. / No, I wasn't.

A 다음 문장을 과거형 부정문으로 바꿔 쓰시오.

» 정답과 해설 p.10

◆ be동사 의문문에서 부정 대답을
할 때 「be동사+not」은 보통 축
약형으로 쓴다.
A Were you hungry?
B No, I **wasn't**.

1 He is from France.

→ _____

2 I am happy with my new bike.

→ _____

3 We are ready for the trip.

→ _____

4 The weather is warm and sunny.

→ _____

5 Alex and Olivia are middle school students.

→ _____

B 대화의 빈칸에 알맞은 말을 쓰시오.

1 A Was Sally's birthday yesterday?

  B No, _____ _____.

2 A Were you and I good friends?

  B Yes, _____ _____.

3 A _____ it rainy yesterday?

  B No, it _____.

4 A _____ you in Busan last Sunday?

  B _____, _____ _____. I visited my grandparents there.

교과서
문장
응용하기 | 배운 문법을 이용하여 영어 문장을 써 봅시다.

1 Brown 씨는 가수가 아니었다.   → _____

2 너는 어제 아팠니? – 아니, 안 아팠어.   → _____

일반동사의 과거형_ 규칙 변화

대부분의 동사	동사원형+-ed	want → wanted, visit → visited, start → started 등
-e로 끝나는 동사	동사원형+-d	like → liked, live → lived, move → moved 등
「모음+y」로 끝나는 동사	동사원형+-ed	play → played, enjoy → enjoyed, stay → stayed 등
「자음+y」로 끝나는 동사	y를 i로 바꾸고+-ed	study → studied, try → tried, cry → cried 등
「단모음+단자음」으로 끝나는 동사	마지막 자음을 한 번 더 쓰고+-ed	stop → stopped, plan → planned, drop → dropped 등

The soccer game **started** at 4.   Sam **dropped** the plate.

A 밑줄 친 부분을 어법상 바르게 고쳐 쓰시오.   》 정답과 해설 p.10

1 Jim <u>move</u> to Boston at that time.   _____
2 My parents <u>watch</u> a movie yesterday.   _____
3 We <u>study</u> hard for the test last week.   _____
4 I <u>stop</u> my car and answered the phone then.   _____
5 Emily <u>invite</u> me to her birthday party last night.   _____
6 The teacher <u>ask</u> me many questions last Monday.   _____

B 우리말과 뜻이 같도록 빈칸에 들어갈 말을 |보기|에서 골라 알맞은 형태로 쓰시오.

> | 보기 |
> live   play   call   enjoy   worry

1 그녀는 그녀의 성적에 대해 걱정했다.
  → She _____ about her grade.
2 그는 어제 그의 삼촌에게 전화를 했다.
  → He _____ his uncle yesterday.
3 그들은 그때 시골에서 살았다.
  → They _____ in the country at that time.
4 우리는 지난 여름에 수영을 즐겼다.
  → We _____ swimming last summer.
5 나는 지난 주말에 내 친구와 체스를 했다.
  → I _____ chess with my friend last weekend.

교과서 문장 응용하기 배운 문법을 이용하여 영어 문장을 써 봅시다.

1 그는 어제 학교에 걸어갔다. (walk to)   → _____
2 그 아기는 많이 울었다. (a lot)   → _____

일반동사의 과거형_ 불규칙 변화

현재형과 과거형이 다른 경우	do → did get → got buy → bought sit → sat know → knew hear → heard	go → went see → saw give → gave feel → felt catch → caught begin → began	make → made eat → ate run → ran sing → sang teach → taught sleep → slept	have → had come → came meet → met think → thought drink → drank write → wrote 등
현재형과 과거형이 같은 경우	put, cut, read, set, hit, hurt 등			

My mother **made** cookies for me.   Tom **put** the key on the table.

A 밑줄 친 동사를 과거형으로 바꿔 쓰시오.
» 정답과 해설 p.10

1 They <u>catch</u> a bad cold.
2 I <u>get</u> up late this morning.
3 She <u>hears</u> the bad news last night.
4 Tom <u>cuts</u> the potato into pieces.
5 We <u>meet</u> our science teacher yesterday.
6 My sister <u>buys</u> some snacks at the store.

B 우리말과 뜻이 같도록 빈칸에 들어갈 말을 |보기|에서 골라 알맞은 형태로 쓰시오.

| 보기 | see   eat   sing   think   hurt |

1 그들은 함께 노래를 불렀다.
→ They _____ a song together.
2 Ben은 어제 다쳤다.
→ Ben _____ himself yesterday.
3 우리는 그 문제에 대해 생각했다.
→ We _____ about the problem.
4 나는 유명한 패션모델을 보았다.
→ I _____ a famous fashion model.
5 그녀는 지난주에 멕시코 음식을 먹었다.
→ She _____ Mexican food last weekend.

교과서 문장 응용하기 배운 문법을 이용하여 영어 문장을 써 봅시다.

1 Henry는 오늘 아침에 우유를 마셨다.   → _____
2 나는 작년에 수학을 가르쳤다.   → _____

25 일반동사 과거형의 부정문

- 일반동사 과거형의 부정문은 주어의 인칭이나 수와 관계없이 「주어+didn't(did not)+동사원형 ~.」의 형태로 쓴다.

I **didn't watch** TV last night.　　　　You **didn't do** your homework.

James **didn't visit** his grandparents.　　They **didn't open** the store yesterday.

A 괄호 안에서 알맞은 것을 고르시오.　　　　　　　　　　　　　　　》 정답과 해설 p.10

1 I (don't / didn't) study Japanese yesterday.

2 She (doesn't / didn't) come home last weekend.

3 We (don't / didn't) buy a car last year.

B 다음 문장을 부정문으로 바꿔 쓰시오.

1 Mr. Baker washed his car.

→ _____

2 I went to bed late last night.

→ _____

3 She wrote a letter to her parents.

→ _____

4 My sister and I took a walk after dinner.

→ _____

C 우리말과 뜻이 같도록 빈칸에 들어갈 말을 |보기|에서 골라 알맞은 형태로 쓰시오.

> |보기|
> read　　meet　　feel　　pass　　finish

1 너는 아직 숙제를 다 끝내지 않았다.

→ You _____ your homework yet.

2 Bill은 수학 시험에 통과하지 않았다.

→ Bill _____ the math test.

3 그녀는 어젯밤에 잡지를 읽지 않았다.

→ She _____ a magazine last night.

4 우리는 많은 사람들을 만났지만, 행복하지 않았다.

→ We _____ many people, but we _____ happy.

교과서
문장
응용하기

배운 문법을 이용하여 영어 문장을 써 봅시다.

1 나는 어제 모자를 쓰지 않았다. (wear)　　→ _____

2 Sally는 강에서 수영하지 않았다.　　　　→ _____

일반동사 과거형의 의문문

- 일반동사 과거형의 의문문은 주어의 인칭이나 수와 관계없이 「Did+주어+동사원형 ~?」의 형태로 쓴다. 대답은 긍정이면 「Yes, 주어+did.」로, 부정이면 「No, 주어+didn't.」로 쓴다.

A **Did** you **walk** to school yesterday?

B **Yes**, I **did**. / **No**, I **didn't**.

A **Did** she **send** an email to you?

B **Yes**, she **did**. / **No**, she **didn't**.

A 다음 문장을 의문문으로 바꿔 쓰시오.

1 Her father cooked dinner.

→ _____

2 He left Seoul last year.

→ _____

3 You slept well last night.

→ _____

4 Amy gave you a birthday present.

→ _____

5 The Yankees won the last game.

→ _____

6 They woke up too early this morning.

→ _____

» 정답과 해설 p.10

◆ 의문사가 있는 의문문은 「의문사+did+주어+동사원형 ~?」의 형태로 쓰며, Yes나 No로 답하지 않는다.

A **What did you do** last Sunday?

B I went to the zoo with my family.

B 대화의 빈칸에 알맞은 말을 쓰시오.

1 A Did your cat catch the mouse?

B Yes, _____ _____.

2 A _____ _____ go jogging this morning?

B No, they _____.

3 A Did Jack tell you about the news?

B _____, _____ _____. He told me nothing.

4 A Did you see Sora yesterday?

B _____, _____ _____. I saw her in the park.

교과서
문장
응용하기

배운 문법을 이용하여 영어 문장을 써 봅시다.

1 너는 Emily와 함께 점심을 먹었니? → _____

2 Bill이 이 그림을 그렸니? – 응, 그래. → _____

27 진행형 만드는 법

- **진행시제:** '~하고 있다, ~하는 중이다'라는 뜻으로 계속되는 동작이나 상태를 나타내며, 「be동사+동사원형+-ing」의 형태로 쓴다.

- 「동사원형+-ing」 형태 만드는 법

대부분의 동사	동사원형+-ing	eat → eating, watch → watching, study → studying 등
-e로 끝나는 동사	e를 빼고+-ing	take → taking, have → having, write → writing 등
「단모음+단자음」으로 끝나는 동사	마지막 자음을 한 번 더 쓰고+-ing	swim → swimming, run → running, sit → sitting 등
-ie로 끝나는 동사	ie를 y로 바꾸고+-ing	die → dying, lie → lying, tie → tying 등

I am **listening** to music.　　　He is **riding** a bike.　　　We are **swimming** in the pool.

A 다음 동사의 「동사원형+-ing」 형을 쓰시오.

» 정답과 해설 p.10

1 make _____　　**9** work _____

2 read _____　　**10** stop _____

3 plan _____　　**11** eat _____

4 buy _____　　**12** run _____

5 come _____　　**13** die _____

6 fly _____　　**14** win _____

7 leave _____　　**15** say _____

8 speak _____　　**16** tie _____

◆ 소유나 상태를 나타내는 동사인 have, know, love, like 등은 현재진행형으로 쓸 수 없다. 단, have가 소유의 의미가 아니라 '먹다, (시간을) 보내다' 등의 의미를 나타낼 때는 진행형으로 쓸 수 있다.
I am having a pet. (나는 애완동물을 가지고 있다.) (×)
I am having breakfast. (나는 아침을 먹고 있다.) (○)

B 괄호 안의 동사를 빈칸에 알맞은 형태로 쓰시오.

1 Tom is _____ a poem. (write)

2 He is _____ to his parents. (lie)

3 Sally is _____ lemonade. (drink)

4 We are _____ for the bus. (wait)

5 I am _____ along the river. (walk)

6 The old lady is _____ on the bench. (sit)

7 She is _____ a picture of her family. (take)

8 My grandparents are _____ at the hotel. (stay)

교과서 문장 응용하기 배운 문법을 이용하여 영어 문장을 써 봅시다.

1 우리는 바이올린을 연주하고 있다.　　→ _____

2 Ted는 그의 자동차를 운전하는 중이다.　　→ _____

현재진행형과 과거진행형

	형태	의미 및 예문
현재진행형	be동사의 현재형(am / are / is)+동사원형+-ing	~하고 있다, ~하는 중이다 (현재에 진행 중인 일을 나타냄) **I am doing** my homework now.
과거진행형	be동사의 과거형(was / were)+동사원형+-ing	~하고 있었다, ~하는 중이었다 (과거의 특정 시점에서 진행 중이었던 일을 나타냄) **I was doing** my homework then.

A 다음 문장을 밑줄 친 동사의 시제에 유의하여 진행형으로 바꿔 쓰시오.　　　　　≫ 정답과 해설 p.10

1 You <u>listen</u> to music.
→ _____

2 She <u>goes</u> for a walk after lunch.
→ _____

3 I <u>looked</u> for my cellphone.
→ _____

4 We <u>stood</u> in front of the building.
→ _____

5 Chris <u>bought</u> some meat.
→ _____

B 우리말과 뜻이 같도록 괄호 안의 말을 배열하여 문장을 완성하시오.

1 Peter는 전화 통화를 하고 있었다. (talking, was, Peter, on the phone)
→ _____

2 Cathy는 두 개의 언어를 공부하고 있다. (is, two languages, studying, Cathy)
→ _____

3 내 고양이들은 그때 의자 밑에서 자고 있었다.
(were, at that time, my cats, under the chair, sleeping)
→ _____

4 그들은 백화점에서 쇼핑을 하고 있다. (are, at the department store, they, shopping)
→ _____

교과서
문장
응용하기

배운 문법을 이용하여 영어 문장을 써 봅시다.

1 그녀는 그녀의 친구를 기다리고 있다. (wait for)　　　→ _____

2 나는 나의 어머니를 돕고 있었다.　　　　　　　　　→ _____

진행형의 부정문과 의문문

	형태	예문
부정문	주어+be동사+not+동사원형+-ing ~.	She **is not**(**isn't**) dancing now. They **were not**(**weren't**) dancing at that time.
의문문	Be동사+주어+동사원형+-ing ~? – Yes, 주어+be동사. No, 주어+be동사+not.	**A** **Are** you **studying** English now? **B** **Yes**, I am. / **No**, I'm not. **A** **Were** you **studying** English then? **B** **Yes**, I was. / **No**, I wasn't.

A 밑줄 친 부분을 어법상 바르게 고쳐 쓰시오.

» 정답과 해설 p.11

1 You <u>not are</u> painting the door. _____

2 My sister <u>weren't</u> baking a cake. _____

3 <u>Was</u> Tony and Ava drinking juice? _____

4 <u>Is</u> the dog crossing the road then? _____

B 괄호 안의 지시대로 문장을 바꿔 쓰시오.

1 She is sleeping on the sofa. (부정문으로)

 → _____

2 It is raining now. (의문문으로)

 → _____

3 We were talking about you. (부정문으로)

 → _____

4 Alex was wearing his school uniform. (의문문으로)

 → _____

C 대화의 빈칸에 알맞은 말을 쓰시오.

1 **A** Are you lying to me?

 B No, I'm _____ _____ to you.

2 **A** _____ _____ _____ Japanese food?

 B No, he's not. He's cooking Korean food.

3 **A** Was Dorothy working in the garden?

 B _____, _____ _____. She was watering the tulips.

교과서 문장 응용하기 배운 문법을 이용하여 영어 문장을 써 봅시다.

1 그는 침대 위에서 뛰고 있지 않다. (jump, on the bed) → _____

2 너는 운동장에서 놀고 있었니? (in the playground) → _____

내신적중 실전문제 1회

01 다음 중 동사와 과거형의 연결이 잘못된 것은?

① like — liked   ② drop — dropped

③ want — wanted   ④ study — studied

⑤ enjoy — enjoied

02 밑줄 친 「동사원형+-ing」 형이 어색한 것은?

① Sam is <u>watching</u> a musical.

② A bird is <u>singing</u> on the branch.

③ I'm <u>reading</u> a fashion magazine.

④ We're <u>rideing</u> our bikes in the park.

⑤ They are <u>swimming</u> in the river.

03 빈칸에 알맞은 것은?

> I _____ to Jejudo last month.

① travel   ② travels

③ traveled   ④ traveling

⑤ am traveling

04 대화의 빈칸에 공통으로 알맞은 말을 쓰시오. 주관식

> **A** _____ he come to the party last night?
>
> **B** Yes, he _____.

05 괄호 안의 동사의 형태로 알맞은 것은?

> Lucas and his brother (make) a kite at that time.

① making   ② was making

③ is making   ④ were making

⑤ are making

06 어법상 어색한 것은?

① Mom gave me a pink skirt.

② He put the cup on the table.

③ The boy knew your address.

④ Cathy writed a letter to me.

⑤ I got an A on the speaking test.

07 다음 문장을 부정문으로 바르게 바꿔 쓴 것은?

> My puppy slept on the sofa.

① My puppy slept not on the sofa.

② My puppy don't slept on the sofa.

③ My puppy doesn't sleep on the sofa.

④ My puppy didn't sleep on the sofa.

⑤ My puppy didn't sleeps on the sofa.

08 괄호 안의 동사를 빈칸에 알맞은 형태로 쓰시오. 주관식

> She is _____. She isn't telling the truth. (lie)

09 대화의 빈칸에 알맞은 것은?

> **A** _____ chess with him?
> **B** No, I'm not. I'm playing *baduk*.

① Am I playing   ② Do you play
③ Are you playing   ④ Did you play
⑤ Was I playing

10 빈칸에 공통으로 알맞은 것은?

> • I _____ very sick last week.
> • He _____ taking an English test.

① am   ② is
③ are   ④ was
⑤ were

11 어법상 어색한 문장의 개수는?

> ⓐ I am taking a shower now.
> ⓑ Did you broke the window?
> ⓒ The baby wasn't sleeping then.
> ⓓ Semi is cleaning her room last week.
> ⓔ Was your brother go to the movies yesterday?

① 1개   ② 2개   ③ 3개
④ 4개   ⑤ 5개

12 빈칸에 알맞지 <u>않은</u> 것은?

> We ate Thailand food _____.

① yesterday   ② last week
③ this morning   ④ last Sunday
⑤ next year

13 괄호 ⓐ~ⓒ 안의 알맞은 말이 바르게 짝지어진 것은?

> **A** Did you ⓐ(hear / heard) the news? Tom and Julie ⓑ(win / won) first prize in the singing contest yesterday.
> **B** Really? I didn't ⓒ(know / knew) that.

① hear — win — know
② hear — won — know
③ hear — won — knew
④ heard — win — know
⑤ heard — won — knew

14 대화의 빈칸에 알맞은 말을 쓰시오. [주관식]

> **A** Were you angry with her?
> **B** _____, _____ _____. We had a good time together.

15 밑줄 친 부분을 잘못 고친 것은?

> I ① has a test today. I ② study very hard yesterday. I ③ don't sleep enough last night. I ④ was very tired now, but I ⑤ were ready for the test.

① → have   ② → studied
③ → didn't slept   ④ → am
⑤ → am

16 우리말과 뜻이 같도록 할 때 빈칸에 알맞은 것은?

> 그들은 그때 어두운 숲 속을 걷고 있었다.
> → They ＿＿＿＿＿＿＿＿＿ in the dark forest then.

① walked   ② is walking
③ are walking   ④ was walking
⑤ were walking

17 어법상 옳은 것은?

① It snows a lot last week.
② You are sitting on my seat.
③ They didn't finished the project.
④ My uncle were painting the room then.
⑤ Does she teaching music at a high school?

18 밑줄 친 부분을 어법에 맞게 고쳐 쓰시오. 주관식

> My sister was drank some juice.

→ ＿＿＿＿＿＿＿＿＿＿＿

19 빈칸에 Was(was)가 들어갈 수 없는 것은?

① Emily ＿＿＿＿＿ not fat.
② ＿＿＿＿＿ the problem easy?
③ ＿＿＿＿＿ the girl scared then?
④ Jiho and Semi ＿＿＿＿＿ my students.
⑤ He ＿＿＿＿＿ thirteen years old last year.

20 어법상 어색한 것끼리 바르게 짝지어진 것은?

> ⓐ It isn't raining today.
> ⓑ I saw the movie now.
> ⓒ She's cutting the apple.
> ⓓ Were you have a cold?
> ⓔ I readed a book last night.
> ⓕ We went shopping last Sunday.
> ⓖ Did he run in the race?

① ⓐ, ⓓ   ② ⓑ, ⓔ, ⓖ
③ ⓑ, ⓓ, ⓔ   ④ ⓐ, ⓒ, ⓔ, ⓕ
⑤ ⓐ, ⓓ, ⓔ, ⓕ

01 다음 중 동사와 과거형의 연결이 올바른 것은?

① hit — hited ② run — runned

③ try — tryed ④ think — thought

⑤ plan — planed

02 괄호 안의 동사를 빈칸에 알맞은 형태로 쓰시오. 주관식

Oliver and I _____ busy last weekend.
(be)

[03~04] 빈칸에 알맞은 것을 고르시오.

03

My little sister _____ her shoes.

① are tieing ② is tieing

③ is tying ④ was tieing

⑤ were tying

04

I _____ yesterday.

① am reading a book

② exercising in the park

③ do my homework

④ went to the movies

⑤ send an email to her

05 밑줄 친 부분 중 어법상 어색한 것은?

① She droped a glass.

② We visited the art museum.

③ Ms. Park stayed at the hotel.

④ The children loved the story a lot.

⑤ John studied math with his brother.

06 빈칸에 알맞은 말을 쓰시오. 주관식

A _____ your mom making a pizza
now?
B Yes, _____ _____.

07 우리말을 영어로 바르게 옮긴 것은?

그는 우리 사진을 찍고 있었다.

① He taked pictures of us.

② He takeing pictures of us.

③ He was takes pictures of us.

④ He is taking pictures of us.

⑤ He was taking pictures of us.

08 어법상 옳은 것은?

① We didn't having dinner.
② Jenny isn't wrote a diary.
③ The twins weren't at home.
④ Alex weren't playing soccer.
⑤ My brother didn't does the dishes.

09 대화의 빈칸에 알맞은 말이 바르게 짝지어진 것은?

> A _____ you _____ the show last
>   night?
> B No, I _____. But I saw the parade
>   on the street.

① Do — see — did
② Are — see — didn't
③ Did — see — did
④ Were — saw — did
⑤ Did — see — didn't

10 우리말과 뜻이 같도록 빈칸에 알맞은 말을 쓰시오. 주관식

> 소년소녀들이 호수에서 수영하고 있다.
> → The boys and girls _____ _____
>   in the lake.

[11~12] 빈칸에 알맞지 <u>않은</u> 것을 고르시오.

11

> _____ were baking some bread.

① We   ② You
③ Ms. Baker   ④ He and I
⑤ The children

12

> Our family moved to Incheon _____.

① last Sunday   ② tomorrow
③ yesterday   ④ last month
⑤ two years ago

13 다음 문장을 부정문으로 바꿔 쓸 때 빈칸에 알맞은 말을 쓰시오. 주관식

> Susan cried a lot a few hours ago.
> → Susan _____ _____ a few hours
>   ago.

14 어법상 옳은 문장의 개수는?

> ⓐ They were sing together.
> ⓑ We're flying to New York.
> ⓒ He was knowing about the news.
> ⓓ She putting the ball on the floor now.
> ⓔ The policeman stopped him for
>   speeding.

① 1개   ② 2개   ③ 3개
④ 4개   ⑤ 5개

15 어법상 <u>어색한</u> 것은?

① They were watching it.
② I saw a good movie.
③ She was worried about me.
④ We are drinking some milk.
⑤ He leaved at 9 o'clock in the morning.

16 빈칸에 알맞은 말이 나머지 넷과 <u>다른</u> 것은?

① I _____ very happy yesterday.
② He _____ in the classroom then.
③ Emily _____ studying late last night.
④ She _____ play the piano at that time.
⑤ Mr. Kim _____ reading the newspaper this morning.

17 짝지어진 대화가 <u>어색한</u> 것은?

① **A** Were you upset?
 B No, I wasn't.
② **A** Did she help her mother?
 B Yes, she does.
③ **A** Is Jake talking on the phone?
 B No, he isn't.
④ **A** Are they walking home now?
 B Yes, they are.
⑤ **A** Was your brother waiting for me?
 B No, he wasn't.

18 밑줄 친 부분을 어법에 맞게 고쳐 쓰시오. 주관식

> Brian <u>sleeps</u> for ten hours last night.

→ _____

19 다음 문장을 의문문으로 바르게 바꿔 쓴 것은?

> She bought a new computer.

① Is she bought a new computer?
② Was she buying a new computer?
③ Does she buy a new computer?
④ Did she buy a new computer?
⑤ Did she bought a new computer?

20 ⓐ~ⓕ 중 어법상 <u>어색한</u> 부분을 찾아 바르게 고쳐 쓰시오. 주관식

> ⓐ Mrs. Smith stood up.
> ⓑ The weather is geting hot.
> ⓒ They were crossing the street.
> ⓓ Were you in the library then?
> ⓔ Did the people dancing together?
> ⓕ Are their dad working at the bank now?

(1) _____ → _____
(2) _____ → _____
(3) _____ → _____

서술형 평가

01 다음 문장을 과거진행시제와 과거시제로 각각 바꿔 쓰시오.

> Tony sings a song.

(1) (과거진행시제)

→ _____

(2) (과거시제)

→ _____

[02~03] 다음 대화를 읽고, 물음에 답하시오.

David   (home, you, yesterday, at, were)?
Mike   Yes, I was.
David   I called you at noon.
Mike   Oh, really? I didn't know that. I was taking a shower at that time.
David   What are you doing now?
Mike   _____ (make, a pizza)

02 괄호 안의 말을 바르게 배열하시오.

→ _____

03 괄호 안의 말을 이용하여 빈칸에 알맞은 말을 완전한 문장으로 쓰시오.

→ _____

04 주어진 말을 이용하여 우리말을 영작하시오.

> this morning   early   o'clock   wake up

> 나는 오늘 아침에 9시에 일어났어. 너는 오늘 아침에 일찍 일어났니?

→ _____
_____

05 그림과 일치하도록 괄호 안의 말을 이용하여 현재진행시제의 문장을 쓰시오.

(1)   (2)

(1) (a sandwich)

→ _____

(2) (on the bench)

→ _____

독해형 어법

[06~07] 다음 지훈이가 쓴 글을 읽고, 물음에 답하시오.

I ⓐ (be) busy yesterday. My cousin came to our house. We were moving furniture. He helped us. My mother ⓑ (cook) lunch for us. We ate some salad and steak. I washed the dishes. I went swimming with my uncle in the afternoon. I ⓒ (meet) a friend in the swimming pool. He was learning to swim. We ⓓ (buy) some snacks and had them together. We had a great time.

06 괄호 ⓐ~ⓓ 안의 동사를 알맞은 형태로 쓰시오.

ⓐ _____   ⓒ _____
ⓑ _____   ⓓ _____

07 윗글의 내용과 일치하도록 질문에 답하시오.

> **Q** Did Jihun meet his uncle in the swimming pool?

→ _____

CHAPTER

06

의문사

🍃 **의문사란 무엇인가?**

의문사는 특정한 정보를 묻기 위해 의문문 맨 앞에 쓰는 말로 who, what, which, when, where, how, why가 있다. 의문사가 있는 의문문에 대한 대답은 Yes 또는 No로 하지 않는다.

What is your hobby? 「의문사+be동사+주어 ~?」 네 취미는 무엇이니?

When do you get up? 「의문사+do(does / did)+주어+동사원형 ~?」 너는 언제 일어나니?

🍃 **의문사에는 어떤 것들이 있는가?**

who — 누구, 누가

Who is that lady? 저 숙녀 분은 누구니?

what — 무엇, 어떤

What are they doing? 그들은 무엇을 하고 있니?

which — 어느 것, 어느

Which color do you like, red or blue?
너는 빨간색과 파란색 중에 어느 색을 좋아하니?

when — 언제

When did Jack come here? Jack은 언제 여기에 왔니?

where — 어디서

Where did Tina find the ring? Tina는 어디서 그 반지를 찾았니?

how — 어떻게

How does he know her name? 그는 어떻게 그녀의 이름을 아니?

why — 왜

Why do you like the movie? 너는 왜 그 영화를 좋아하니?

30 who

■ who는 '누구, 누구를'이라는 뜻으로 사람의 이름이나 사람과의 관계를 물을 때 쓴다.

A **Who** is he? 〈관계〉

B He is my grandfather.

A **Who** does Sara like? 〈이름〉

B She likes James.

cf. who는 의문문에서 '누가'라는 뜻으로 주어 역할을 하기로 한다.

A **Who** broke the window?

B Chris did.

A | 보기 |와 같이 밑줄 친 부분을 묻는 의문문을 쓰시오.

» 정답과 해설 p.13

┌─ 보기 ┌
A Who is your girlfriend?
B <u>That pretty girl</u> is my girlfriend.
└

1 A _____

B The artist is <u>Vincent van Gogh</u>.

2 A _____

B <u>Mr. Kim</u> teaches science.

3 A _____

B <u>Sue and I</u> washed the dishes.

4 A _____

B I invited <u>Mike</u> to the party.

B 우리말과 뜻이 같도록 괄호 안의 말을 배열하여 문장을 완성하시오.

1 너는 누구를 기다리고 있니? (waiting for, you, who, are)

→ _____

2 사진에서 너의 아버지는 누구니? (in the picture, is, who, your father)

→ _____

3 누가 그 가구를 만들었니? (the, who, furniture, made)

→ _____

4 너는 지난 일요일에 누구를 만났니? (meet, did, who, last Sunday, you)

→ _____

교과서
문장
응용하기

배운 문법을 이용하여 영어 문장을 써 봅시다.

1 그 남자는 누구였니?　　　　　　　　　→ _____

2 누가 그 가방을 샀니?　　　　　　　　　→ _____

what

- what은 '무엇, 무엇을'이라는 뜻으로 사물이나 사람의 이름, 직업 등을 물을 때 쓴다.

  A What is your name? 〈이름〉   **A What** do you do for a living? 〈직업〉

  B My name is Brian.   **B** I'm a fashion designer.

  cf. what은 '무슨, 어떤'이라는 뜻으로 명사와 함께 쓰여 형용사 역할을 하기도 한다. (의문형용사)

       A What sport does he like?

       B He likes tennis.

A 우리말과 뜻이 같도록 빈칸에 알맞은 말을 쓰시오.   » 정답과 해설 p.13

1 Alex는 무엇을 만들었니?

→ _____ did Alex _____?

2 그녀는 아침으로 무엇을 먹었니?

→ _____ _____ _____ eat for breakfast?

3 너는 그에게 무엇을 말했니?

→ _____ _____ you _____ to him?

4 그들은 무엇을 연주하고 있니?

→ _____ _____ _____ playing?

5 네 여동생은 어떤 과목을 좋아하니?

→ _____ _____ does your sister like?

B 대화의 빈칸에 알맞은 말을 쓰시오.

1 **A** _____ _____ your father's job?

B He is a computer programmer.

2 **A** What did _____ _____?

B I bought some fruit.

3 **A** What is _____ _____ _____?

B My favorite color is blue.

4 **A** What _____ Kate _____?

B She studies Korean.

5 **A** _____ _____ are you in?

B I'm in the seventh grade.

교과서
문장
응용하기   배운 문법을 이용하여 영어 문장을 써 봅시다.

1 너는 지금 무엇을 하고 있니?   → _____

2 그녀는 어떤 동물을 좋아하니?   → _____

32 which

- which는 '어느 것'이라는 뜻으로 제한된 수의 대상들 중에서 선택을 물을 때 쓴다.

  A **Which** is your pen, this or that?   A **Which** do you like better, milk or juice?

  B This is my pen.   B I like juice better.

  cf. which는 '어느, 어떤'이라는 뜻으로 명사와 함께 쓰여 형용사 역할을 하기도 한다. (의문형용사)

  A **Which** camera is yours, this or that?

  B That one is mine.

A 우리말과 뜻이 같도록 괄호 안의 말을 배열하여 문장을 완성하시오.   » 정답과 해설 p.13

1 너는 어느 시를 읽었니? (you, poem, read, which, did)

→ _____

2 그는 어느 아파트에 사니? (he, which, does, live in, apartment)

→ _____

3 어느 분이 그녀의 아버지니? (man, is, which, her father)

→ _____

4 이것과 저것 중에 어느 것이 네 자전거니? (bike, which, your, is)

→ _____, this or that?

5 너는 빨간 것과 파란 것 중에 어느 표를 가지고 있니? (you, do, ticket, have, which)

→ _____, red or blue?

B 대화의 빈칸에 알맞은 말을 쓰시오.

1 A _____ hospital _____ he in, St. Mary's or St. Brown's?

B He is in St. Mary's Hospital.

2 A _____ _____ are you interested in, dancing or singing?

B I'm interested in the dancing club.

3 A _____ bag _____ _____ _____, white or black?

B I bought this black bag.

4 A _____ _____ _____ _____, pizza or spaghetti?

B I want spaghetti.

5 A _____ _____ _____ _____ better, soccer or baseball?

B I like baseball better.

교과서
문장
응용하기

배운 문법을 이용하여 영어 문장을 써 봅시다.

1 너는 커피와 차 중에 어느 것을 원하니?   → _____

2 이것과 저것 중에 어느 공이 네 것이니?   → _____

when, where

- **when**: '언제'라는 뜻으로 시간과 날짜 등을 물을 때 쓴다.

  A When does the movie start? 〈시간〉

  B It starts at 11:00.

  A When is your birthday? 〈날짜〉

  B It's August 22nd.

- **where**: '어디에, 어디서'라는 뜻으로 장소를 물을 때 쓴다.

  A Where is the post office?

  B It's next to the bank.

  A Where did he visit?

  B He visited the art museum.

A when 또는 where로 시작하는 의문문을 완성하시오.
》 정답과 해설 p.13

1 **A** _____ _____ _____ from?

  B I'm from Thailand.

2 **A** _____ _____ _____ _____ you?

  B He called me at 5:00.

3 **A** _____ _____ _____ _____ now?

  B I'm going to the library.

4 **A** _____ _____ Alice _____ _____ bed?

  B She goes to bed at 10:30.

5 **A** _____ _____ _____ _____ to last summer?

  B They traveled to New York.

B 우리말과 뜻이 같도록 괄호 안의 말을 배열하여 문장을 완성하시오.

1 너는 언제 Amy를 만났니? (Amy, you, when, did, meet)

  → _____

2 너는 그때 어디에 있었니? (were, where, at that time, you)

  → _____

3 너의 나라에서 어린이날은 언제니? (in your country, when, Children's Day, is)

  → _____

4 그는 그의 시계를 어디서 찾았니? (find, did, where, his watch, he)

  → _____

5 그들은 언제 그 과제를 끝냈니? (finish, the project, they, did, when)

  → _____

교과서
문장
응용하기

배운 문법을 이용하여 영어 문장을 써 봅시다.

1 너는 언제 일어나니? → _____

2 너는 어디서 점심을 먹었니? → _____

34 how

- **how**: '어떤, 어떻게'라는 뜻으로 상태나 방법 등을 물을 때 쓴다.

A **How** are you today? 〈상태〉   A **How** do you go to school? 〈방법〉

B I'm fine.   B I go to school on foot.

- 「**How**+형용사(부사) ~?」: '얼마나 ~'라는 뜻으로 정도를 물을 때 쓴다.

How many pens do you have? 〈수〉	**How old** are you? 〈나이〉
How much is this cap? 〈가격, 양〉	**How tall** is your brother? 〈높이〉
How long is the river? 〈길이〉	**How far** is it from here? 〈거리〉
How long did you live in Seoul? 〈기간〉	**How often** do you exercise? 〈빈도〉

A 우리말과 뜻이 같도록 빈칸에 알맞은 말을 쓰시오.

» 정답과 해설 p.14

1 부산의 날씨는 어떠니?

→ _____ _____ the weather in Busan?

2 그들은 여기에 어떻게 왔니?

→ _____ _____ _____ come here?

3 이 자는 얼마나 기니?

→ _____ _____ _____ this ruler?

4 그 빌딩은 얼마나 높니?

→ _____ _____ _____ the building?

5 너는 얼마나 많은 돈이 있니?

→ _____ _____ _____ do you have?

◆ how many vs. how much

1. How many+셀 수 있는 명사의 복수형 ~?

 How many **pop songs** do you know?

2. How much+셀 수 없는 명사 ~?

 How much **milk** does a child need?

B 대화의 빈칸에 알맞은 말을 쓰시오.

1 A _____ _____ is your homeroom teacher?

B He is forty-two years old.

2 A _____ _____ books did you read last week?

B I read two books.

3 A _____ _____ _____ it take to the subway station?

B It takes about 10 minutes.

4 A _____ _____ _____ _____ go camping?

B I go camping twice a month.

교과서
문장
응용하기

배운 문법을 이용하여 영어 문장을 써 봅시다.

1 너의 새로운 선생님은 어땠니?   → _____

2 너의 학교는 여기에서 얼마나 머니?   → _____

why

■ why는 '왜'라는 뜻으로 이유나 원인을 물을 때 쓰며, 대답은 주로 Because ~.로 한다.

A **Why** do people like pizza?

B Because it's delicious.

A **Why** was David absent yesterday?

B Because he was sick.

A 다음 질문에 알맞은 대답을 | 보기 |에서 골라 쓰시오.

» 정답과 해설 p.14

보기
Because I'm going to make pancakes.   Because he missed the bus.
Because I like the design.   Because I told them a lie.

1 A Why was he late for school?   **B** _____

2 A Why do you need flour?   **B** _____

3 A Why are your parents angry at you?   **B** _____

4 A Why did you choose that dress?   **B** _____

B 괄호 안의 말을 바르게 배열하여 문장을 완성하시오.

1 (smiling, why, he, is)?   _____

2 (do, why, hate, they, us)?   _____

3 (you, why, so excited, are)?   _____

4 (collect, do, you, stamps, why)?   _____

C 우리말과 뜻이 같도록 빈칸에 알맞은 말을 쓰시오.

1 너는 왜 그렇게 행복하니?

→ _____ _____ _____ so happy?

2 그녀는 왜 마음을 바꿨니?

→ _____ _____ _____ change her mind?

3 그들은 왜 나에게 묻고 있니?

→ _____ are they _____ me?

4 너는 왜 거기에 갔니?

→ _____ _____ you _____ there?

교과서
문장
응용하기

배운 문법을 이용하여 영어 문장을 써 봅시다.

1 너는 왜 그렇게 슬프니?   → _____

2 사람들은 왜 그 가수를 좋아하니?   → _____

→ 내신적중 실전문제를 풀기 전에 Workbook p.22에 있는 요점정리를 참고하세요.

내신적중 실전문제

[01~02] 대화의 빈칸에 알맞은 것을 고르시오.

01

> **A** _____ is it?
> **B** It's $10.00.

① How often
② How old
③ How many
④ How far
⑤ How much

02

> **A** Which sport do you like better, baseball or basketball?
> **B** _____

① Yes, baseball is.
② Sure, I like them.
③ I like basketball better.
④ Because they are so exciting.
⑤ No, baseball is not my favorite.

03 밑줄 친 부분의 쓰임이 나머지 넷과 <u>다른</u> 것은?

① <u>What</u> size are you in?
② <u>Which</u> girl is your sister?
③ <u>Which</u> color do you like?
④ <u>What</u> do you do for a living?
⑤ <u>What</u> time does the bus leave?

[04~06] 빈칸에 공통으로 알맞은 것을 고르시오.

04

> • _____ do you live?
> • _____ is the hospital?

① Who
② Where
③ What
④ When
⑤ Why

05

> • _____ is the weather today?
> • _____ long is the bridge?

① What
② When
③ Where
④ How
⑤ Why

06

> • _____ kind of music do you like?
> • _____ do you want to eat for dinner?

① How
② Who
③ What
④ Why
⑤ Where

07 빈칸에 알맞은 말을 쓰시오.

> **A** _____ brought the computer here?
> **B** James did.

[08~09] 밑줄 친 부분 중 어법상 <u>어색한</u> 것을 고르시오.

08 ① <u>What</u> is your job?

② <u>When</u> are you from?

③ <u>How</u> are you doing?

④ <u>Where</u> is the subway station?

⑤ <u>Who</u> is your history teacher?

09 ① <u>How old</u> is the library?

② <u>How long</u> does it take?

③ <u>How many</u> is the shirt?

④ <u>How often</u> do you exercise?

⑤ <u>How much</u> sugar do you need?

10 빈칸에 What이 들어갈 수 <u>없는</u> 것의 개수는?

ⓐ _____ time is it?

ⓑ _____ grade are you in?

ⓒ _____ are you going now?

ⓓ _____ is your favorite subject?

ⓔ _____ many boxes did you buy?

① 1개 　　② 2개 　　③ 3개

④ 4개 　　⑤ 5개

11 대화의 빈칸에 알맞은 말을 순서대로 쓰시오. `주관식`

A _____ were you late for school?

B Because I got up late.

A _____ did you get up?

B At 8 o'clock.

12 빈칸에 알맞은 말이 나머지 넷과 <u>다른</u> 것은?

① _____ is the little girl?

② _____ is helping Ben?

③ _____ gave her a concert ticket?

④ _____ do you do on weekends?

⑤ _____ cleaned the living room?

[13~14] 짝지어진 대화 중 <u>어색한</u> 것을 고르시오.

13 ① A Who is that handsome boy?

B He is my classmate.

② A What's wrong with Amy?

B She is sick in bed.

③ A Where is the bus stop around here?

B It will come soon.

④ A Why do you like Korean food?

B Because it's very spicy but delicious.

⑤ A How long did you wait for me?

B For two hours.

14 ① A Where is my ID card?

B I saw it on the table.

② A Who are those ladies?

B They are my aunts.

③ A What flower do you like?

B I like roses.

④ A How do you go to work?

B It is very hard.

⑤ A When does the class end?

B It ends at 3.

15 어법상 어색한 부분을 찾아 바르게 고쳐 쓰시오. 주관식

> What drink do you want, juice or coke?

_____ → _____

16 다음 중 질문과 응답의 연결이 <u>잘못된</u> 것은?

> ① What is the name of your school?
> ② Why is she angry at her husband?
> ③ How was your weekend?
> ④ How much money do you need?
> ⑤ Who is wearing glasses?

> ⓐ Because he forgot her birthday.
> ⓑ I bought them yesterday.
> ⓒ I need 5 dollars.
> ⓓ It's Hanguk Middle School.
> ⓔ It was really great.

① — ⓓ   ② — ⓐ   ③ — ⓔ
④ — ⓒ   ⑤ — ⓑ

17 다음 질문에 대한 대답으로 알맞은 것은?

> Where did you get the cap?

① I got it yesterday.
② I liked it very much.
③ I put it on the table.
④ I gave it to my sister.
⑤ I bought it at the store.

18 어법상 <u>어색한</u> 것은?

① What did he talk about?
② Where is your hometown?
③ Why did you join the club?
④ Who was your trip to Gyeonju?
⑤ Who visited you last Saturday?

19 우리말과 뜻이 같도록 빈칸에 알맞은 말을 쓰시오. 주관식

> 그들은 언제 한국에 돌아왔니?
> → _____ did they come back to Korea?

20 어법상 <u>어색한</u> 문장의 개수는?

> ⓐ How old is your mother?
> ⓑ Who will you eat for lunch?
> ⓒ Why weren't you at the meeting?
> ⓓ When is yours, this one or that one?
> ⓔ What is your best friend in your class?

① 1개   ② 2개   ③ 3개
④ 4개   ⑤ 5개

서술형 평가

01 밑줄 친 부분을 묻는 의문문을 쓰시오.

> The tall girl next to Laura is <u>my sister</u>.

→ _____

[02~03] 다음 대화를 읽고, 물음에 답하시오.

A ⓐ 네 생일이 언제니?
B It's next Saturday.
A Oh, really? ⓑ <u>How much friends did you invite to the party?</u>
B I invited eight.

02 밑줄 친 우리말 ⓐ를 영작하시오.

→ _____

03 밑줄 친 ⓑ를 어법에 맞게 다시 쓰시오.

→ _____

04 두 대화의 빈칸에 공통으로 알맞은 질문을 완전한 문장으로 쓰시오.

(1)
> **A** _____
> **B** I'm listening to music.

(2)
> **A** _____
> **B** I'm playing computer games.

05 대답을 참고하여 빈칸에 알맞은 질문을 쓰시오.

(1)
> **A** _____ (4단어)
> **B** I'm doing well.

(2)
> **A** _____ (3단어)
> **B** She is in the bedroom.

[06~07] 다음 글을 읽고, 물음에 답하시오.

It was Saturday yesterday. I don't go to school on Saturdays. I got up at nine o'clock. I ate a sandwich for breakfast. My mother went to the hospital, so I took care of my little brother. He is <u>five years old</u>. My mother came back home at noon. I went to the library in the afternoon. The library is about 10 km from my house, so I went by subway.

06 밑줄 친 부분을 묻는 질문이 되도록 주어진 말을 바르게 배열하시오.

(brother, your, old, is, how, little)?

→ _____

07 윗글의 내용과 일치하도록 빈칸에 알맞은 말을 쓰시오.

> **A** _____ did you _____ for breakfast?
> **B** I ate a sandwich.
> **A** _____ did you take care of your little brother?
> **B** Because my mother _____.
> **A** _____ is the library?
> **B** It's about 10 km from my house.

CHAPTER

07

조동사

조동사의 의미와 특징은 무엇인가?

조동사는 동사를 도와주는 말로 동사 앞에 쓰여 미래, 가능, 추측, 허가, 의무 등의 의미를 보충해 준다. 조동사는 인칭과 수에 따라 형태가 변하지 않으며, 뒤에는 항상 동사원형이 온다. 동사와 함께 부정문이나 의문문을 만들기도 하며, 두 개 이상의 조동사는 연이어 쓸 수 없다.

조동사의 종류에는 어떤 것들이 있는가?

대표적인 조동사에는 will, can, may, should, must 등이 있다.

조동사

will: ~할 것이다 〈추측〉, ~하려고 하다 〈의지〉, ~해 주시겠어요? 〈요청〉 *cf.* be going to: ~할 예정이다
- She **will** go to France. 〈추측〉 그녀는 프랑스에 갈 것이다.
- I **will** show my pictures to him. 〈의지〉 나는 그에게 나의 사진들을 보여줄 것이다.
- **Will** you please be quiet? 〈요청〉 조용히 좀 해 주시겠어요?

can: ~할 수 있다 〈가능〉, ~해도 좋다 〈허락〉, ~해 주시겠어요? 〈요청〉 *cf.* be able to: ~할 수 있다
- **Can** you make Italian food? 〈가능〉 너는 이탈리아 음식을 만들 수 있니?
- You **can** leave this room now. 〈허락〉 너는 이제 이 방을 떠나도 좋다.
- **Can** you give me some advice? 〈요청〉 저에게 조언을 해 주시겠어요?

may: ~일지도 모른다 〈추측〉, ~해도 좋다 〈허락〉
- It **may** snow today. 〈추측〉 오늘 눈이 올지도 모른다.
- You **may** keep your shoes on. 〈허락〉 너는 신발을 신고 있어도 좋다.

should: ~해야 한다 〈약한 의무〉
You **should** finish your homework by 6. 너는 6시까지 숙제를 끝마쳐야 한다.

must: ~해야 한다(= have to) 〈의무〉, ~임에 틀림없다 〈강한 추측〉
- You **must** find the key. 〈의무〉 너는 그 열쇠를 찾아야 한다.
- He **must** be busy. 〈강한 추측〉 그는 바쁜 것이 틀림없다.

36 will, be going to

- **will**: 미래의 일이나 추측, 의지와 요청을 나타낸다.

추측	~할 것이다 (= be going to)	It **will** snow tomorrow. (= It **is going to** snow tomorrow.)
의지	~하려고 하다	I **will** cook dinner for you.
요청, 부탁	~해 주시겠어요?	**Will** you pass me the salt?

- **be going to**: '~할 것이다, ~할 예정이다'라는 뜻으로 가까운 미래의 일이나 계획을 나타낸다.
  I'm **going to** go on a picnic this Saturday.

A 밑줄 친 부분을 어법상 바르게 고쳐 쓰시오.

1 She <u>wills come</u> to my birthday party. _____

2 Mr. Brown <u>are going to</u> work this Sunday. _____

3 We <u>will traveled</u> around the world. _____

》 정답과 해설 p.15

◆ 조동사는 주어의 인칭과 수에 관계없이 형태가 동일하며, 뒤에는 항상 동사원형을 써야 한다.
He <u>wills</u> go there. (×)
He will <u>goes</u> there. (×)
He will <u>go</u> there. (○)

◆ 「주어+will」은 「주어'll」로 줄여 쓸 수 있다.
I will(I'll) come home late.

B 우리말과 뜻이 같도록 빈칸에 알맞은 말을 쓰시오.

1 Emily와 Brian은 오렌지 주스를 마실 것이다.

→ Emily and Brian _____ _____ orange juice.

2 Thomas는 내 숙제를 도와줄 것이다.

→ Thomas _____ _____ me with my homework.

3 오늘 밤에 비가 올 것이다.

→ It _____ _____ _____ _____ tonight.

4 나는 다음 주에 나의 삼촌을 방문할 예정이다.

→ I _____ _____ _____ _____ my uncle next week.

C 다음 문장을 괄호 안의 말을 넣어 다시 쓰시오.

1 My father buys a new car. (be going to)

→ _____

2 They are surprised at the news. (will)

→ _____

교과서
문장
응용하기 | 배운 문법을 이용하여 영어 문장을 써 봅시다.

1 그는 지금 Kate에게 전화할 것이다. (will) → _____

2 나는 서점에 갈 예정이다. (be going to) → _____

will의 부정문과 의문문

	형태	예문
부정문	주어+will not(won't)+동사원형 ~.	Chris **will not(won't)** go with us.
의문문	Will+주어+동사원형 ~? - Yes, 주어+will. / No, 주어+won't.	**A** **Will** you come to my party? **B** **Yes**, I **will**. / **No**, I **won't**.

A 다음 문장을 괄호 안의 지시대로 바꿔 쓰시오.

1 He will stay home. (부정문으로)

→ _____

2 You will play badminton after school. (의문문으로)

→ _____

3 I will go shopping with my sister today. (부정문으로)

→ _____

4 Alice will buy a white shirt. (의문문으로)

→ _____

5 My teacher will be angry at me. (부정문으로)

→ _____

» 정답과 해설 p.15

◆ **be going to**의 부정문:
「주어+be동사+not going to+동사원형 ~.」의 형태로 쓴다.
Mina **is not going to buy** a new dress.

B 대화의 빈칸에 알맞은 말을 쓰시오.

1 A Mom, I'm hungry. _____ _____ make sandwiches for me?

  B Okay. I will.

2 A Will it be rainy tomorrow?

  B No, _____ _____. It will be sunny.

3 A Will you drink a cup of green tea?

  B _____, I _____. I don't drink green tea.

4 A I can't hear you. Will you speak louder, please?

  B Yes, _____ _____.

5 A I'm worried about tonight's dance party. I can't dance well.

  B Don't worry. It _____ be a big problem.

교과서
문장
응용하기

배운 문법을 이용하여 영어 문장을 써 봅시다.

1 그녀는 야채를 먹지 않을 것이다. (vegetables)　　　　→ _____

2 너는 이번 주말에 캠핑을 갈 거니?　　　　→ _____

38 can, be able to

- can은 능력, 가능, 허락, 요청 등을 나타내며, 능력이나 가능의 의미일 경우에는 be able to로 바꿔 쓸 수 있다. 또한 요청의 의미일 때 could를 쓰면 좀 더 정중한 표현이 된다.

능력, 가능	~할 수 있다 (= be able to)	James **can** swim. → James **is able to** swim. I **can** speak Chinese. → **I am able to** speak Chinese.
허락	~해도 좋다	You **can** use my smartphone.
요청	~해 주시겠어요?	**Can(Could)** you show me your ticket?

A 어법상 <u>어색한</u> 부분을 찾아 고쳐 쓰시오.

» 정답과 해설 p.15

1 You are able come in. 　　＿＿＿＿ → ＿＿＿＿

2 I can got there before 10 o'clock. 　　＿＿＿＿ → ＿＿＿＿

3 He cans solve this problem. 　　＿＿＿＿ → ＿＿＿＿

4 We can drinks a cup of coffee. 　　＿＿＿＿ → ＿＿＿＿

◆ 조동사 can과 will은 함께 쓸 수 없기 때문에 can의 미래는 will be able to로 나타낸다.
She will can swim in the sea. (×)
She **will be able to** swim in the sea. (○)

B 두 문장의 뜻이 같도록 빈칸에 알맞은 말을 쓰시오.

1 I can play the violin well.

→ I ＿＿＿＿ ＿＿＿＿ ＿＿＿＿ ＿＿＿＿ the violin well.

2 My grandfather can send text messages.

→ My grandfather ＿＿＿＿ ＿＿＿＿ ＿＿＿＿ ＿＿＿＿ text messages.

3 We can buy the toy with this money.

→ We ＿＿＿＿ ＿＿＿＿ ＿＿＿＿ ＿＿＿＿ the toy with this money.

◆ 조동사 could는 가능, 능력을 나타내는 can의 과거형으로 '~할 수 있었다'라는 뜻을 나타내며, was(were) able to로 바꿔 쓸 수 있다.
He **could** pass the test.
→ He **was able to** pass the test.

C 다음 문장을 밑줄 친 can(Can)에 유의하여 바르게 해석하시오.

1 I <u>can</u> drive a bus.

→ ＿＿＿＿＿＿＿＿＿＿＿＿＿＿＿＿

2 You <u>can</u> have a seat.

→ ＿＿＿＿＿＿＿＿＿＿＿＿＿＿＿＿

3 <u>Can</u> you give me a chance?

→ ＿＿＿＿＿＿＿＿＿＿＿＿＿＿＿＿

교과서
문장
응용하기 배운 문법을 이용하여 영어 문장을 써 봅시다.

1 그 소년은 자전거를 탈 수 있다. → ＿＿＿＿＿＿＿＿＿＿＿＿

2 너는 창문을 닫아도 좋다. → ＿＿＿＿＿＿＿＿＿＿＿＿

can의 부정문과 의문문

	형태	예문
부정문	주어+cannot(can't)+동사원형 ~.	Jenny **cannot(can't)** solve the problem.
의문문	Can+주어+동사원형 ~? - Yes, 주어+can. / No, 주어+can't.	**A** **Can** I drink a glass of water? **B** **Yes**, you **can**. / **No**, you **can't**.

A 빈칸에 알맞은 말을 can과 can't 중에서 골라 쓰시오. 》정답과 해설 p.15

1 It's very dark outside. You _____ go out now.

2 She speaks so fast. I _____ understand her.

3 Their son is only six months old. He _____ walk yet.

4 Mr. Jones is a famous cook. He _____ cook many delicious foods.

B 다음 문장을 괄호 안의 지시대로 바꿔 쓰시오.

1 He can keep a diary in English. (의문문으로)

→ _____

2 People can take pictures here. (부정문으로)

→ _____

3 You can carry the boxes for me. (의문문으로)

→ _____

4 She can make an omelet without eggs. (부정문으로)

→ _____

C 대화의 빈칸에 알맞은 말을 쓰시오.

1 A Can I borrow your pen?

　B Yes, _____ _____. Here you are.

2 A Can you play the guitar?

　B _____, _____ _____. But I can play the drums.

3 A Can Tony fix this machine?

　B _____, _____ _____. He is an engineer.

교과서
문장
응용하기 　배운 문법을 이용하여 영어 문장을 써 봅시다.

1 나는 그 이야기를 믿을 수 없다. (believe)　→ _____

2 너는 만화를 그릴 수 있니? (cartoons)　→ _____

40 may

may는 추측이나 허락 등을 나타내며, 허락의 의미일 경우에는 can으로 바꿔 쓸 수 있다.

추측	아마 ~일 것이다, ~일지도 모른다	Mr. Brown **may** be in his office. The news **may** be true.
허락	~해도 좋다(=can)	You **may**(**can**) eat the cookies.

A 밑줄 친 **may**의 의미로 알맞은 것을 괄호 안에서 고르시오.   » 정답과 해설 p.16

1 Peter <u>may</u> be hungry now.   (추측 / 허락)
2 You <u>may</u> take my umbrella.   (추측 / 허락)
3 They <u>may</u> come back next year.   (추측 / 허락)
4 You <u>may</u> join our club.   (추측 / 허락)
5 She <u>may</u> be a high school student.   (추측 / 허락)

B 괄호 안의 말을 바르게 배열하여 문장을 완성하시오.

1 _____ later today. (may, it, rain)
2 _____ this blouse. (you, try on, may)
3 My father _____. (upset, be, may)
4 _____ in the river. (swim, you, may)
5 You _____. (into the garden, may, go)

C 우리말과 뜻이 같도록 빈칸에 알맞은 말을 쓰시오.

1 그녀는 아마 너의 이름을 기억할 것이다.
   → She _____ _____ your name.
2 너는 이제 눈을 떠도 좋다.
   → You _____ _____ your eyes now.
3 그 남자 분은 새로운 수학 선생님일지도 모른다.
   → The man _____ _____ a new math teacher.
4 너는 가서 쉬어도 좋다.
   → You _____ _____ and _____ a rest.

교과서
문장
응용하기

배운 문법을 이용하여 영어 문장을 써 봅시다.

1 Kelly는 지금 바쁠지도 모른다.   → _____
2 너는 내 휴대전화를 써도 좋다.   → _____

may의 부정문과 의문문

	형태	예문
부정문	주어+may not+동사원형 ~. (부정의 추측이나 약한 금지를 나타냄)	Sally **may not** be home now. 〈부정의 추측〉 You **may not** park here. 〈약한 금지〉
의문문	May+주어+동사원형 ~? - Yes, 주어+may. / No, 주어+may not. ('~해도 될까요?'라는 뜻으로 can과 바꿔 쓸 수 있음)	A **May(Can)** I open the box? B Yes, you **may**. / No, you **may not**.

A 우리말과 뜻이 같도록 빈칸에 알맞은 말을 쓰시오.   » 정답과 해설 p.16

1 당신에게 이야기 좀 해도 될까요?

→ _____ _____ speak to you?

2 Terry는 파티에 오지 않을지도 모른다.

→ Terry _____ _____ _____ to the party.

3 너는 나에게 질문을 해서는 안 된다.

→ You _____ _____ _____ me a question.

4 Sara는 그 선물을 좋아하지 않을지도 모른다.

→ Sara _____ _____ _____ the present.

5 여러분에게 제 소개를 해도 될까요?

→ _____ _____ _____ myself to you?

B 빈칸에 알맞은 말을 | 보기 |에서 골라 **may**를 포함하는 문장을 완성하시오.

보기
sit   drink   help   visit

1 You _____ _____ _____ here. This seat is mine.

2 A _____ _____ _____ you?

 B No, thank you. I'm just looking around.

3 A _____ _____ _____ this coke, please?

 B Yes, you may. It's free.

4 A _____ I _____ your house next week?

 B Sorry, you _____ _____.

교과서 문장 응용하기 | 배운 문법을 이용하여 영어 문장을 써 봅시다.

1 그는 유명한 가수가 아닐지도 모른다.   → _____

2 제가 질문을 하나 해도 될까요?   → _____

should, must, have to

의미		예문
should	(약한) 의무, 충고: ~해야 한다	You **should** keep your promise. We **should** exercise every day.
must	(강한) 의무: ~해야 한다(= have to)	We **must** follow the rules. → We **have to** follow the rules.
	강한 추측: ~임에 틀림없다	He **must** be sick.

A 다음 문장을 괄호 안의 말을 넣어 다시 쓰시오.

» 정답과 해설 p.16

◆ have to는 인칭과 시제에 따라 형태가 바뀐다.
I **have to** finish the report.
She **has to** finish the report. (3인칭)
She **had to** finish the report yesterday. (과거)

1 You come home early today. (should)

→ _____

2 They are twin brothers. (must)

→ _____

3 We listen to our teachers. (should)

→ _____

4 The students finish their test in an hour. (must)

→ _____

5 He waits for the bus. (have to)

→ _____

B 우리말과 뜻이 같도록 빈칸에 알맞은 말을 쓰시오.

1 우리는 반드시 9시 전에 학교에 가야 한다.

→ We _____ _____ to school before 9 : 00.

2 너는 그 노부인에게 친절해야 한다. (should)

→ You _____ _____ _____ to the old woman.

3 그는 지금 매우 피곤함에 틀림없다.

→ He _____ _____ very tired now.

4 Emily와 Alex는 더 열심히 공부해야 한다.

→ Emily and Alex _____ _____ _____ harder.

5 그녀는 여름방학 동안에 책 네 권을 읽어야 한다.

→ She _____ to _____ four books during the summer vacation.

교과서
문장
응용하기

배운 문법을 이용하여 영어 문장을 써 봅시다.

1 너는 시간을 절약해야 한다. (should) → _____

2 그는 그의 영어 숙제를 해야 한다. (must, have to) → _____

should, must, have to의 부정문과 의문문

▪ should, must, have to의 부정문

should not	금지: ~해서는 안 된다	You **should not**(shouldn't) eat too much.
must not	금지: ~해서는 안 된다	We **must not** smoke here.
don't(doesn't) **have to**	불필요: ~할 필요가 없다	You **don't have to** worry about her.

▪ should, must, have to의 의문문: should / must의 의문문은 「Should / Must+주어+동사원형 ~?」의 형태이고, have to의 의문문은 「Does(Do)+주어+have to+동사원형 ~?」의 형태로 쓴다.

A Should I take off my shoes here?

B Yes, you **should**. / **No**, you **shouldn't**.

A Do you have to go to school today?

B Yes, I **have to**. / **No**, I **don't have to**.

A 다음 문장을 괄호 안의 지시대로 바꿔 쓸 때 빈칸에 알맞은 말을 쓰시오.　　　　　» 정답과 해설 p.16

1 I must study hard. (의문문으로)

→ _____ I _____ hard?

2 Brian should join the meeting. (의문문으로)

→ _____ Brian _____ the meeting?

3 She has to arrive in time. (부정문으로)

→ She _____ _____ _____ arrive in time.

4 Students must leave their bicycles here. (부정문으로)

→ Students _____ _____ _____ their bicycles here.

5 He has to be quiet during the class. (의문문으로)

→ Does he _____ _____ _____ quiet during the class?

B 다음 문장을 밑줄 친 부분에 유의하여 바르게 해석하시오.

1 You <u>must not</u> walk on the grass.

→ _____

2 We <u>shouldn't</u> believe the rumor.

→ _____

3 They <u>don't have to</u> wear school uniforms.

→ _____

교과서
문장
응용하기 │ 배운 문법을 이용하여 영어 문장을 써 봅시다.

1 너는 그 상자를 열어서는 안 된다. (must)　　　→ _____

2 내가 그 책을 읽어야 하니? (should)　　　→ _____

　　➡ 내신적중 실전문제를 풀기 전에 Workbook p.22에 있는 요점정리를 참고하세요.

내신적중 실전문제

» 정답과 해설 p.16

[01~02] 빈칸에 알맞은 것을 고르시오.

01

> I'm so sorry, but I _____ go to the movies next week. I have other plan.

① may 　　　　　② should
③ have to 　　　 ④ cannot
⑤ must not

02

> **A** Should I call Isabella and say sorry to her?
> **B** _____ She is your best friend.

① Yes, I do.
② Yes, you should.
③ No, you may not.
④ No, you shouldn't.
⑤ I'm sorry you can't.

03 빈칸에 알맞지 <u>않은</u> 것은?

> He is going to play soccer _____.

① tomorrow 　　　② last night
③ after school 　　④ next weekend
⑤ this Sunday

04 빈칸에 알맞은 말을 순서대로 쓰시오. `주관식`

> It's very cloudy now. It _____ rain soon. You _____ take your umbrella.

05 짝지어진 두 문장의 의미가 서로 같지 <u>않은</u> 것은?

① It will be sunny tomorrow.
　= It is going to be sunny tomorrow.
② Sora must wash the dishes.
　= Sora has to wash the dishes.
③ You may use my computer.
　= You can use my computer.
④ I can read this English book.
　= I am able to read this English book.
⑤ The kid must not play on the street.
　= The kid doesn't have to play on the street.

06 어법상 어색한 것을 모두 고르면?

① You have to try your best.
② Can he rides a motorcycle?
③ May I borrow your blanket?
④ They won't send an email to me.
⑤ She doesn't has to say like that.

07 밑줄 친 must의 의미가 | 보기 |와 같은 것끼리 짝지어 진 것은?

> | 보기 |
> She <u>must</u> be a famous writer.

ⓐ He <u>must</u> be a liar.
ⓑ They <u>must</u> leave early.
ⓒ I <u>must</u> stay at the hotel.
ⓓ We <u>must</u> be kind to others.
ⓔ The dog <u>must</u> be very hungry.

① ⓐ, ⓑ 　　② ⓐ, ⓔ 　　③ ⓓ, ⓔ
④ ⓐ, ⓑ, ⓓ 　⑤ ⓑ, ⓒ, ⓔ

08 그림을 보고, 빈칸에 알맞은 말을 쓰시오. 주관식

〈Henry〉　　　　　　　〈Jack〉

Henry _____ _____ very well, but
Jack _____ swim.

09 짝지어진 대화 중 어색한 것은?

① **A** Will you meet your friends?
　 B Yes, I will.
② **A** I want to lose weight.
　 B You should not eat sweets.
③ **A** May I make a phone call?
　 B Yes, you may.
④ **A** Do I have to finish this work by 5?
　 B No, you don't have to.
⑤ **A** Can you help me with my homework?
　 B OK, thank you.

10 우리말 영작이 바르지 못한 것은?

① 나는 산책을 할 것이다.
　 → I'm going to take a walk.
② Ling은 한국어를 이해할 수 없다.
　 → Ling cannot understand Korean.
③ 너는 버스를 기다려서는 안 된다.
　 → You don't have to wait for the bus.
④ 그녀는 일을 너무 열심히 해서는 안 된다.
　 → She shouldn't work too hard.
⑤ Joe가 우승자임에 틀림없다.
　 → Joe must be the winner.

[11~12] 빈칸에 알맞은 말이 바르게 짝지어진 것을 고르시오.

11
・ It's too hot in this room. _____ I open the window?
・ This is not a parking lot. You _____ park your car here.

① Can — will　　　② Must — may
③ Can — won't　　④ Will — should
⑤ May — must not

12
A I _____ stay too long.
B What time do you _____ go?

① must — should　　② have to — can
③ may — must　　　④ can't — have to
⑤ can — has to

13 괄호 안의 알맞은 말이 바르게 짝지어진 것은?

ⓐ (Will / May) you do me a favor?
ⓑ I'll always (am careful / be careful).
ⓒ You (must not / not must) cross the street on a red light.

① Will — be careful — must not
② May — be careful — must not
③ May — am careful — not must
④ Will — be careful — not must
⑤ Will — am careful — must not

14 표지판의 내용과 같도록 괄호 안의 말을 이용하여 문장을 완성하시오. (주관식)

You _____ _____ _____ food to the animals. (give)

15 밑줄 친 부분의 의미가 나머지 넷과 <u>다른</u> 것은?

① <u>Can</u> she speak French?
② <u>Can</u> he solve this puzzle?
③ <u>Can</u> you sing a pop song?
④ <u>Can</u> you move your ears?
⑤ <u>Can</u> I use your smartphone?

16 빈칸에 May(may)가 들어갈 수 <u>없는</u> 것은?

① _____ I help you?
② He _____ be at home.
③ _____ I smoke here?
④ The news _____ be true.
⑤ _____ you send me a letter?

17 다음 문장을 부정문으로 바꿔 쓸 때 빈칸에 알맞은 말을 쓰시오. (주관식)

Mr. Jones will visit here next week.
→ Mr. Jones _____ _____ here next week.

18 어법상 옳은 것은?

① He won't cleans his room.
② Could you show me the ticket?
③ I will can meet my favorite actor.
④ She don't have to buy a new bike.
⑤ We're going go to the zoo tomorrow.

19 다음 문장과 의미가 같은 것은?

Don't run in the classroom.

① You can't run in the classroom.
② You won't run in the classroom.
③ You must not run in the classroom.
④ You may not run in the classroom.
⑤ You don't have to run in the classroom.

20 어법상 <u>어색한</u> 문장의 개수는?

ⓐ I will do my homework.
ⓑ He may be not busy.
ⓒ You have to turning left here.
ⓓ They are going to take pictures.
ⓔ Kate can't able to play the drums.

① 1개   ② 2개   ③ 3개
④ 4개   ⑤ 5개

서술형 평가

01 다음 표지판이 의미하는 바를 |조건|에 맞게 쓰시오.

┌─ 조건 ─────────────────────
1. 조동사를 사용할 것
2. 주어는 you로 쓸 것
3. 주어를 포함하여 (1) 6단어, (2) 5단어의 문장으로 쓸 것
└──────────────────────────

(1) 　　(2)

(1) _____

(2) _____

02 다음 문장을 밑줄 친 부분에 유의하여 바르게 해석하시오.

┌──────────────────────────
She doesn't <u>have to</u> take a piano lesson today.
└──────────────────────────

→ _____

03 Alex의 계획표를 보고, 다음 질문에 답하시오.

Thursday	Friday	Saturday	Sunday
meet Emily	play soccer	clean the house	go shopping

(1) **Q** What is Alex going to do on Thursday?

　　→ _____

(2) **Q** What is Alex going to do on Saturday?

　　→ _____

04 다음 문장을 의미가 같도록 괄호 안의 말을 이용하여 바꿔 쓰시오.

(1)
┌──────────────────────────
Tina must turn off her cellphone. (have to)
└──────────────────────────

→ _____

(2)
┌──────────────────────────
Bill and Tom can play badminton. (be able to)
└──────────────────────────

→ _____

[05~06] 다음 글을 읽고, 물음에 답하시오.

　Eric is good at winter sports. He can ski. He ___ⓐ___ skate, too. He is also able to play hockey. He ___ⓑ___ learn skateboarding this winter. He is going to take a lesson. He ___ⓒ___ go to the community center every Saturday. His brother ___ⓓ___ want to learn it, too. So he will ask his brother about it.

05 빈칸 ⓐ~ⓓ에 알맞은 말을 |보기|에서 골라 쓰시오. (한 번씩만 사용할 것)

┌─ 보기 ─────────────────────
will　　can　　has to　　may
└──────────────────────────

ⓐ _____　　　ⓒ _____

ⓑ _____　　　ⓓ _____

06 윗글의 내용과 일치하도록 질문에 답하시오.

┌──────────────────────────
Q Is Eric able to skateboard now?
└──────────────────────────

→ _____

CHAPTER

08

형용사와 부사

형용사와 부사란 무엇인가?

형용사와 부사는 수식어이다. 형용사는 (대)명사를 앞이나 뒤에서 수식하여 (대)명사를 보충 설명한다. 부사는 일반적으로 「형용사+-ly」의 형태로 쓰며, 동사, 형용사, 다른 부사 등을 수식하여 동작이나 상태에 대한 정보를 좀 더 구체적으로 나타낸다.

This is a **white** umbrella.   〈형용사 – 명사 umbrella를 수식〉 이것은 흰색 우산이다.
They walked **slowly**.   〈부사 – 동사 walked를 수식〉 그들은 천천히 걸었다.

수와 양을 나타내는 형용사에는 어떤 것들이 있는가?

사물의 많고 적음을 나타내는 대표적인 형용사에는 many, much, some, any가 있다.

종류	의미	쓰임	예문
many	많은, 다수의	셀 수 있는 명사 앞에 쓰임	There are **many** people in the park. 공원에는 많은 사람들이 있다.
much		셀 수 없는 명사 앞에 쓰임	They don't save **much** money. 그들은 많은 돈을 저축하지 않는다.
some	약간의, 몇몇의	긍정문, *권유의 의문문에 쓰임	She gave me **some** flowers. 그녀는 꽃 몇 송이를 내게 주었다.
any		부정문, 의문문에 쓰임	Did you take **any** pictures? 너는 사진을 좀 찍었니?

빈도부사란 무엇인가?

빈도부사는 동사를 수식하여 어떤 행동이나 사건이 얼마나 자주 일어나는지를 나타내며, be동사와 조동사 뒤, 일반동사 앞에 위치한다.

always(항상) > usually(대개, 보통) > often(자주, 종종) > sometimes(때때로) > never(결코~아닌)

This department store is **sometimes** crowded. 이 백화점은 때때로 붐빈다.
Our parents **always** get up early in the morning. 우리 부모님은 항상 아침에 일찍 일어나신다.

용어
사전

* **권유의 의문문**: 긍정적인 답변을 기대하는 권유나 부탁을 나타내는 의문문으로 Will(Would) you ~?의 형태로 쓴다.

형용사의 쓰임

- **형용사의 역할**: 명사나 대명사를 수식하거나 보충 설명한다.
  1. 명사 앞에서 수식한다.

     It is an **exciting** game.   He has a **cute** cat.

  2. 주어나 목적어를 보충 설명한다.

     Honey is **sweet**. 〈주어 설명〉   My sister makes me **happy**. 〈목적어 설명〉

A 우리말과 뜻이 같도록 괄호 안의 말을 배열하여 문장을 완성하시오.

» 정답과 해설 p.18

1 서울은 큰 도시이다. (city, big, a)
   → Seoul is _____.

2 저 작은 새 좀 봐! (that, bird, small)
   → Look at _____!

3 Sally는 어제 흰색 신발을 샀다. (bought, shoes, white)
   → Sally _____ yesterday.

4 따뜻한 것 좀 드시겠어요? (hot, something, drink)
   → Would you like to _____?

◆ 형용사의 기본 형태는 주로 -y, -ing, -ful, -ous 등이다. (happy, exciting, beautiful, dangerous 등)

◆ 형용사가 -thing, -body, -one 등으로 끝나는 대명사를 수식하는 경우에는 「-thing (-body, -one)+형용사」의 어순으로 쓴다.
I want **something cold**.

B 두 문장을 한 문장으로 쓸 때 빈칸에 알맞은 말을 쓰시오.

1 Sam and Jacob are students. They are kind.
   → Sam and Jacob are _____ _____.

2 Amy is a cheerleader. She is beautiful.
   → Amy is _____ _____ _____.

3 Tom Cruise is a movie star. He is famous.
   → Tom Cruise is _____ _____ _____ _____.

C 괄호 안의 형용사를 넣어 문장을 다시 쓰시오.

1 He is a boy. (handsome)   → _____

2 This is a puzzle. (easy)   → _____

3 An elephant has a nose. (long)   → _____

4 They are cameras. (expensive)   → _____

교과서 문장 응용하기

배운 문법을 이용하여 영어 문장을 써 봅시다.

1 Kate는 정직한 학생이다.   → _____

2 이 책은 재미있다.   → _____

many, much

- many와 much는 '많은'이라는 뜻으로 수나 양을 나타낸다.

| many | 셀 수 있는 명사의 복수형 앞 | We can see **many** stars in the sky. |
| much | 셀 수 없는 명사 앞 | We don't spend **much** time with our parents. |

cf. a lot of와 lots of는 '많은'이라는 뜻으로 셀 수 있는 명사와 셀 수 없는 명사 앞에 쓸 수 있다. 뒤에 셀 수 있는 명사의 복수형 이 오면 many로, 셀 수 없는 명사가 오면 much로 바꿔 쓸 수 있다.

I don't have **a lot of**(lots of) money. (= I don't have **much** money.)

A 빈칸에 알맞은 말을 many와 much 중에서 골라 쓰시오.

》정답과 해설 p.18

1 Anna doesn't drink _____ coke.
2 There is _____ salt on the table.
3 How _____ people live in Incheon?
4 Did you read _____ books last month?
5 Ms. Cook bought _____ apples yesterday.

◆ **a few** *vs.* **a little**: 둘 다 '약 간의, 적은'의 뜻으로 a few는 셀 수 있는 명사 앞에, a little은 셀 수 없는 명사 앞에 쓴다.
There are **a few** shirts in my closet.
I have **a little** free time.

B 우리말과 뜻이 같도록 빈칸에 알맞은 말을 쓰시오.

1 커피를 너무 많이 마시지 마라.
→ Don't drink too _____ _____.
2 교실에 얼마나 많은 학생들이 있니?
→ How _____ _____ are there in the classroom?
3 너는 얼마나 많은 시간이 필요하니?
→ _____ _____ _____ do you need?
4 바구니 안에는 달걀이 많이 있다.
→ There are _____ _____ _____ _____ in the basket.

C 어법상 어색한 부분을 찾아 고쳐 쓰시오.

1 Much children are playing in the park. _____ → _____
2 Nick can speak many language. _____ → _____
3 Does Kate need many money? _____ → _____
4 They asked me a lot questions. _____ → _____

교과서
문장
응용하기

배운 문법을 이용하여 영어 문장을 써 봅시다.

1 우리는 많은 물이 필요하다. → _____
2 너는 얼마나 많은 고양이가 있니? → _____

some, any

- some과 any은 '몇몇의, 약간의'라는 뜻으로 셀 수 있는 명사와 셀 수 없는 명사 앞에 쓴다.

some	긍정문, 권유의 의문문	I'm going to buy **some** socks.	Would you like **some** milk?
any	부정문, 의문문	I don't have **any** sisters.	Do you have **any** pens?

A 빈칸에 알맞은 말을 some과 any 중에서 골라 쓰시오.   » 정답과 해설 p.18

1 I want _____ sugar and salt.

2 I didn't take _____ pictures.

3 Would you like _____ coffee?

4 Are there _____ supermarkets near here?

B 우리말과 뜻이 같도록 빈칸에 알맞은 말을 쓰시오.

1 우리는 지금 약간의 채소가 있다.

→ We have _____ vegetables now.

2 너는 주말 계획이 있니?

→ Do you have _____ plans for the weekend?

3 병 안에 물이 조금도 없다.

→ There isn't _____ water in the bottle.

4 너는 오렌지 주스를 좀 마실래?

→ Will you have _____ orange juice?

C 다음 문장을 괄호 안의 지시대로 바꿀 때 빈칸에 알맞은 말을 쓰시오.

1 There are some trees in the garden. (부정문으로)

→ There aren't _____ _____ in the garden.

2 Andy doesn't have any money. (긍정문으로)

→ Andy has _____ _____ now.

교과서 문장 응용하기 | 배운 문법을 이용하여 영어 문장을 써 봅시다.

1 나는 약간의 치즈와 빵을 샀다.   → _____

2 공원에는 사람들이 아무도 없다.   → _____

부사의 쓰임과 형태

- **쓰임**: 동사, 형용사, 다른 부사 또는 문장 전체를 수식한다.

  Mr. White drives **slowly** at night. 〈동사 수식〉

  Amy is **really** cute. 〈형용사 수식〉

  James spoke to me **very kindly**. 〈다른 부사 수식〉

  Luckily, Sara passed the test. 〈문장 전체 수식〉

- **형태**: 주로 형용사 뒤에 -ly를 붙인다.

대부분의 부사	형용사+-ly	beautiful → beautifully, loud → loudly, kind → kindly 등
「자음+y」로 끝나는 형용사	y를 i로 바꾸고+-ly	happy → happily, easy → easily, lucky → luckily 등
예외		good → well

A 다음 문장에서 부사를 <u>모두</u> 찾아 밑줄을 그으시오.

1 The exam is very difficult.

2 My sister smiles so beautifully.

3 Luckily, he bought the last ticket.

4 Emily opened her Christmas presents happily.

5 The teacher suddenly came into the classroom.

» 정답과 해설 p.18

◆ 「-ly」로 끝나지만 형용사인 단어
(명사+-ly): lovely, friendly, lonely 등

B 괄호 안에서 알맞은 것을 고르시오.

1 Anna can speak (clearly / clear).

2 Brian goes to sleep (quick / quickly).

3 The bear moves very (slowly / slow).

4 My girlfriend is (real / really) beautiful.

C 괄호 안의 말을 빈칸에 알맞은 형태로 쓰시오.

1 He opened the door _____. (quiet)

2 Tina and Jenny are laughing _____. (happy)

3 Please do not talk _____ in the hospital. (loud)

4 Mice are carrying pieces of cheese _____. (busy)

5 My brother solved the math problem _____. (easy)

6 You should walk _____ on the slippery road. (careful)

교과서
문장
응용하기

배운 문법을 이용하여 영어 문장을 써 봅시다.

1 그 새들은 시끄럽게 노래를 부르고 있다. (noisy) → _____

2 Cathy는 매우 아름답게 춤을 춘다. (very) → _____

형용사와 형태가 같은 부사

- 형용사와 형태가 같고 의미가 다른 부사들이 있다.

	fast	late	early	hard
형용사	빠른	늦은	이른	열심히 하는, 어려운, 딱딱한
부사	빠르게	늦게	일찍	열심히

Tony is a **fast** runner. 〈형용사〉
The train is running **fast**. 〈부사〉

It is **late** summer. 〈형용사〉
The plane arrived **late**. 〈부사〉

A 밑줄 친 부분을 어법상 바르게 고쳐 쓰시오.

》 정답과 해설 p.18

1 Don't go out <u>lately</u> at night. _____
2 Ms. Brown drives her car <u>fastly</u>. _____
3 He comes to class very <u>earlily</u>. _____
4 They practiced basketball <u>hardly</u>. _____

B 밑줄 친 부분이 형용사인지 부사인지 쓰시오.

1 Diamond is very <u>hard</u>. _____
2 Bill studies <u>hard</u> all day. _____
3 My brother wants a <u>fast</u> bike. _____
4 Why did you go home so <u>early</u>? _____

C 다음 문장을 밑줄 친 부분에 유의하여 바르게 해석하시오.

1 (a) She is a <u>hard</u> worker.
   → _____
   (b) She works <u>hard</u>.
   → _____
2 (a) Fred was eating a <u>late</u> breakfast.
   → _____
   (b) Fred was eating breakfast <u>late</u>.
   → _____

교과서
문장
응용하기

배운 문법을 이용하여 영어 문장을 써 봅시다.

1 치타는 매우 빠른 동물이다. (cheetah)   → _____
2 그 회의는 일찍 끝마쳤다.   → _____

빈도부사

▪ **의미와 종류:** 빈도부사는 어떤 일이 얼마나 자주 일어나는지를 나타낸다.

100%	50%	0%

always(항상) > usually(보통, 대개) > often(자주, 종종) > sometimes(때때로) > seldom(거의 ~없는) > never(결코 ~아닌)

▪ **빈도부사의 위치:** be동사와 조동사 뒤, 일반동사 앞에 위치한다.

Jenny is **often** late for school. 〈be동사 뒤에 위치함〉

I will **never** eat fast food again. 〈조동사 뒤에 위치함〉

Alex **usually** plays soccer on Sundays. 〈일반동사 앞에 위치함〉

A 우리말과 뜻이 같도록 빈칸에 알맞은 빈도부사를 쓰시오.   » 정답과 해설 p.18

1 Lisa의 아버지는 그녀에게 자주 전화한다.

→ Lisa's father _____ calls her.

2 너는 보통 어떻게 학교에 가니?

→ How do you _____ go to school?

3 Chris는 내게 항상 친절하다.

→ Chris is _____ kind to me.

4 Sandra는 결코 그녀의 방을 청소하지 않는다.

→ Sandra _____ cleans her room.

5 Brian은 가끔 주말에 설거지를 한다.

→ Brian _____ washes the dishes on weekend.

B 괄호 안의 말을 포함시켜 문장을 다시 쓰시오.

1 My sister is busy on Mondays. (always)

→ _____

2 We take a walk after dinner. (often)

→ _____

3 Tony listens to classical music. (sometimes)

→ _____

4 I can remember his phone number. (never)

→ _____

**교과서
문장
응용하기**

배운 문법을 이용하여 영어 문장을 써 봅시다.

1 그녀는 보통 7시에 일어난다.   → _____

2 나는 항상 너를 도울 것이다.   → _____

「타동사+부사」_ 이어동사

- **이어동사:** 「동사+부사」로 이루어진 동사구가 하나의 의미를 나타내는 것을 의미한다.

  put on(입다) ↔ take off(벗다)　　　turn on(켜다) ↔ turn off(끄다)　　　throw away(버리다)

- **이어동사의 어순**

목적어가 명사인 경우	「타동사+부사+명사」 또는 「타동사+명사+부사」	Ann **put on** *her coat*. → Ann **put** *her coat* **on**.
목적어가 대명사인 경우	「타동사+대명사+부사」	You can **take off** *your shoes*. → You can **take** *them* **off**.

A 괄호 안에서 알맞은 것을 <u>모두</u> 고르시오.　　　　　　　　　　　　　》 정답과 해설 p.18

1 Emma (threw it away / threw away it).

2 (Turn off them / Turn off the lights), please.

3 Andy is (putting on his pants / putting on them).

4 May I (try on this / try this on)?

5 We should (take our shoes off / take off them) here.

6 (Put down your umbrella / Put down it / Put it down) on the floor.

B 다음 문장을 | 보기 |와 같이 바꿔 쓰시오.

> **보기**
> Hannah picked up the phone.
> → Hannah picked the phone up.
> → Hannah picked it up.

1 Don't throw away the bottles.

→ _____

→ _____

2 She cut off a piece of meat.

→ _____

→ _____

3 Mike will bring back your books.

→ _____

→ _____

**교과서
문장
응용하기** 배운 문법을 이용하여 영어 문장을 써 봅시다.

1 Bob은 라디오를 켰다. (turn on)　　　　　→ _____

2 Sally는 그것을 내려놓았다. (put down)　　　→ _____

내신적중 실전문제

01 짝지어진 단어의 관계가 나머지 넷과 <u>다른</u> 것은?

① slow — slowly
② busy — busily
③ love — lovely
④ kind — kindly
⑤ careful — carefully

[02~03] 빈칸에 알맞지 <u>않은</u> 것을 고르시오.

02

| Do you need much _____ ? |

① milk   ② food
③ pencils   ④ money
⑤ water

03

| His sister is a _____ girl. |

① cute   ② tall
③ pretty   ④ kindly
⑤ smart

04 밑줄 친 부분 중 어법상 어색한 것은?

① Mr. Jones <u>threw</u> them <u>away</u>.
② Why don't you <u>try on it</u>?
③ Angela <u>took</u> her gloves <u>off</u>.
④ Tony <u>put it down</u> on the chair.
⑤ My uncle <u>turned on</u> the computer.

05 다음 중 often이 들어갈 위치로 알맞은 것은?

| My grandmother (①) listens (②) to (③) K-pop (④) in her free time (⑤). |

06 밑줄 친 부분을 어법에 맞게 고쳐 쓰시오. 주관식

| Mike got up <u>lately</u> this morning. So he missed the school bus. |

→ _____

07 빈칸에 알맞은 말이 바르게 짝지어진 것은?

| • Would you like to have _____ cake?
• There isn't _____ cheese in the kitchen. |

① any — some   ② some — many
③ any — many   ④ some — any
⑤ much — any

08 밑줄 친 부사의 쓰임이 나머지 넷과 <u>다른</u> 것은?

① They can swim <u>well</u>.

② Edward studies <u>hard</u>.

③ I closed the door <u>softly</u>.

④ She comes home <u>early</u>.

⑤ We feel <u>really</u> happy today.

09 빈칸에 **many**가 들어갈 수 <u>없는</u> 것은?

① How _____ caps do you have?

② Mr. Smith doesn't have _____ time.

③ I can see _____ cars on the highway.

④ Amy invited _____ people to her house.

⑤ There aren't _____ shops in this village.

10 빈칸에 공통으로 알맞은 말을 쓰시오. 주관식

• Is there _____ problem with you?

• There aren't _____ books on the table.

11 밑줄 친 부분의 위치가 <u>어색한</u> 것은?

① I can <u>never</u> find my dictionary.

② Bob <u>always</u> tells me funny stories.

③ Jerry <u>usually</u> goes to bed at 11: 00.

④ My father <u>sometimes</u> cleans the house.

⑤ Sue and I <u>often</u> were late for the class.

12 어법상 <u>어색한</u> 것은?

① He has a little water.

② She ate some cake.

③ I met much friends.

④ We will buy a few pens.

⑤ There are lots of milk in the glass.

13 |보기|와 같이 주어진 문장을 바꿀 때 세 번째로 오는 것은?

> 보기
> My sister put her skirt on.
> → My sister put it on.

> Mom picked up the dishes slowly.

① Mom   ② picked

③ up   ④ them

⑤ slowly

14 |보기|에서 빈칸에 들어갈 수 있는 단어의 개수는?

> 보기
> fast nice carefully slowly clearly

> Andrew speaks _____.

① 1개 ② 2개 ③ 3개
④ 4개 ⑤ 5개

15 우리말과 뜻이 같도록 빈칸에 알맞은 말을 쓰시오. 주관식

> 교실에는 몇몇의 학생들이 있었다.
> → There were _____ _____ in the classroom.

[16~17] 대화의 밑줄 친 부분 중 어법상 어색한 것을 고르시오.

16
> A What do you ①usually do ②on Sundays?
> B I ③read usually some books at home, ④but last Sunday I ⑤went shopping.

17
> A The math exam ①was not ②difficult.
> B Yes. I ③answered all the questions ④very ⑤easy.

18 빈칸에 알맞은 것을 모두 고르면?

> There is _____ fresh food in the market.

① lots of ② many
③ any ④ some
⑤ a lot

 고난도

19 어법상 옳은 것끼리 짝지어진 것은?

> ⓐ She doesn't need some help.
> ⓑ There are much children in the pool.
> ⓒ Lots of airplanes are flying in the sky.
> ⓓ Will you have some drinks?
> ⓔ Chris has many pocket money.

① ⓐ, ⓑ   ② ⓑ, ⓒ
③ ⓒ, ⓓ   ④ ⓑ, ⓒ, ⓔ
⑤ ⓒ, ⓓ, ⓔ

20 밑줄 친 부분을 한 단어로 바꿀 때 나머지 넷과 다른 것은?

① A lot of people like fishing.
② There is a lot of milk in the farm.
③ We met a lot of tourists at the hotel.
④ They took a lot of photos at the park.
⑤ A lot of boys enjoy computer games.

21 밑줄 친 말을 인칭대명사로 바꿔 문장을 완성하시오. 주관식

> Why don't you turn off your smartphone?
> → Why don't you _____?

[22~23] 밑줄 친 부분의 쓰임이 나머지 넷과 다른 것을 고르시오.

22 ① Can you walk fast?
② My dog can swim fast.
③ Rabbits are fast animals.
④ Joan ran really fast yesterday.
⑤ I finished the work fast in the morning.

23 ① Luckily, he passed the exam.
② She is very lovely and friendly.
③ Dad works very hard for our family.
④ Thank you so much for inviting me.
⑤ The young couple dance beautifully.

24 빈칸에 알맞은 말이 나머지 넷과 다른 것은?
① Would you like _____ more tea?
② Do you have _____ notebooks?
③ There are _____ ducks in the lake.
④ The teacher asked me _____ questions.
⑤ Mom put _____ oranges in the basket.

25 밑줄 친 부분과 바꿔 쓸 수 있는 것은?

> Kate ate a lot of cookies because she was hungry.

① much   ② many
③ a few   ④ a little
⑤ any

26 어법상 어색한 부분을 찾아 바르게 고쳐 쓰시오. 주관식

> John drinks never coffee.

_____ → _____

서술형 평가

01 다음 문장을 부정문과 의문문으로 각각 바꿔 쓰시오.

> There are some children in the garden.

(1) (부정문) _____

(2) (의문문) _____

[02~03] 다음 대화를 읽고, 물음에 답하시오.

A I'm thirsty, but I have little water.
B ⓐI have many water. Here you are.
A Thank you.
B ⓑIs Brian a fast runner?
A Yes, he is.

02 밑줄 친 ⓐ를 어법상 바르게 고쳐 쓰시오.

→ _____

03 밑줄 친 ⓑ에서 fast를 부사로 바꿔 문장을 다시 쓰시오.

→ _____

04 주어진 말을 바르게 배열하시오.

(1)
> how, there, classroom, are, in, boys, the, many, ?

→ _____

(2)
> nice, look for, John, shirt, will, a

→ _____

05 괄호 안의 말을 이용하여 우리말을 영작하시오.

(1)
> 불을 꺼줄 수 있어요? (can, the lights)

→ _____

(2)
> 나는 절대 그곳에 다시 가지 않을 것이다. (go there)

→ _____

[06~07] 다음 글을 읽고, 물음에 답하시오.

I usually get up at 8:00, but ⓐI got up early this morning. There are some apples and bread, but ⓑthere isn't any milk in the refrigerator. 나는 약간의 빵을 먹었다 for breakfast. I will go hiking tomorrow. ⓒMy tracking shoes are very old. ⓓI should bring any food with me, so I need a big backpack, too. ⓔI need a lot of things, so I will go shopping today.

06 밑줄 친 ⓐ~ⓔ 중 어법상 어색한 문장을 찾아 바르게 고쳐 쓰시오.

_____ → _____

07 밑줄 친 우리말을 |조건|에 맞게 영작하시오.

> ┌ 조건 ┐
> eat을 이용하여 5단어로 쓸 것

→ _____

CHAPTER

09

비교

비교란 무엇인가?

비교란 둘 또는 그 이상의 사람이나 사물 간의 유사점이나 차이점을 비교하는 것을 말한다.

비교는 어떻게 만들며 어떤 유형이 있는가?

비교는 형용사와 부사의 모습을 변화시켜 만들며, 두 개의 사물이나 사람을 비교하는 *원급 비교와 *비교급 비교, 그리고 셋 이상을 비교하는 *최상급 비교가 있다.

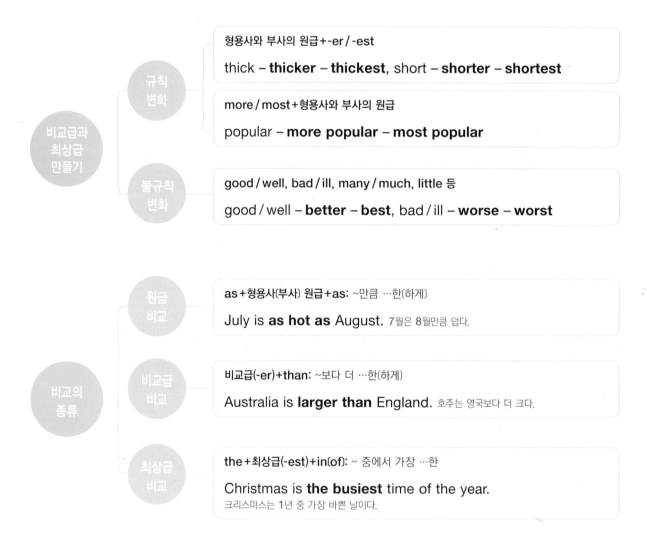

비교급과 최상급 만들기

규칙 변화

형용사와 부사의 원급+-er / -est
thick – **thicker** – **thickest**, short – **shorter** – **shortest**

more / most+형용사와 부사의 원급
popular – **more popular** – **most popular**

불규칙 변화

good / well, bad / ill, many / much, little 등
good / well – **better** – **best**, bad / ill – **worse** – **worst**

비교의 종류

원급 비교

as+형용사(부사) 원급+**as**: ~만큼 …한(하게)
July is **as hot as** August. 7월은 8월만큼 덥다.

비교급 비교

비교급(-er)+than: ~보다 더 …한(하게)
Australia is **larger than** England. 호주는 영국보다 더 크다.

최상급 비교

the+최상급(-est)+in(of): ~ 중에서 가장 …한
Christmas is **the busiest** time of the year.
크리스마스는 1년 중 가장 바쁜 날이다.

용어 사전

* **원급**: 형용사와 부사의 원래 형태를 말한다.
* **비교급**: 형용사와 부사에 -er 또는 more를 붙여 '더 ~한'의 뜻을 나타낸다.
* **최상급**: 형용사와 부사에 -est 또는 most를 붙여 '가장 ~한'의 뜻을 나타낸다.

51 비교급과 최상급의 규칙 변화

	비교급 / 최상급	원급 – 비교급 –최상급
대부분의 경우	원급+-er / -est	small – smaller – smallest
-e로 끝나는 경우	원급+-r / -st	large – larger – largest
「단모음+단자음」으로 끝나는 경우	마지막 자음을 하나 더 쓰고+-er / -est	big – bigger – biggest
「자음+y」로 끝나는 경우	y를 i로 바꾸고+-er / -est	happy – happier – happiest
-ful, -ous, -ing, -ive로 끝나는 2음절 단어와 3음절 이상의 단어의 경우	more / most+원급	famous – more famous – most famous

A 빈칸에 알맞은 비교급과 최상급을 쓰시오.

》 정답과 해설 p.20

◆ 「형용사+-ly」형태의 부사: 원급 앞에 more / most를 붙인다. easily — more easily — most easily

1 old – _____ – _____

2 safe – _____ – _____

3 heavy – _____ – _____

4 cute – _____ – _____

5 fat – _____ – _____

6 warm – _____ – _____

7 dangerous – _____ – _____

8 sunny – _____ – _____

9 wet – _____ – _____

10 expensive – _____ – _____

11 tall – _____ – _____

12 delicious – _____ – _____

B 괄호 안에서 알맞은 것을 고르시오.

1 My sister is (wiser / wiseer) than me.

2 Jack is (smarter / smartter) than Tom.

3 English is (easier /easiest) than Russian.

4 Today is (hoter / hotter) than yesterday.

5 I run (faster / more faster) than my brother.

6 He is the (interestingest / most interesting) boy in our class.

7 My mother is the (nicest / most nicest) person in the world.

교과서 문장 응용하기

배운 문법을 이용하여 빈칸에 알맞은 말을 써 봅시다.

1 ugly – _____ – ugliest

2 difficult – more difficult – _____

3 _____ – wider – widest

4 slowly – _____ – _____

비교급과 최상급의 불규칙 변화

원급	비교급	최상급
good(좋은) / well(건강한; 잘)	better	best
bad(나쁜) / badly(나쁘게) / ill(병든)	worse	worst
many((수가) 많은) / much((양이) 많은)	more	most
little((양이) 적은)	less	least
late((시간이) 늦은) / ((순서가) 나중인)	later / latter	latest / last

A 빈칸에 알맞은 비교급과 최상급을 쓰시오.

》 정답과 해설 p.20

1 ill   – _____ – _____
2 little   – _____ – _____
3 good   – _____ – _____
4 badly   – _____ – _____
5 many   – _____ – _____
6 well   – _____ – _____
7 bad   – _____ – _____
8 much   – _____ – _____
9 late(시간이 늦은) – _____ – _____
10 late(순서가 나중인) – _____ – _____

B 우리말과 뜻이 같도록 괄호 안의 말을 빈칸에 알맞은 형태로 쓰시오.

1 꿀은 설탕보다 더 좋다. (good)
   → Honey is _____ than sugar.
2 Bill은 그의 형보다 더 많은 사과를 먹었다. (many)
   → Bill ate _____ apples than his brother.
3 Amy는 Mark보다 더 늦게 도착했다. (late)
   → Amy arrived _____ than Mark.
4 그의 습관은 내 습관보다 더 나쁘다. (bad)
   → His habits are _____ than mine.
5 그녀는 경주에서 가장 늦게 들어왔다. (late)
   → She came _____ in the race.

교과서
문장
응용하기

배운 문법을 이용하여 빈칸에 알맞은 말을 써 봅시다.

1 well – better – _____   3 _____ – less – least
2 much – _____ – most   4 ill – _____ – _____

원급 비교

- 원급 비교는 둘을 비교하여 그 정도나 대상이 같음을 나타낸다. (동등 비교)

as+원급+as	~만큼 …한(하게)	Kate is **as kind as** her sister. Swimming is **as good as** running for your health.
not as(so)+원급+as	~만큼 …하지 않은	India is **not as(so) big as** China. Ben doesn't swim **as(so) well as** his brother.

A 우리말과 뜻이 같도록 괄호 안의 말을 이용하여 문장을 완성하시오. 　　　　》 정답과 해설 p.20

1 Pam은 Jessica만큼 말랐다. (thin)

　→ Pam is _____ _____ _____ Jessica.

2 Sam은 Bob만큼 조용하게 말했다. (quietly)

　→ Sam spoke _____ _____ _____ Bob.

3 베토벤은 모차르트만큼 유명하니? (famous)

　→ Is Beethoven _____ _____ _____ Mozart?

4 자전거는 자동차만큼 빠르지 않다. (fast)

　→ A bicycle is _____ _____ _____ _____ a car.

5 과일은 초콜릿만큼 달지 않다. (sweet)

　→ Fruits are _____ _____ _____ _____ chocolates.

B 두 문장을 한 문장으로 쓸 때 괄호 안의 말을 이용하여 문장을 완성하시오.

1 Tom is thirteen years old. Tony is thirteen years old, too.

　→ Tom is _____ _____ _____ Tony. (old)

2 Line A is 15cm. Line B is 15cm.

　→ Line A is _____ _____ _____ Line B. (long)

3 I have ten books. Molly has fifteen books.

　→ I don't have _____ _____ _____ _____ Molly.
　(many)

4 The black cap is fifteen dollars. The white cap is twenty dollars.

　→ The black cap _____ _____ _____ _____
　that white cap. (expensive)

교과서 문장 응용하기 배운 문법을 이용하여 영어 문장을 써 봅시다.

1 Emily는 Anna만큼 부지런하다. (diligent) 　→ _____

2 개는 사자만큼 빠르지 않다. (fast) 　→ _____

비교급 비교

- 비교급 비교는 둘을 비교하여 둘 중 하나가 '더 ~하다'라고 말할 때 쓰며, 「비교급+than」의 형태로 '~보다 더 …한'의 뜻을 나타낸다.

Dad comes home **earlier than** Mom.   Tigers are **more dangerous than** foxes.

cf. 비교급 앞에 much, even, still, far, a lot 등을 써서 비교급을 강조할 수 있으며 '훨씬'이라는 뜻을 나타낸다.

His brother is **much** stronger than him.   She runs **even** faster than her brother.

A 우리말과 뜻이 같도록 괄호 안의 말을 이용하여 문장을 완성하시오.

》 정답과 해설 p.20

◆ than 뒤의 「주어+동사」는 목적격 형태로 써도 된다.
Minji studies English harder than **I do**. = Minji studies English harder than **me**.

1 나의 어머니는 나보다 더 키가 작다. (short)
→ My mother is _____ _____ me.

2 Jack의 손은 Mike의 손보다 크다. (large)
→ Jack's hand is _____ _____ Mike's.

3 이 질문이 저것보다 더 쉽다. (easy)
→ This question is _____ _____ that one.

4 나의 개는 그의 개보다 더 크다. (big)
→ My dog is _____ _____ his dog.

5 미나는 나보다 영어를 더 잘 말한다. (well)
→ Mina speaks English _____ _____ me.

6 이 꽃들이 저것들보다 더 아름답다. (beautiful)
→ These flowers are _____ _____ _____ those ones.

B 어법상 어색한 부분을 찾아 고쳐 쓰시오.

1 Harry looks thiner than Sam.   _____ → _____

2 The textbook is lighter as the dictionary.   _____ → _____

3 He has most apples than me.   _____ → _____

4 Alice is very younger than Brian.   _____ → _____

5 She arrived more late than him.   _____ → _____

6 This movie is interesting than that book.   _____ → _____

교과서 문장 응용하기

배운 문법을 이용하여 영어 문장을 써 봅시다.

1 야구는 농구보다 더 쉽다.   → _____

2 내 치마가 그녀의 치마보다 훨씬 더 길다. (much)   → _____

55 최상급 비교

■ 최상급 비교는 셋 이상을 비교하여 '가장 ~하다'라고 말할 때 쓴다.

형태	the+최상급(+명사)+of+복수명사	the+최상급(+명사)+in+장소(범위)
의미	~ 중에서 가장 …한	(장소(범위))에서 가장 …한
예문	Cathy is **the tallest** girl of the five. He walks **the fastest** of the three. This is **the most expensive** of all.	The building is **the tallest** one in the city. He runs **the fastest** in the world. This is **the most expensive** car in the country.

A 우리말과 뜻이 같도록 괄호 안의 말을 이용하여 빈칸에 알맞은 말을 쓰시오.

>> 정답과 해설 p.20

◆ one of the+최상급+복수명사: 가장 ~한 … 중의 하나
This is **one of the longest rivers** in the world. (이것은 세계에서 가장 긴 강 중 하나이다.)

1 Ray는 그의 친구들 중에서 가장 어리다. (young)
  → Ray is _____ _____ of his friends.

2 마을에서 가장 행복한 소년은 누구인가요? (happy)
  → Who is _____ _____ _____ in the village?

3 세계에서 가장 큰 나라는 무엇인가요? (big)
  → What is _____ _____ country _____ the world?

4 치타는 모든 육지 동물 중에서 가장 빠르다. (fast)
  → Cheetahs are _____ _____ _____ all land animals.

5 김 선생님은 이 학교에서 가장 잘생긴 선생님이다. (handsome)
  → Mr. Kim is _____ _____ _____ teacher in this school.

6 축구는 이 마을에서 가장 인기 있는 스포츠 가운데 하나이다. (popular)
  → Soccer is one of _____ _____ _____ _____ in this town.

B 밑줄 친 부분을 어법상 바르게 고쳐 쓰시오.

1 Ben ate the muchest hot dogs of the three. _____

2 Julia is one of my best friend. _____

3 The man is the baddest person in this town. _____

4 He is the most famous actor of the world. _____

5 Alex is the most heavy boy in his class. _____

6 It was one of the best exciting games. _____

교과서 문장 응용하기 | 배운 문법을 이용하여 영어 문장을 써 봅시다.

1 세계에서 가장 높은 산은 무엇인가요? (mountain) → _____

2 이것은 셋 중에서 가장 맛있는 케이크이다. (delicious) → _____

내신적중 실전문제

01 다음 중 비교급과 최상급 형태가 <u>어색한</u> 것은?

① little – less – least
② fat – fatter – fattest
③ safe – safer – safest
④ easy – easier – easiest
⑤ exciting – excitinger – excitingest

[02~03] 빈칸에 알맞은 것을 고르시오.

02

> My sister is _____ than me.

① tall   ② taller
③ tallest   ④ more tall
⑤ most tall

03

> Alex is the _____ student in his class.

① interesting   ② interestinger
③ interestingest   ④ more interesting
⑤ most interesting

04 그림을 보고, 빈칸에 알맞은 말을 쓰시오. (주관식)

> The orange is _____ _____ the pear.

[05~06] 빈칸에 알맞은 말이 바르게 짝지어진 것을 고르시오.

05

> • Bread is as _____ as cookies at this bakery.
> • Alan isn't so _____ as Harry.

① cheap — smart
② cheap — smartest
③ cheaper — smarter
④ cheaper — smartest
⑤ cheapest — smart

06

> • I speak English _____ than Mike.
> • The man has the _____ world records in the world.

① well — much   ② good — most
③ better — more   ④ better — most
⑤ best — many

07 어법상 옳은 것은?

① This bag is biger than that one.
② He is stronger than his father.
③ We are the happier in the world.
④ She is as famous than the singer.
⑤ That building is the most high in the city.

08 어법상 어색한 부분을 찾아 바르게 고쳐 쓰시오. 주관식

> He was one of the greatest man in history.

_____ → _____

09 밑줄 친 부분을 바르게 고친 것은?

> This pizza is very large. It is large the chocolate cake.

① so large as   ② as large as
③ large than   ④ the largest
⑤ 고칠 필요 없음

10 우리말과 뜻이 같도록 괄호 안의 말을 빈칸에 알맞은 형태로 쓰시오. 주관식

> 그녀는 더 나빠지고 있다. (bad)
> → She is getting _____.

11 밑줄 친 부분과 바꿔 쓸 수 없는 것은?

> Ann's hair is even longer than Yuri's.

① far   ② still   ③ very
④ much   ⑤ a lot

12 다음 문장과 의미가 같은 것을 두 개 고르면?

> Airplanes are faster than boats.

① Boats are faster than airplanes.
② Airplanes are as fast as airplanes.
③ Airplanes are not as fast as boats.
④ Boats are less fast than airplanes.
⑤ Boats are not as fast as airplanes.

13 밑줄 친 부분 중 어법상 어색한 것은?

① Henry is more foolish than her.
② Tom will read it more carefully.
③ This one is more useful than that one.
④ This ice cream is more delicious than that one.
⑤ Jane is the more popular student in her school.

14 빈칸에 알맞은 말이 나머지 넷과 다른 것은?

① He works harder _____ I do.
② Turtles run slower _____ rabbits.
③ She has more money _____ him.
④ Kate is the prettiest _____ this town.
⑤ John plays soccer better _____ his brother.

15 빈칸에 알맞지 <u>않은</u> 것은?

> Andy is _____ than Paul.

① best   ② older
③ shorter   ④ happier
⑤ more handsome

16 우리말과 뜻이 같도록 빈칸에 알맞은 말을 쓰시오. 주관식

> 너는 내 인생에서 가장 중요한 사람이다.
> → You are the _____ _____ person
>   in my life.

17 어법상 옳은 것끼리 짝지어진 것은?

> ⓐ It's hoter than yesterday.
> ⓑ I left earlier than he did.
> ⓒ Carl runs the fastest of the four.
> ⓓ This soup is as warmest as that food.
> ⓔ Which is newer, this pen or that pen?
> ⓕ It is one of the difficulter questions in
>   the world.

① ⓐ, ⓒ   ② ⓑ, ⓒ, ⓔ
③ ⓐ, ⓓ, ⓕ   ④ ⓑ, ⓒ, ⓔ, ⓕ
⑤ ⓐ, ⓒ, ⓓ, ⓔ, ⓕ

18 괄호 안의 알맞은 말이 바르게 짝지어진 것은?

> • Who is the laziest man (in / of / at) this
>   town?
> • Mary is the smartest girl (in / of / at) the
>   ten students.

① in — at   ② at — in
③ in — of   ④ of — in
⑤ at — of

19 밑줄 친 부분의 쓰임이 |보기|와 같은 것은?

> 보기
> This pencil is <u>much</u> shorter than that
> one.

① How <u>much</u> is it?
② They had so <u>much</u> fun.
③ Max is <u>much</u> sadder now.
④ Do you have <u>much</u> time?
⑤ There isn't <u>much</u> snow here.

20 어법상 <u>어색한</u> 것은?

① Africa has the most countries.
② The old lady feels better now.
③ Amy is as busier as her sister.
④ He comes to school earlier than Peter.
⑤ Mrs. Smith is one of the richest people in
   this village.

21 빈칸에 알맞은 것을 <u>모두</u> 고르면?

> This one is as _____ as that one.

① higher   ② little
③ better   ④ worst
⑤ good

22 우리말을 영어로 바르게 옮긴 것은?

> 양쯔 강은 세계에서 가장 긴 강 가운데 하나이다.

① The Yangtze River is the longest river in the world.
② The Yangtze River is one of the longer river in the world.
③ The Yangtze River is one of the longest river in the world.
④ The Yangtze River is one of the longest rivers in the world.
⑤ The Yangtze River is one of the most long rivers in the world.

23 밑줄 친 부분을 어법에 맞게 바르게 고친 것이 <u>아닌</u> 것은?

① His English score is worse than <u>I</u>. (→ mine)
② Dogs drink <u>much</u> water than cats. (→ most)
③ Sally's voice is as good <u>so</u> the singer's. (→ as)
④ A giraffe is <u>very</u> taller than a sheep. (→ a lot)
⑤ Alaska is the largest state <u>of</u> the USA. (→ in)

24 어법상 <u>어색한</u> 문장의 개수는?

> ⓐ He is the kindest of his friend.
> ⓑ They are wisest than these people.
> ⓒ Jina speaks French as well as Lisa.
> ⓓ The girls are more beautiful than us.
> ⓔ You are one of the nicer people in this town.

① 1개   ② 2개   ③ 3개
④ 4개   ⑤ 5개

25 다음 표의 내용과 일치하지 <u>않는</u> 것은?

Box A	Box B	Box C	Box D
8kg	6kg	9kg	8kg

① Box A is heavier than Box B.
② Box B isn't as heavy as Box C.
③ Box D is as heavy as Box A.
④ Box C is the heaviest of all boxes.
⑤ Box D is heavier than Box C.

[26~27] 두 문장의 뜻이 같도록 빈칸에 알맞은 말을 쓰시오. 주관식

26
> My jacket is more expensive than hers.
> = Her Jacket is _____ than mine.

27
> The winter in New York is colder than in L.A.
> = The winter in L.A. isn't _____ _____ _____ in New York.

서술형 평가

01 그림을 보고, 두 동물의 키를 비교하는 문장을 쓰시오.

→ _____

[02~03] 다음 표를 보고, 물음에 답하시오.

	Alex	Brian	Sally
age	13	14	13
weight	58kg	55kg	54kg
100m record	15.8	14.9	16.2

02 | 조건 |에 맞게 문장을 쓰시오.

> 조건
> (1) Brian을 주어로 하여 세 명의 나이를 비교할 것
> (2) Alex를 주어로, Sally을 주어로 하여 각각 Alex와 Sally의 체중을 비교할 것 (두 문장임)

(1) _____

(2) _____

_____

03 질문에 알맞은 답을 완전한 문장으로 쓰시오.

> **Q** Who is faster, Alex or Brian?

→ _____

04 다음 문장과 의미가 같도록 원급 비교 문장으로 쓰시오.

> The white building is higher than the blue one.

→ _____

05 괄호 안의 말을 이용하여 우리말을 영작하시오. (단, 필요하면 형태를 바꿀 것)

(1)
> Jenny는 우리 반에서 가장 노래를 잘한다. (good, sing, class)

→ _____

(2)
> 그는 그녀만큼 부유하다. (rich)

→ _____

[06~07] 다음 글을 읽고, 물음에 답하시오.

Let me introduce my classmates to you. This is Chris. He is handsome. He is the tallest in our class. This is Kate. She is the smartest of us all. These are Ann and Roy. Ann is kinder than Roy, but Roy는 Ann보다 더 재미있다. (interesting) This is Max. He is more handsome than Chris, but shorter than him. However, he is very kind. In fact, he's the kindest of us all. He is the popularest of our class.

06 괄호 안의 말을 이용하여 밑줄 친 우리말을 영작하시오.

→ _____

07 윗글에서 어법상 어색한 부분을 찾아 바르게 고쳐 쓰시오.

_____ → _____

CHAPTER

10

to부정사

to부정사란 무엇인가?

to부정사는 「to+동사원형」의 형태로 문장에서 명사, 형용사, 부사처럼 쓰인다.

to부정사는 문장에서 어떤 역할을 하는가?

to부정사는 문장에서 명사처럼 *주어, *보어, *목적어의 역할을 하기도 하고, 형용사처럼 명사를 꾸며 주기도 하며, 부사처럼 목적, 감정의 원인, 결과의 의미를 나타내기도 한다.

to부정사의 명사적 용법

주어 역할: ~하는 것은, ~하기는

> **To be** a doctor is not easy.
> 의사가 되는 것은 쉽지 않다.

보어 역할: ~하는 것이다

> My hobby is **to take** pictures.
> 내 취미는 사진을 찍는 것이다.

목적어 역할: ~하는 것을

> I want **to play** baseball with my friends.
> 나는 내 친구들과 야구하기를 원한다.

to부정사의 형용사적 용법

(대)명사 뒤에서 꾸며 줌: ~하는, ~할

> I need something **to drink**.
> 나는 마실 것이 필요하다.

to부정사의 부사적 용법

목적의 의미: ~하기 위해, ~하려고

> Sam went to a store **to buy** a cap.
> Sam은 모자를 사기 위해 가게에 갔다.

감정의 원인의 의미: ~하다니, ~해서

> I'm happy **to see** you again.
> 나는 너를 다시 만나서 행복하다.

결과의 의미: …해서 (결국) ~하다(가 되다)

> Ann grew up **to be** a pianist.
> Ann은 자라서 피아니스트가 되었다.

용어 사전

* **주어:** 서술어가 나타내는 동작이나 상태의 주체가 되는 말이다.
* **보어:** 주어와 서술어만으로 설명이 부족할 때 이를 보충하여 뜻을 완전하게 하는 말이다.
* **목적어:** (타)동사가 나타내는 행위의 대상이 되는 말이다.

to부정사의 명사적 용법 1_ 주어

■ **to부정사의 형태와 용법:** 「to+동사원형」의 형태로 문장에서 명사, 형용사, 부사의 역할을 한다. 이때 to부정사가 '~하는 것, ~하기'라는 뜻으로 문장에서 명사처럼 주어, 보어, 목적어 역할을 하는 것을 명사적 용법이라고 한다.

■ **주어 역할:** '~하는 것은, ~하기는'이라는 뜻으로 주어로 쓰인다. 이때 to부정사구가 길면 주어 자리에 가주어 it을 쓰고 to부정사를 문장 뒤로 보낸다.
To cut an orange is easy. → **It** is easy **to cut** an orange.

A 두 문장의 뜻이 같도록 빈칸에 알맞은 말을 쓰시오. 　　　　　　　　》 정답과 해설 p.22

1 To break an old habit is hard.

→ _____ is hard _____ _____ an old habit.

2 To do your best is important.

→ _____ is important _____ _____ your best.

3 To understand this poem is impossible.

→ _____ is impossible _____ _____ this poem.

4 To learn a foreign language is interesting.

→ _____ is interesting _____ _____ a foreign language.

5 To get up early is good for your health.

→ _____ is good for your health _____ _____ _____ early.

B 우리말과 뜻이 같도록 괄호 안의 말을 이용하여 문장을 완성하시오.

1 새로운 사람들을 만나는 것은 재미있다. (meet, fun)

→ _____ _____ new people is _____.

2 골프 경기를 보는 것은 지루하다. (boring, watch)

→ _____ is _____ _____ _____ a golf game.

3 강에서 수영을 하는 것은 위험하다. (swim, dangerous)

→ _____ _____ in the river _____ _____.

4 바다에서 물고기를 잡는 것은 쉽지 않다. (easy, catch)

→ _____ _____ _____ _____ _____ a fish in the sea.

교과서
문장
응용하기

배운 문법을 이용하여 영어 문장을 써 봅시다.

1 야채를 재배하는 것은 어렵다. (vegetables)　　→ _____

2 컴퓨터 게임을 하는 것은 재미있다. (it)　　　　→ _____

to부정사의 명사적 용법 2_ 보어, 목적어

■ **보어 역할:** '~하는 것이다'라는 뜻으로 주어를 보충 설명한다.

My dream is **to become** a singer. 〈My dream = to become a singer〉

■ **목적어 역할:** '~하는 것을'이라는 뜻으로, 동사 want, decide, hope, need, like, plan, expect 등은 to부정사를 목적어로 쓴다.

Jack wants **to open** the window.　　　　　I need **to buy** an umbrella.

A 우리말과 뜻이 같도록 괄호 안의 말을 이용하여 문장을 완성하시오.　　　　　≫ 정답과 해설 p.22

1 나의 소원은 선물을 많이 받는 것이다. (get)

→ My wish _____ _____ _____ many presents.

2 그의 취미는 산을 오르는 것이었다. (climb)

→ His hobby _____ _____ _____ the mountain.

3 Kate의 계획은 매일 운동하는 것이다. (exercise)

→ Kate's plan _____ _____ _____ every day.

4 나의 어머니의 직업은 고등학교에서 수학을 가르치는 것이다. (teach)

→ My mother's job _____ _____ _____ math at a high school.

5 내가 가장 좋아하는 활동은 내 개와 산책하는 것이다. (go)

→ My favorite activity _____ _____ _____ for a walk with my dog.

B 빈칸에 들어갈 말을 |보기|에서 골라 알맞은 형태로 쓰시오. (한 번씩만 사용할 것)

|보기|
| go | eat | buy | invite | travel | learn |

1 Children like _____ sweets.

2 I hope _____ all around the world.

3 Do you want _____ a new backpack?

4 Peter needed _____ Korean and Japanese.

5 My family planned _____ on a picnic this weekend.

6 Did Jacob decide _____ Ann to the Halloween party?

교과서
문장
응용하기

배운 문법을 이용하여 영어 문장을 써 봅시다.

1 그녀의 희망은 뉴욕에서 사는 것이다.　　　→ _____

2 나는 너의 사촌을 만나길 원한다. (cousin)　→ _____

to부정사의 형용사적 용법

■ to부정사는 '~하는, ~할'이라는 뜻으로 형용사처럼 명사나 대명사를 수식하며, 수식하는 (대)명사 뒤에 위치한다.

I have a lot of work **to do**.   I don't have much money **to buy** a new car.

cf. -thing, -one, -body로 끝나는 대명사를 to부정사와 형용사가 함께 수식하는 경우에는 「대명사+형용사+to부정사」의 순서로 쓴다.

Do you want **something cold to drink**?

A 우리말과 뜻이 같도록 빈칸에 알맞은 말을 쓰시오. (괄호 안의 말이 있는 경우 사용할 것)   » 정답과 해설 p.22

1 이것은 기억해야 할 중요한 사실이다.

→ This is an important fact _____ _____.

2 Smith 씨는 오늘 해야 할 일이 많다.

→ Mr. Smith has many things _____ _____ today.

3 Cathy는 파티에 입고 갈 새 드레스를 살 것이다.

→ Cathy will buy a new dress _____ _____ to the party.

4 야구를 하는 아이들이 많이 있다.

→ There are many children _____ _____ baseball.

5 이 방에는 독일어를 말할 수 있는 사람이 없다. (anyone)

→ There isn't _____ _____ _____ Germany in this room.

6 Brian은 지금 배고프다. 그는 먹을 것을 찾고 있다. (something)

→ Brian is hungry now. He is looking for _____ _____

_____.

B 두 문장을 한 문장으로 쓸 때 빈칸에 알맞은 말을 쓰시오.

1 I have a lot of books. I'll read them this week.

→ I have a lot of books _____ _____ this week.

2 He has some dogs. He takes care of them.

→ He has some dogs _____ _____ _____ _____.

3 She has something new. She has to tell it to you.

→ She has _____ _____ _____ _____ you.

교과서 문장 응용하기 배운 문법을 이용하여 영어 문장을 써 봅시다.

1 런던에는 방문할 많은 장소들이 있다. (there)   → _____

2 Alex는 그를 도와줄 누군가가 필요했다. (someone)   → _____

to부정사의 부사적 용법

- to부정사는 부사처럼 동사, 형용사, 부사 또는 문장 전체를 수식하며, 목적, 감정의 원인, 결과 등의 의미를 나타낸다.

- **목적**: '~하기 위해, ~하려고'라는 뜻으로, 이때 to는 in order to로 바꿔 쓸 수 있다.
  Sally studied hard **to(in order to) pass** the exam.

- **감정의 원인**: '~하다니, ~해서'라는 뜻으로 감정을 나타내는 형용사 뒤에 쓰인다.
  I'm glad **to see** you again.

- **결과**: '···해서 (결국) ~하다(~가 되다)'라는 뜻으로 grow up, live 등의 동사와 함께 쓰인다.
  Chris grew up **to be** a famous actor.

A 밑줄 친 to부정사의 의미를 | 보기 |에서 찾아 쓰시오.　　　　　　　》 정답과 해설 p.23

> **보기**
> 　　　　　목적　　　　감정의 원인　　　　결과

1 Jessy was sad <u>to lose</u> her wallet.　　　　　　_____
2 Bob grew up <u>to become</u> a dentist.　　　　　_____
3 My father gets up at six <u>to go</u> jogging.　　_____
4 I was happy <u>to get</u> a present from you.　　_____
5 They came to my house <u>to watch</u> a soccer game.　_____

B 밑줄 친 부분을 바르게 해석하시오.

1 They went out <u>to play basketball</u>.　　　　_____
2 She was <u>pleased to win the game</u>.　　　　_____
3 The old man <u>lived to be 96 years old</u>.　　_____
4 We are going to Scotland <u>to meet our friends</u>.　_____

C 두 문장의 뜻이 같도록 빈칸에 알맞은 말을 쓰시오.

1 I went to the supermarket in order to buy some milk.
  → I went to the supermarket _____ _____ some milk.
2 Emily used the Internet to do her homework.
  → Emily used the Internet _____ _____ _____ do her homework.

**교과서
문장
응용하기** | 배운 문법을 이용하여 영어 문장을 써 봅시다.

1　우리는 저녁을 먹기 위해 식당에 갔다.　　→ _____
2　나는 그 소식을 듣고 화가 났다.　　　　　→ _____

내신적중 실전문제

01 빈칸에 알맞은 것은?

> _____ is a good exercise to swim.

① It   ② This
③ That   ④ What
⑤ There

02 빈칸에 공통으로 알맞은 것은?

> • I waited _____ meet a movie star.
> • She learned _____ play the flute.

① in   ② to   ③ of
④ for   ⑤ with

03 괄호 안의 말의 알맞은 형태를 고르면?

> Neil Armstrong was the first man (walk) on the moon.

① walk   ② walks
③ to walk   ④ to walks
⑤ to walked

04 두 문장의 뜻이 같도록 빈칸에 알맞은 말을 쓰시오. 주관식

> To use chopsticks is difficult.
> = _____ is difficult _____ _____ chopsticks.

05 밑줄 친 부분을 바르게 고친 것은?

> I was happy <u>seeing</u> Mary at the party.

① to   ② see
③ saw   ④ to see
⑤ to seeing

06 우리말과 뜻이 같도록 할 때 빈칸에 알맞은 것은?

> 너는 무언가 마실 것을 원하니?
> → Would you like _____?

① drinking
② to drink
③ to something drink
④ drink to something
⑤ something to drink

07 빈칸에 이어질 말로 알맞은 것은?

> Andrew wanted _____.

① play soccer
② took a yoga class
③ to enter a university
④ to traveling to Europe
⑤ has hamburgers for lunch

08 밑줄 친 부분의 쓰임이 나머지 넷과 다른 것은?

① To solve the problem isn't easy.

② His new job is to deliver flowers.

③ It's fun to talk with my grandmother.

④ They hoped to play baseball outside.

⑤ I want some interesting books to read.

09 다음 문장을 바르게 해석한 것은?

> She grew up to be a vet.

① 그녀는 수의사가 될 것이다.

② 그녀는 수의사가 되어 기뻤다.

③ 그녀는 자라서 수의사가 되었다.

④ 그녀는 수의사가 되고 싶어 했다.

⑤ 그녀는 수의사가 되기 위해 노력했다.

10 우리말과 뜻이 같도록 빈칸에 알맞은 말을 쓰시오. 주관식

> 달걀을 요리하는 방법이 많이 있다.
> → There are many ways _____
> _____ an egg.

11 다음 문장과 의미가 같도록 바르게 바꿔 쓴 것은?

> He set his alarm clock to get up early.

① He set his alarm clock getting up early.

② He set his alarm clock for get up early.

③ He set his alarm clock in order get up early.

④ He set his alarm clock in order to get up early.

⑤ He set his alarm clock to getting up early.

12 우리말을 영어로 바르게 옮긴 것은?

> 늦은 밤에 집에 걸어가는 것은 위험하다.

① Walk home late at night is dangerous.

② To walking home late at night is dangerous.

③ That is dangerous to walk home late at night.

④ It is dangerous walk home late at night.

⑤ It is dangerous to walk home late at night.

13 밑줄 친 to부정사의 쓰임이 같은 것끼리 짝지어진 것은?

> ⓐ My plan is to go hiking tomorrow.
> ⓑ Give me some bread to eat.
> ⓒ I have something to tell you.
> ⓓ Jeff was happy to win first prize.
> ⓔ My grandfather lived to be ninety.

① ⓐ, ⓑ   ② ⓐ, ⓓ

③ ⓑ, ⓒ   ④ ⓑ, ⓔ

⑤ ⓒ, ⓓ

14 밑줄 친 It의 쓰임이 나머지 넷과 다른 것은?

① It's interesting to speak Russian.

② It's warm and pleasant in spring.

③ It's lonely to live in a foreign country.

④ It's difficult to keep a diary in English.

⑤ It's necessary to wear warm clothes in winter.

15 밑줄 친 to의 쓰임이 나머지 넷과 **다른** 것은?

① Mary loves <u>to</u> dance.

② I'm planning <u>to</u> study Spanish.

③ His hobby is <u>to</u> listen to music.

④ We don't go <u>to</u> school on Saturdays.

⑤ Brian decided <u>to</u> go to Jejudo next month.

16 괄호 안의 말을 바르게 배열하시오. 주관식

> I need _____ with my family. (to, fun, do, something)

17 밑줄 친 부분의 쓰임이 |보기|와 같은 것은?

> 보기
> They ate fast food <u>to save</u> time.

① He lived <u>to be</u> eighty.

② Alan sat on the sofa <u>to watch</u> TV.

③ She was pleased <u>to arrive</u> in time.

④ Kate grew up <u>to be</u> a famous cook.

⑤ I was shocked <u>to hear</u> about the accident.

18 괄호 안의 말을 빈칸에 알맞은 형태로 쓰시오. 주관식

> We were sad _____ the story.
> (hear)

19 밑줄 친 부분을 in order to로 바꿔 쓸 수 **없는** 것은?

① Amy ran <u>to</u> catch the school bus.

② He jogged every day <u>to</u> lose weight.

③ I took off the gloves <u>to</u> wash my hands.

④ We were surprised <u>to</u> see the big spider.

⑤ She stopped the car <u>to</u> answer her phone.

20 어법상 옳은 것끼리 바르게 짝지어진 것은?

> ⓐ There's to eat nothing.
> ⓑ She needs practice the violin.
> ⓒ My wish is to pass my exam.
> ⓓ My little brother likes to play with a ball.
> ⓔ I went to the library for borrow some books.
> ⓕ It isn't easy to finish the work in an hour.

① ⓐ, ⓑ   ② ⓒ, ⓔ

③ ⓒ, ⓓ, ⓕ   ④ ⓐ, ⓑ, ⓓ, ⓕ

⑤ ⓑ, ⓒ, ⓓ, ⓕ

서술형 평가

01 다음 월별 계획표를 보고, |보기|처럼 |조건|에 맞게 문장을 쓰시오.

January	go skiing
February	read many books
March	go to the library after school
April	learn to swim

┌ 보기 ┐
| 조건 | 1. January의 계획을 쓸 것
         2. 동사 decide를 사용하여 과거시제로 쓸 것
→ I decided to go skiing in January.

(1) ┌ 조건 ┐
    1. February의 계획에 대해 쓸 것
    2. 동사 plan을 사용하여 현재진행시제로 쓸 것

    → _____

(2) ┌ 조건 ┐
    1. April의 계획을 쓸 것
    2. 동사 want를 사용하여 현재시제로 쓸 것

    → _____

[02~03] 다음 문장을 괄호 안의 지시대로 바꿔 쓰시오.

02
To answer all the questions is hard. (it을 주어로)

→ _____

03
I went to the post office. I wanted to send a package. (to부정사를 이용하여 한 문장으로 쓸 것)

→ _____

04 다음 문장을 바르게 해석하시오.

My grandfather lived to be 101 years old.

_____

05 괄호 안의 말을 이용하여 우리말을 영작하시오.

그는 마실 따뜻한 것이 필요했다.
(something, warm)

→ _____

[06~07] 다음 글을 읽고, 물음에 답하시오.

Today is Sunday. Emily has a lot of things ⓐto do. First, she needs ⓑto go to church early in the morning. Then, she will go fishing with her parents. They like ⓒto fish a lot. They should bring something ⓓto eat. They decide go shopping to buy things to eat and drink. They hope to catch a lot of fish today. Emily wants ⓔto be back home before six o'clock. She wants to watch her favorite show in the evening.

06 밑줄 친 ⓐ~ⓔ를 쓰임이 같은 것끼리 나열하시오.

_____   _____

07 윗글에서 어법상 어색한 부분을 찾아 바르게 고쳐 쓰시오.

_____ → _____

CHAPTER

11

동명사

동명사란 무엇인가?

동명사는 「동사원형+-ing」의 형태로 '~하는 것은, ~하는 것이다, ~하는 것을'로 해석한다. 동명사는 동사의 의미나 성질을 그대로 가지면서 문장에서 명사의 역할을 한다.

| **Travel** by train | is fun. (×)

↓ 「동사원형+-ing」

| **Traveling** by train | is fun. (○) 기차를 타고 여행하는 것은 재미있다.

동명사는 문장에서 어떤 역할을 하는가?

동명사는 문장에서 명사의 역할을 하므로 주어, 보어, 목적어로 쓸 수 있다.

주어 역할 — ~하는 것은, ~하는 것이

> **Drinking** clean water is very important.
> 깨끗한 물을 마시는 것은 매우 중요하다.

보어 역할 — ~하는 것이다

> My job is **decorating** flowers.
> 내 직업은 꽃을 장식하는 것이다.

목적어 역할 — ~하는 것을

> Justin finished **reading** the cookbook. ⟨동사의 목적어⟩
> Justin은 요리책을 읽는 것을 끝마쳤다.
> I'm interested in **studying** Roman history. ⟨전치사의 목적어⟩
> 나는 로마사를 연구하는 것에 흥미가 있다.

동명사와 to부정사를 목적어로 취하는 동사에는 어떤 것들이 있는가?

enjoy처럼 동명사만을 목적어로 취하는 동사, want처럼 to부정사만을 목적어로 취하는 동사, like처럼 둘 다 목적어로 취하는 동사가 있다.

동명사만을 목적어로 취하는 동사	enjoy, finish, avoid, mind, give up 등
to부정사만을 목적어로 취하는 동사	want, wish, hope, decide, plan, learn 등
둘 다 목적어로 취하는 동사	like, love, start, begin 등

FOCUS 60 동명사의 쓰임 1_ 주어, 보어

- **동명사의 형태와 쓰임**: 「동사원형+-ing」의 형태로 문장에서 명사 역할을 하며 주어, 보어, 목적어로 쓰인다.

- **주어 역할**: '~하는 것은'이라는 뜻으로 문장에서 주어로 쓰이며 단수 취급한다.
  Playing basketball is exciting.

- **보어 역할**: '~하는 것이다'라는 뜻으로 주어를 보충 설명하는 보어로 쓰인다.
  My hobby is **playing** the violin.

A 빈칸에 알맞은 말을 | 보기 |에서 골라 동명사 형태로 쓰시오. 　　　　》 정답과 해설 p.24

> 보기
> | ride　　　take　　　keep　　　watch　　　learn |

1 _____ TV all day is not good.
2 _____ a roller coaster is exciting.
3 _____ a foreign language is not easy.
4 Peter's favorite activity is _____ pictures.
5 Her good habit is _____ a diary every day.

B 우리말과 뜻이 같도록 괄호 안의 말을 배열하여 문장을 완성하시오.

1 나의 희망은 유럽으로 여행가는 것이다. (is, traveling, my hope, to Europe)
→ _____

2 아침 식사를 하는 것은 네 건강에 좋다. (your health, breakfast, is, having, good for)
→ _____

3 영어로 편지를 쓰는 것은 어렵다. (is, writing, in English, hard, a letter)
→ _____

4 그녀의 취미들 중 하나는 요리하는 것이다. (cooking, one of, is, her hobbies)
→ _____

5 병을 재활용하는 것은 아주 중요하다. (very, bottles, recycling, important, is)
→ _____

6 깊은 물에서 수영하는 것은 위험하다. (is, dangerous, in, swimming, deep water)
→ _____

교과서 문장 응용하기 | 배운 문법을 이용하여 영어 문장을 써 봅시다.

1 좋은 친구들을 사귀는 것은 중요하다. (make, friends) → _____

2 내 남동생의 취미는 락 음악을 듣는 것이다. (rock music) → _____

CHAPTER 11 동명사　**135**

동명사의 쓰임 2_목적어

- **목적어 역할**: '~하는 것을'이라는 뜻으로 동사나 전치사의 목적어로 쓰인다.

I enjoy **reading** science magazines. 〈동사의 목적어〉

Sara is interested in **watching** action movies. 〈전치사의 목적어〉

A 밑줄 친 부분을 어법상 바르게 고쳐 쓰시오.　　　　　　　　　　　　　　　　　» 정답과 해설 p.24

1 Tina is good at <u>play</u> the flute.　　　　　　　　_____

2 My puppy Max likes <u>take</u> a bath.　　　　　　　_____

3 They didn't stop <u>sing</u> all day.　　　　　　　　_____

4 He left the room without <u>say</u> a word.　　　　　_____

B 우리말과 뜻이 같도록 괄호 안의 말을 이용하여 문장을 완성하시오.

1 Smith 씨는 새 차를 사는 것을 포기했다. (give up)

→ Mr. Smith _____ _____ _____ a new car.

2 너는 밖에 나가는 것을 두려워하니? (be afraid of)

→ Are you _____ _____ _____ outside?

3 Tom은 밤낮으로 춤추는 것을 연습했다. (practice)

→ Tom _____ _____ day and night.

4 그녀는 서점에서 일하기 시작했다. (start)

→ She _____ _____ at a bookstore.

C 괄호 안의 말을 바르게 배열하여 문장을 완성하시오. (동사는 알맞은 형태로 쓸 것)

1 (thank, help, for, me, you).

→ _____

2 (meet, like, I, new people).

→ _____

3 (interested in, is, the stars, my sister, watch).

→ _____

4 (write, he, an email, finished).

→ _____

교과서
문장
응용하기

배운 문법을 이용하여 영어 문장을 써 봅시다.

1 나는 내 가족을 위해 요리하는 것을 즐긴다.　　　→ _____

2 늦어서 죄송합니다. (for, be)　　　　　　　　　→ _____

동명사와 to부정사

■ **목적어로 동명사를 쓰는 동사:** enjoy, finish, avoid, mind, give up 등
William *enjoys* **sitting** in the sunlight.

■ **목적어로 to부정사를 쓰는 동사:** want, wish, hope, decide, plan, learn 등
Amy *decided* **to become** a doctor.

■ **목적어로 동명사와 to부정사를 모두 쓰는 동사:** like, love, start, begin 등
My brother *likes* **riding** horses. → My brother *likes* **to ride** horses.

A 괄호 안에서 알맞은 것을 고르시오.

1 Kate gave up (making / to make) a kite.

2 We wish (meeting / to meet) the actor again.

3 They hope (climbing / to climb) Mt. Baekdu someday.

4 Would you mind (lending / to lend) me your cellphone?

» 정답과 해설 p.24

◆ stop+동명사 / to부정사

1. stop+동명사: ~하는 것을 멈추다
   He stopped **singing**.
   (그는 노래 부르는 것을 멈췄다.)

2. stop+to부정사: ~하기 위해 멈추다
   He stopped **to sing**.
   (그는 노래를 부르기 위해 멈췄다.)

B 빈칸에 들어갈 말을 |보기|에서 골라 알맞은 형태로 쓰시오.

보기				
be	go	do	close	plant

1 Do you mind _____ the window?

2 Tony finished _____ his homework.

3 Our family planned _____ trees in the yard.

4 Bob wants _____ a movie director in the future.

5 I decided _____ abroad during the winter vacation.

C 우리말과 뜻이 같도록 괄호 안의 말을 이용하여 문장을 완성하시오.

1 아기들은 울기 시작했다. (start, cry)

→ The babies _____.

2 소년들은 농구하는 것을 좋아한다. (like, play)

→ Boys _____.

3 Jessy는 한국 드라마 보는 것을 매우 좋아한다. (love, watch)

→ Jessy _____.

교과서 문장 응용하기 배운 문법을 이용하여 영어 문장을 써 봅시다.

1 Alex는 그의 방을 청소하는 것을 끝마쳤다. → _____

2 나는 이번 여름에는 해변에 가고 싶다. → _____

→ 내신적중 실전문제를 풀기 전에 Workbook p.41에 있는 요점정리를 참고하세요.

내신적중 실전문제

[01~02] 빈칸에 알맞은 것을 고르시오.

01

> _____ fast is a good exercise.

① Walk   ② Walks
③ Walking   ④ Walked
⑤ To walking

02

> **A** Do you _____ opening the door?
> **B** Not at all. Go ahead.

① mind   ② plan   ③ want
④ wish   ⑤ hope

[03~04] 빈칸에 알맞지 않은 것을 고르시오.

03

> Did she _____ keeping a diary in English?

① enjoy   ② finish   ③ like
④ start   ⑤ hope

04

> Sam _____ to collect old coins.

① began   ② wished   ③ wanted
④ avoided   ⑤ decided

05 우리말과 뜻이 같도록 할 때 빈칸에 알맞은 것을 모두 고르면?

> 내 여동생은 연필로 그림 그리는 것을 매우 좋아한다.
> → My sister loves _____ pictures with a pencil.

① draw   ② drawing
③ drew   ④ to draw
⑤ to drawing

06 괄호 안의 말을 빈칸에 알맞은 형태로 쓰시오. 주관식

> Jenny and Kate enjoy _____ books on weekends. (read)

07 빈칸에 알맞은 말이 바르게 짝지어진 것은?

> • I hope _____ Paris next year.
> • We talked about _____ a cartoon club.

① visit — join   ② visit — joining
③ to visit — join   ④ to visit — joining
⑤ visiting — to join

08 밑줄 친 부분의 쓰임이 |보기|와 같지 <u>않은</u> 것은?

> |보기|
> The boys started <u>singing</u> on the stage.

① Anna is good at <u>singing</u>.
② Dave enjoys <u>singing</u> songs.
③ <u>Singing</u> songs well is not easy.
④ We are <u>singing</u> songs happily.
⑤ My mother's hobby is <u>singing</u>.

[09~10] 어법상 어색한 부분을 찾아 바르게 고쳐 쓰시오. 주관식

09
> She is going to learn playing the drums.

_____ → _____

10
> We finished to carry boxes into the store.

_____ → _____

11 빈칸에 알맞은 것을 <u>모두</u> 고르면?

> _____ a new language is difficult.

① Learn   ② Learns
③ Learned   ④ Learning
⑤ To learn

12 빈칸에 **playing**이 들어갈 수 <u>없는</u> 문장의 개수는?

> ⓐ We like _____ board games.
> ⓑ Is your hobby _____ baseball?
> ⓒ I'm planning _____ the piano for her.
> ⓓ They enjoy _____ soccer after school.
> ⓔ Fred wants _____ the classic guitar.

① 1개   ② 2개   ③ 3개
④ 4개   ⑤ 5개

[13~14] 어법상 어색한 것을 고르시오.

13 ① Emily loves watching TV shows.
② I finally finished writing the report.
③ Thank you for giving me the advice.
④ My father gave up to smoke last year.
⑤ Why did you decide to be a class president?

14 ① It started to rain.
② He's thinking about moving to Seoul.
③ I want sending a package to Denver.
④ She is good at making paper flowers.
⑤ Suddenly the mice started running away.

15 빈칸에 공통으로 알맞지 <u>않은</u> 것은?

> • Kevin and his brother _____ playing chess.
> • Sally and her sister _____ to listen to old pop music.

① love　　　② like　　　③ start
④ enjoy　　　⑤ begin

16 밑줄 친 부분 중 어법상 옳은 것은?

① Don't give up <u>study</u> English.
② Sora finished <u>to do</u> the dishes.
③ My uncle enjoys <u>to ski</u> in winter.
④ Jack decided <u>buying</u> a new computer.
⑤ Would you mind <u>closing</u> the window?

17 두 문장의 뜻이 같도록 빈칸에 알맞은 말을 쓰시오. 주관식

> My father drives a bus.
> = _____ a bus is my father's job.

18 우리말과 뜻이 같도록 괄호 안의 말을 배열할 때 세 번째로 오는 것은?

> 그의 취미는 만화책을 읽는 것이다.
> (comic, reading, is, hobby, books, his).

① is　　　　　② his
③ books　　　④ hobby
⑤ comic

19 밑줄 친 부분의 쓰임이 ㅣ보기ㅣ와 같은 것은?

> 보기
> He finished <u>making</u> a model car.

① It is an <u>exciting</u> game.
② They were <u>sleeping</u> at that time.
③ Mr. Jones is <u>fishing</u> on the boat.
④ We are <u>going</u> to go on a picnic.
⑤ She is afraid of <u>watching</u> horror movies.

20 우리말과 뜻이 같도록 괄호 안의 말을 이용하여 빈칸에 알맞은 말을 쓰시오. 주관식

> 미주는 중국어 말하는 것을 잘한다. (speak)
> → Miju is _____ _____ _____ Chinese.

21 밑줄 친 부분의 쓰임이 나머지 넷과 <u>다른</u> 것은?

① He doesn't mind <u>traveling</u> alone.
② Juliet likes <u>swimming</u> in the pool.
③ I don't really enjoy <u>walking</u> in the park.
④ Tony is <u>taking</u> a shower in the bathroom.
⑤ It began <u>snowing</u> heavily in the morning.

22 어법상 어색한 문장의 개수는?

> ⓐ My sister minds eating meat.
> ⓑ I hope meeting my girlfriend on Saturday.
> ⓒ We decided to go hiking tomorrow.
> ⓓ The boy crossed the road without looking.
> ⓔ She is planning to visiting her grand-parents.

① 1개   ② 2개   ③ 3개
④ 4개   ⑤ 5개

23 괄호 안의 동사의 알맞은 형태가 바르게 짝지어진 것은?

> • She didn't like (ride) a bike.
> • I don't mind (walk) in the rain.

① ride — walk
② riding — walk
③ riding — to walk
④ ride — walking
⑤ to ride — walking

24 어법상 옳은 것을 모두 고르면?

① Reuse boxes is easy.
② My favorite hobby is dancing.
③ I enjoy to talk with my mother.
④ She's interested in writing essays.
⑤ James learned playing badminton.

25 우리말을 영어로 바르게 옮긴 것은?

> 우리는 먹을 것을 가져오기로 결정했다.

① We decided bring something to eat.
② We decided bringing something to eat.
③ We decided to bring something to eat.
④ We decided bringing something eating
⑤ We decided to bring to eat something.

26 주어진 말을 바르게 배열할 때 첫 번째 오는 말을 쓰시오. 주관식

> a room, interesting, is, decorating

_____

27 밑줄 친 부분의 쓰임이 같은 것끼리 짝지어진 것은?

> ⓐ She is <u>calling</u> her mother.
> ⓑ John started <u>washing</u> his car.
> ⓒ The children are <u>having</u> lunch together.
> ⓓ My wish is <u>seeing</u> the place again.
> ⓔ One of her hobbies is <u>cooking</u>.

① ⓐ, ⓑ — ⓒ, ⓓ, ⓔ
② ⓐ, ⓒ — ⓑ, ⓓ, ⓔ
③ ⓐ, ⓓ — ⓑ, ⓒ, ⓔ
④ ⓐ, ⓑ, ⓒ — ⓓ, ⓔ
⑤ ⓐ, ⓒ, ⓔ — ⓑ, ⓓ

서술형 평가

01 두 문장을 동명사를 이용하여 한 문장으로 쓰시오.

> My little sister sees a dentist. She is afraid of that.

→ _____

[02~04] 그림을 보고, |조건|에 맞게 완전한 문장을 쓰시오.

My favorite hobby		
Peter	Lisa	Amy

02 ┌ 조건 ┐
　　1. 주어로 one of my hobbies를 사용할 것
　　2. 동명사 형태로 쓸 것

〈Peter〉 _____

03 ┌ 조건 ┐
　　주어는 I, 동사는 like를 사용할 것

〈Lisa〉 _____

04 ┌ 조건 ┐
　　주어는 I, 동사는 enjoy를 사용할 것

〈Amy〉 _____

05 주어진 단어를 이용하여 우리말을 영작하시오. (필요하면 형태를 바꿀 것)

> the museum　make　go　a cake　to

(1) 그는 케이크 만드는 것을 포기했다.
　　→ _____

(2) 우리는 박물관에 가기로 결정했다.
　　→ _____

[06~07] 다음 글을 읽고, 물음에 답하시오.

> Peter's hobby is learning new things. He loves learning everything, so he enjoys reading every day. ⓐ 책을 읽는 것은 그의 가장 좋은 습관 가운데 하나이다(habits), too. ⓑ He finishes to read a book a day. He also wants to read English books. So he studies hard to learn English. He likes writing a book report. He writes one before he goes to bed. ⓒSomeday he hopes becoming a writer.

06 밑줄 친 우리말 ⓐ를 괄호 안의 말을 이용하여 동명사 형태로 영작하시오.

→ _____

07 밑줄 친 ⓑ, ⓒ를 어법에 맞게 고쳐 문장을 다시 쓰시오.

ⓑ _____

ⓒ _____

CHAPTER

12

문장의 종류

문장이란 무엇인가?

문장은 생각이나 감정을 표현하기 위해 한 개 이상의 단어가 모여 표현한 언어의 최소 단위이다. 기본적으로 문장에는 주어와 동사가 필요하며, 영어 문장의 시작은 반드시 대문자로 쓴다.

문장의 종류에는 어떤 것들이 있는가?

문장은 기능에 따라 평서문, 명령문, 감탄문, 의문문 등으로 나뉘며 그 종류에 따라 문장 끝에 마침표, 느낌표, 물음표 등을 쓴다.

명령문
지시나 명령, 제안을 나타냄

긍정명령문: 동사원형 ~. (~해라.)

> **Close** the door.
> 문을 닫아라.

부정명령문: Don't+동사원형 ~. (~하지 마라.)

> **Don't worry** about me.
> 나를 걱정하지 마라.

제안명령문: Let's+동사원형 ~. (~하자.)

> **Let's walk** on the grass.
> 잔디 위에서 걷자.

감탄문
기쁨, 슬픔, 놀람 등의 감정을 나타냄

What a(an)+형용사+명사(+주어+동사)!: 정말 ~하구나!

> **What a pretty** hat this is! 이것은 정말 예쁜 모자구나!

How+형용사(부사)(+주어+동사)!: 정말 ~하구나!

> **How tall** the tree is! 그 나무는 정말 키가 크구나!

의문문
의심스러운 것을 확인하거나 부탁, 권유를 나타냄

의문문의 일반적인 형태: Be동사 / 조동사+주어 ~?

> **Do you** watch TV every evening? 너는 매일 저녁에 TV를 보니?

선택의문문

> **Which** do you like better, hamburgers **or** hot dogs?
> 너는 햄버거와 핫도그 중 어느 것을 더 좋아하니?

*부가의문문

> Chris is diligent and honest, **isn't he**?
> Chris는 성실하고 정직해, 그렇지 않니?

부정의문문

> **Don't** you like this doll? 너는 이 인형을 좋아하지 않니?

용어 사전
* **부가의문문**: 부가는 '주된 것에 덧붙인다'는 뜻으로 부가의문문은 문장 끝에 붙이는 의문문이다.

명령문

- **명령문**: '~해라.'라는 뜻으로 상대방에게 명령, 지시, 부탁, 금지 등을 할 때 쓴다. 주어 You를 생략하고 동사원형으로 문장을 시작한다.

  You answer the question.
  → **Answer** the question.

  You are kind to others.
  → **Be** kind to others.

  cf. 부탁이나 요청을 나타내는 경우에는 문장 앞이나 뒤에 please를 붙인다.

  Help me, **please**.

- **부정명령문**: 「Don't+동사원형 ~.」의 형태로 '~하지 마라.'라는 뜻이다.

  Don't run in the classroom.

  Don't be angry.

A 다음 문장을 | 보기 |와 같이 명령문으로 바꿔 쓰시오.

>> 정답과 해설 p.26

┌ 보기 ┌
You do the dishes for your mother. → Do the dishes for your mother.

1 You stand up.

→ _____

2 You turn off your cellphone.

→ _____

3 You are nice to your classmates.

→ _____

◆ 「**명령문+and ~.**」: …해라, 그러면 ~할 것이다.
Take this medicine, and you will feel better. (이 약을 먹어라, 그러면 너는 기분이 나아질 것이다.)

◆ 「**명령문, or ~.**」: …해라, 그렇지 않으면 ~할 것이다.
Hurry up, or we will miss the train. (서둘러라, 그렇지 않으면 우리는 기차를 놓칠 것이다.)

B 우리말과 뜻이 같도록 빈칸에 알맞은 말을 쓰시오.

1 여기에 네 이름을 써라.

→ _____ your name here.

2 그 뜨거운 오븐을 만지지 마라.

→ _____ _____ the hot oven.

3 도서관에서 조용히 해라.

→ _____ quiet in the library.

4 바닥에 쓰레기를 버리지 마라.

→ _____ _____ the trash on the floor.

5 그 개를 두려워하지 마라.

→ _____ _____ _____ of the dog.

교과서
문장
응용하기

배운 문법을 이용하여 영어 문장을 써 봅시다.

1 네 손을 씻어라.

→ _____

2 수업에 늦지 마라.

→ _____

제안명령문

- **제안명령문**: 「Let's+동사원형 ~.」의 형태로 '~하자.'라는 뜻이다.
Let's have lunch together.

- **제안명령문의 부정**: 「Let's not+동사원형 ~.」의 형태로 '~하지 말자.'라는 뜻이다.
Let's not go for a walk. It is raining outside.

A 다음 상황에서 할 말을 Let's 또는 Let's not을 이용하여 쓰시오.

≫ 정답과 해설 p.26

◆ 제안명령문에 답하기
1. 긍정의 대답: Yes, let's. / OK. / Sure. / That's a good idea. 등
2. 부정의 대답: No, let's not. / I'm sorry, but I can't. 등

1 *Situation*: You want to play baseball after school.
→ _____

2 *Situation*: You want to listen to rock music.
→ _____

3 *Situation*: You don't want to make model airplanes.
→ _____

4 *Situation*: You want to watch a magic show tomorrow.
→ _____

5 *Situation*: You don't want to eat fast food for lunch.
→ _____

B 우리말과 뜻이 같도록 빈칸에 알맞은 말을 쓰시오.

1 11시에 만나자.
→ _____ _____ at 11 o'clock.

2 우산을 펴자.
→ _____ _____ the umbrella.

3 여기서 수영하지 말자.
→ _____ _____ _____ here.

4 현장 학습에 대해 이야기해 보자.
→ _____ _____ about the field trip.

5 사탕을 너무 많이 사지 말자.
→ _____ _____ _____ too many candies.

6 저녁 식사 후에 컴퓨터 게임을 하자.
→ _____ _____ _____ _____ after dinner.

교과서 문장 응용하기

배운 문법을 이용하여 영어 문장을 써 봅시다.

1 크리스마스 트리를 장식하자. (decorate)
→ _____

2 오늘 밤에는 외식을 하지 말자. (eat out)
→ _____

감탄문

* 감탄문은 '정말 ~하구나'라는 뜻으로 기쁨과 슬픔, 놀라움 등의 감정을 나타내며 문장의 끝에 느낌표를 쓴다.

■ What으로 시작하는 감탄문: 「What(+a(an))+형용사+명사(+주어+동사)!」의 형태로 쓴다. 이때 「주어+동사」는 생략이 가능하며, 복수명사나 셀 수 없는 명사가 쓰인 경우에 a(an)는 쓰지 않는다.

It is a very sad movie.　　　　　　　They are very old pictures.
→ **What a sad movie** (it is)!　　　　→ **What old pictures** (they are)!

■ How로 시작하는 감탄문: 「How+형용사(부사)(+주어+동사)!」의 형태로 쓰며, 「주어+동사」는 생략이 가능하다.

The stone is very heavy. → **How heavy** the stone is!

A 괄호 안에서 알맞은 것을 고르시오.　　　　　　　　　　　　　　　≫ 정답과 해설 p.26

　1 (What / How) high the mountain is!

　2 (What / How) nice friends they are!

　3 (What / How) peacefully she sleeps!

　4 (What / How) a wonderful garden this is!

B 다음 문장을 감탄문으로 바꿀 때 빈칸에 알맞은 말을 쓰시오.

　1 It is very delicious.　　　　　　→ _____ _____ it is!

　2 It is a very long bridge.　　　　 → _____ _____ _____ bridge it is!

　3 The exam was really difficult. → _____ _____ the exam was!

　4 You have really big eyes.　　　 → _____ _____ _____ you have!

　5 She dances very beautifully.　 → _____ _____ she dances!

　6 He is a very honest boy.　　　 → _____ _____ _____ boy he is!

C 우리말과 뜻이 같도록 괄호 안의 말을 배열하여 문장을 완성하시오.

　1 이 코끼리들은 정말 크구나! (how, these, large, elephants, are)

　　→ _____

　2 이것은 정말 멋진 드레스구나! (this, what, is, a, dress, nice)

　　→ _____

교과서 문장 응용하기

배운 문법을 이용하여 영어 문장을 써 봅시다.

　1 Brian은 정말 게으른 소년이구나! (lazy)　　　→ _____

　2 Judy는 정말 빨리 달리는구나!　　　　　　　→ _____

선택의문문

*의문문은 상대방에게 무엇을 물을 때 쓰는 말로 일반의문문 외에도 선택의문문, 부가의문문, 부정의문문 등이 있다.

■ **선택의문문:** or를 사용하여 둘 중 하나를 고르는 의문문이다.

Is your mother a teacher **or** a doctor?　　　　**Which** do you want, rice **or** bread?

■ **선택의문문의 대답:** Yes나 No로 답하지 않고, 둘 중 하나를 선택하여 답한다.

A Does Jack like tennis **or** badminton?

B He likes **badminton**.

A 두 문장이 한 개의 선택의문문이 되도록 문장을 완성하시오.　　　　》정답과 해설 p.26

1 Is that a goat? + Is that a sheep?

→ Is that ＿＿＿＿＿＿＿＿＿＿＿＿＿＿＿?

2 Can Sally ride a bike? + Can Sally ride a horse?

→ Can Sally ride ＿＿＿＿＿＿＿＿＿＿＿＿＿＿＿?

3 Do you go to school by bus? + Do you go to school on foot?

→ Do you go to school ＿＿＿＿＿＿＿＿＿＿＿＿＿＿＿?

4 Did you play the piano? + Did you play the violin?

→ Did you play ＿＿＿＿＿＿＿＿＿＿＿＿＿＿＿?

B 우리말과 뜻이 같도록 대화의 빈칸에 알맞은 말을 쓰시오.

1 A ＿＿＿＿＿ your uncle ＿＿＿＿＿ ＿＿＿＿＿ ＿＿＿＿＿?

(네 삼촌은 키가 크니, 아니면 키가 작니?)

B My uncle is ＿＿＿＿＿. (내 삼촌은 키가 커.)

2 A ＿＿＿＿＿ you ＿＿＿＿＿ spaghetti ＿＿＿＿＿ pizza?

(너는 스파게티를 주문했니, 아니면 피자를 주문했니?)

B ＿＿＿＿＿ ＿＿＿＿＿ ＿＿＿＿＿. (나는 스파게티를 주문했어.)

3 A ＿＿＿＿＿ do you like better, meat ＿＿＿＿＿ fish?

(너는 고기와 생선 중에 어느 것을 더 좋아하니?)

B ＿＿＿＿＿ ＿＿＿＿＿ fish better. (나는 생선을 더 좋아해.)

교과서
문장
응용하기　배운 문법을 이용하여 영어 문장을 써 봅시다.

1 이 가방은 너의 것이니, 아니면 그녀의 것이니?　→ ＿＿＿＿＿＿＿＿＿＿＿＿＿＿＿＿＿

2 너는 주스와 우유 중에 어느 것을 원하니?　→ ＿＿＿＿＿＿＿＿＿＿＿＿＿＿＿＿＿

67 부가의문문

■ **부가의문문**: 상대방에게 확인하거나 동의를 구하기 위해 평서문 끝에 「동사+주어?」의 형태로 붙이는 의문문이다. '그렇지?, 그렇지 않니?'라는 뜻으로 앞 문장이 긍정이면 부정, 부정이면 긍정으로 쓴다.

부가의문문의 주어	앞 문장의 주어와 같으며 반드시 인칭대명사로 바꿔 쓴다.
부가의문문의 동사	• be동사와 조동사는 그대로, 일반동사는 do(does / did)로 쓴다. • 부정의 부가의문문은 동사와 not을 반드시 축약형으로 쓴다.

Mr. Kim is a police officer, **isn't he?**   Jenny doesn't like cats, **does she?**

■ **부가의문문의 대답**: 의문문과 상관없이 대답하는 내용이 긍정이면 Yes, 부정이면 No로 한다.
A You can speak English, **can't you**?
B Yes, I can. / No, I can't.

A 빈칸에 알맞은 부가의문문을 쓰시오.

1 Mike can't swim well, _____ _____?

2 My father washed the dishes, _____ _____?

3 You get up early in the morning, _____ _____?

4 Ms. Song is a science teacher, _____ _____?

» 정답과 해설 p.27

◆ **명령문과 제안문의 부가의문문:**
명령문 뒤에는 will you?를, Let's로 시작하는 제안문 뒤에는 shall we?를 쓴다.
Don't make any noise here, **will you?**
Let's go shopping, **shall we?**

B 밑줄 친 부분을 어법상 바르게 고쳐 쓰시오.

1 It will rain tomorrow, <u>will it</u>?   _____

2 You can't climb the tree, <u>do you</u>?   _____

3 The babies are very cute, <u>aren't the babies</u>?   _____

4 They won the soccer game, <u>don't they</u>?   _____

C 대화의 빈칸에 알맞은 말을 쓰시오.

1 A Amanda was a good singer, _____ _____?
  B No, _____ _____.

2 A Eric can't solve the problem, _____ _____?
  B _____, _____ _____. He is very smart.

3 A You don't have any brothers and sisters, _____ _____?
  B _____, _____ _____. I'm an only child.

교과서 문장 응용하기 배운 문법을 이용하여 영어 문장을 써 봅시다.

1 너는 매우 피곤해, 그렇지 않니?   → _____

2 Sara는 테니스 치는 것을 좋아하지 않아, 그렇지?   → _____

부정의문문

* 일반의문문에 부정어가 포함된 의문문이 부정의문문이다.

■ **부정의문문:** '~하지 않니?'라는 뜻의 부정형으로 묻는 의문문으로, 동사의 부정형인 「Be동사(조동사)+not」의 축약형으로 시작한다.

Isn't it cold here?　　　　　　　　　　　**Didn't** your sister come home?

■ **부정의문문의 대답:** 일반의문문과 동일하게 내용이 긍정이면 Yes, 부정이면 No로 한다.

A Aren't they from Canada?
B **Yes**, they **are**. 〈그들이 캐나다 출신인 경우〉 / **No**, they **aren't**. 〈그들이 캐나다 출신이 아닌 경우〉

A 우리말과 뜻이 같도록 빈칸에 알맞은 말을 쓰시오.
》 정답과 해설 p.27

1 A _____ Tina know the tall boy? (Tina는 키 큰 소년을 알지 못하니?)
  B Yes, _____ _____. (아니, 알아.)

2 A _____ Mr. Baker angry at you?
  (Baker 선생님은 너에게 화를 내지 않았니?)
  B _____, he _____. (응, 화를 내지 않았어.)

3 A _____ _____ understand this poem?
  (너는 그 시를 이해할 수 없니?)
  B _____, _____ _____. (아니, 이해할 수 있어.)

B 대화의 빈칸에 알맞은 대답을 쓰시오.

1 A Aren't your parents at home?
  B _____ They're at the office.

2 A Don't you like Italian food?
  B _____ My favorite food is Italian food.

3 A Isn't your uncle a firefighter?
  B _____ He is a policeman.

4 A Didn't Ms. Smith order a cup of coffee?
  B _____ She ordered lemonade.

5 A Isn't it James's birthday today?
  B _____ Today is his birthday.

교과서 문장 응용하기 | 배운 문법을 이용하여 영어 문장을 써 봅시다.

1 너희들은 배고프지 않니?　　　　　　→ _____

2 Tony는 축구를 좋아하지 않니? – 응, 안 좋아해.　　→ _____

　　➡ 내신적중 실전문제를 풀기 전에 Workbook p.43에 있는 요점정리를 참고하세요.

내신적중 실전문제

[01~02] 빈칸에 알맞은 것을 고르시오.

01

| _____ a nice day it is! |

① How   ② Why
③ Where   ④ When
⑤ What

02

| Which pet do you want to have, a lizard _____ a parrot? |

① at   ② in   ③ or
④ and   ⑤ but

03 밑줄 친 부분을 바르게 고친 것은?

| <u>Not touch</u> the dog. It may bite you. |

① Aren't touch
② Don't touch
③ Doesn't touch
④ Don't touching
⑤ 고칠 필요 없음

04 빈칸에 알맞은 부가의문문을 쓰시오. 주관식

| Ms. Park left early, _____ _____? |

05 빈칸에 알맞은 말이 바르게 짝지어진 것은?

| • _____ me your drawing, Alan.
• _____ careful! Watch your step! |

① Show — Be
② Show — Being
③ Showing — Be
④ Showing — Being
⑤ To show — To be

06 밑줄 친 부분 중 어법상 어색한 것은?

① You are sleepy, <u>aren't you</u>?
② She wants to take a rest, <u>does she</u>?
③ It was a wonderful party, <u>wasn't it</u>?
④ He will come back tonight, <u>won't he</u>?
⑤ Andy and Peter didn't take a history class, <u>did they</u>?

07 우리말과 뜻이 같도록 빈칸에 알맞은 말을 쓰시오. 주관식

| 오늘은 공원에 가지 말자.
→ _____ _____ _____ to the park today. |

08 대화의 빈칸에 공통으로 알맞은 것은?

> **A** The children aren't sleeping, _____ they?
> **B** Yes, they _____. They must be very tired today.

① is   ② are

③ isn't   ④ aren't

⑤ don't

[09~10] 대화의 빈칸에 알맞은 것을 고르시오.

09

> **A** Isn't it sunny today?
> **B** _____ It's very warm, too.

① No, it is.   ② No, it isn't.

③ Yes, it is.   ④ Yes, it isn't.

⑤ Yes, it does.

10

> **A** Is your uncle a teacher or a writer?
> **B** _____

① Yes, he is.

② No, he doesn't.

③ He is a teacher.

④ Yes, he likes writing.

⑤ No, he doesn't want to be a teacher.

11 빈칸에 알맞은 말이 나머지 넷과 <u>다른</u> 것은?

① _____ sad Sam looks!

② _____ fast the train runs!

③ _____ a nice house this is!

④ _____ slowly Mr. Cruise walks!

⑤ _____ gracefully the girl dances!

12 대화의 밑줄 친 부분 중 어법상 <u>어색한</u> 것은?

> **A** ① <u>Tell</u> Brian we are here.
> **B** ② <u>Let's not</u> ③ <u>tells</u> him now. ④ <u>Let's</u> surprise him.
> **A** ⑤ <u>That's</u> a good idea.

13 두 문장의 뜻이 같도록 빈칸에 알맞은 말을 쓰시오. 주관식

> What a small world it is!
> = _____ _____ the world is!

14 어법상 <u>어색한</u> 것은?

① Bears can't swim, can they?

② Doesn't Mr. Jones a lawyer?

③ What lovely earrings they are!

④ Don't talk loudly in the subway.

⑤ Let's go camping with Jim this weekend.

15 우리말을 영어로 바르게 옮긴 것은?

> 너는 어제 바쁘지 않았니?

① Aren't you busy yesterday?
② Were you busy yesterday?
③ Weren't you busy yesterday?
④ Didn't you be busy yesterday?
⑤ Wasn't you be busy yesterday?

16 밑줄 친 부분 중 어법상 옳은 것은?

① You weren't a movie star, are you?
② Jason cannot go skiing, does he?
③ Kate has a good character, isn't she?
④ The flowers are beautiful, are they?
⑤ Your dream will come true, won't it?

17 어법상 어색한 부분을 찾아 바르게 고쳐 쓰시오. (주관식)

> What are your gloves, the brown ones or the red ones?

_____ → _____

18 어법상 어색한 것을 모두 고르면?

① Be nice to your neighbors.
② Please give your mom a hug.
③ Aren't be late for the meeting.
④ Moves your arms up and down.
⑤ Don't make a noise in the classroom.

19 빈칸에 what이 들어갈 수 있는 것끼리 짝지어진 것은?

> ⓐ _____ sadly the boy cries!
> ⓑ _____ cute puppies they are!
> ⓒ _____ a large pool this is!
> ⓓ _____ quietly Ms. White moves!
> ⓔ _____ loudly she laughs!

① ⓐ, ⓑ ② ⓑ, ⓒ ③ ⓑ, ⓔ
④ ⓒ, ⓓ ⑤ ⓓ, ⓔ

20 어법상 어색한 문장의 개수는?

> ⓐ Don't be upset.
> ⓑ How little are the cats!
> ⓒ Let's to buy a new bicycle.
> ⓓ Emily won't join us, do Emily?
> ⓔ Don't they come here tonight?

① 1개 ② 2개 ③ 3개
④ 4개 ⑤ 5개

서술형 평가

01 다음 문장을 괄호 안의 지시대로 바꿔 쓰시오.

(1)
You are kind to your younger brother. (명령문으로)

→ _____

(2)
We go to the movies. (제안명령문으로)

→ _____

02 다음 문장을 부정의문문으로 바꿔 쓴 후, 그에 알맞은 대답을 쓰시오.

Cathy had a cold yesterday.

A _____

B _____ She should go to see a doctor.

[03~04] 다음 대화를 읽고, 물음에 답하시오.

A 너는 이 녹색 신발과 저 연파란색 신발 중에 어떤 신발을 더 좋아하니? (better, these green ones, you, like, which shoes, or, do, those light blue ones, ?)

B I like the light blue ones. You like them, too, do you?

A Yes, I like them better. Let's buy these ones, then.

03 우리말과 뜻이 같도록 괄호 안의 말을 바르게 배열하시오.

→ _____

04 위 대화에서 어법상 어색한 문장을 찾아 고쳐 쓰시오.

→ _____

05 괄호 안의 말을 이용하여 우리말을 영작하시오.

(1) 지호(Jiho)는 영어를 말할 수 있지, 그렇지 않니? (speak)

→ _____

(2) 강 근처에서 놀지 마라. (near, river)

→ _____

독해형 어법

[06~07] 다음 대화를 읽고, 물음에 답하시오.

A (A) 이것은 정말 큰 쇼핑몰이구나!

B Yes, it's very big. ⓐ Let's hurry up.

A Okay. ⓑ We'll go to the clothing store first, don't we?

B Yes.

A Oh, ⓒ look over there! There's a parade! ⓓ How interesting!

B Yes, but we don't have enough time. Oh, I found the store.

A Okay. ⓔ Let's go inside.

06 밑줄 친 (A)를 | 조건 |에 맞게 영어로 쓰시오.

조건
what, shopping mall을 사용할 것

→ _____

07 밑줄 친 ⓐ~ⓔ 중 어법상 어색한 것을 찾아 바르게 고쳐 쓰시오.

_____ → _____

CHAPTER

13

문장의 형식

문장의 형식이란 무엇인가?

문장은 기본적으로 주어와 동사를 포함하고 있지만, 목적어와 보어는 동사의 종류에 따라 문장에 포함되기도 하고 포함되지 않기도 한다. 영어 문장은 목적어와 보어가 있는지 없는지에 따라 형식을 나눌 수 있다.

문장의 형식은 어떻게 구분하는가?

문장은 문장의 구성요소(주어, 동사, 목적어, 보어)에 따라 5개의 형식으로 나눌 수 있다.

1형식 문장	주어+동사	Cathy dances well. Cathy는 춤을 잘 춘다. 주어　동사
2형식 문장	주어+동사+보어	My father is a doctor. 나의 아버지는 의사이다. 주어　동사　보어
3형식 문장	주어+동사+목적어	I like vegetables. 나는 야채를 좋아한다. 주어 동사　목적어
4형식 문장	주어+동사+*간접목적어+*직접목적어	Andy gave the girl a present. 주어　동사　간접목적어　직접목적어 Andy는 그 소녀에게 선물을 주었다.
5형식 문장	주어+동사+목적어+목적격보어	The news made him happy. 주어　동사　목적어　목적격보어 그 소식이 그를 행복하게 해주었다.

용어 사전

＊ **간접목적어와 직접목적어:** '~에게 …을 주다'라는 문장에서 '~에게'는 간접목적어, '…을(를)'은 직접목적어이다.

1형식 문장

- 1형식 문장은 「주어+동사」로 이루어진 문장이다. 부사(구)나 전치사구 등 수식어구와 함께 쓰이기도 하지만, 이는 문장의 형식에는 영향을 주지 않는다.

| 주어+동사 | The baby **cries**. | The boy **shouted**. |
| 주어+동사+부사(구) | Sue runs **fast**. | We lived **near the park**. |

A 다음 문장에서 부사(구)를 찾아 밑줄을 그으시오.

» 정답과 해설 p.28

1 Brian and Kate laughed loudly.
2 The dog is sleeping on the sofa.
3 This computer doesn't work well.
4 My mother went to her office by subway.

◆ There is(are) ~. 구문은 '~이 있다.'라는 뜻으로 is(are) 다음에 오는 말이 주어인 1형식 문장이다.
There is a book on the table. (탁자 위에 책이 있다.)

B 다음 문장에서 주어와 동사를 찾아 쓰시오.

1 Birds fly slowly. → 주어: _____ 동사: _____
2 The sun rises in the east. → 주어: _____ 동사: _____
3 The window closed quietly. → 주어: _____ 동사: _____
4 I go to church on Sundays. → 주어: _____ 동사: _____
5 There is a picture on the wall → 주어: _____ 동사: _____

C |보기|의 밑줄 친 부분과 역할이 같은 부분을 찾아 밑줄을 그으시오.

┌ 보기 ┐
　Many people go <u>to the sea</u>.

1 Tony stayed in bed.
2 It rained yesterday.
3 A tall gentleman stood beside the door.

교과서
문장
응용하기

배운 문법을 이용하여 영어 문장을 써 봅시다.

1 그 소녀가 미소 짓는다. → _____
2 내 남동생은 수영을 아주 잘한다. → _____

2형식 문장

- **2형식 문장:** 「주어+동사+보어」로 이루어진 문장이다. 이때 보어는 명사나 형용사가 쓰여 주어를 보충 설명해 준다.

  He **is a brave soldier**.   The children **are happy**.

- **감각동사+형용사:** 감각을 나타내는 동사인 look(~하게 보이다), sound(~하게 들리다), smell(~한 냄새가 나다), taste(~한 맛이 나다), feel(~하게 느끼다) 등은 보어로 형용사를 쓴다.

  Amy **looks sad** today. (○)   Amy **looks sadly** today. (×)

  The song **sounds beautiful**.

  Chocolate **tastes bitter and sweet**.

A 다음 문장에서 보어를 찾아 밑줄을 그으시오.

» 정답과 해설 p.28

- 1 She is a famous cook.
- 2 The flowers smell good.
- 3 The little boy is smart.
- 4 The chair looks comfortable.

◆ 감각동사 뒤에 명사가 오는 경우에는 「감각동사+like+명사(구)」의 형태로 쓴다.
She **looks like an angel**.
(그녀는 천사처럼 보인다.)

B 괄호 안의 말을 이용하여 문장을 바꿔 쓰시오.

1 Jenny is beautiful. (look)

→ _____

2 The cloth is smooth. (feel)

→ _____

3 The chicken soup is delicious. (smell)

→ _____

C |보기|의 밑줄 친 부분과 역할이 같은 부분을 찾아 밑줄을 긋고 문장을 해석하시오.

> 보기
> This bread tastes <u>good</u>. → 이 빵은 맛이 좋다.

1 Mr. Smith is always busy.

→ _____

2 Sophia became a singer.

→ _____

3 The leaves turned yellow and red.

→ _____

교과서 문장 응용하기 | 배운 문법을 이용하여 영어 문장을 써 봅시다.

1 Sally는 예쁘고 키가 크다.   → _____

2 Alex는 행복해 보인다.   → _____

3형식 문장

■ 3형식 문장은 「주어+동사+목적어」로 이루어진 문장이다. 목적어는 '~을, ~를'로 해석하며, 목적어 자리에는 (대)명사, to부정사, 동명사 등이 올 수 있다.

James **bought an umbrella**. 〈명사〉

I want **to watch** the movie. 〈to부정사〉

They enjoy **reading** comic books. 〈동명사〉

A 다음 문장에서 동사와 목적어를 찾아 쓰시오.

1 We played football in the park. → 동사: _____ 목적어: _____

2 Mr. Brown repaired the bike. → 동사: _____ 목적어: _____

3 Olivia visited her grandparents. → 동사: _____ 목적어: _____

4 I hope to take flute lessons. → 동사: _____ 목적어: _____

5 Jack minds eating carrots. → 동사: _____ 목적어: _____

» 정답과 해설 p.28

◆ 목적어 역할을 하는 that절: 접속사 that이 이끄는 절이 목적어 역할을 하기도 한다.
I think **that Tony likes sports**. (나는 Tony가 스포츠를 좋아한다고 생각한다.)

B 다음 문장을 밑줄 친 부분에 유의하여 바르게 해석하시오.

1 Every girl likes <u>music</u>.

→ _____

2 She wants <u>to buy</u> some sugar.

→ _____

3 My little brother enjoys <u>surfing</u> the Internet.

→ _____

C 우리말과 뜻이 같도록 괄호 안의 말을 바르게 배열하시오.

1 White 씨는 항상 나를 도와준다. (helps, always, me)

→ Mr. White _____.

2 Kevin은 세차하는 것을 끝냈다. (the car, washing, finished)

→ Kevin _____.

3 Sara는 새 컴퓨터를 사기로 결정했다. (decided, a new computer, to buy)

→ Sara _____.

교과서
문장
응용하기

배운 문법을 이용하여 영어 문장을 써 봅시다.

1 Paul은 그 침실을 청소한다. → _____

2 그 새들이 노래를 부르기 시작했다. (begin) → _____

4형식 문장

- **4형식 문장**: 「주어+동사+간접목적어(~에게)+직접목적어(…을[를])」로 이루어진 문장이다.

  I will **send you the photos**.
  간접목적어 직접목적어

- **수여동사**: 두 개의 목적어(간접목적어, 직접목적어)를 취하는 동사로, give, make, buy, send, tell, teach, show, ask 등이 있다.

  Jack **gave her some flowers**.

  Mr. Brown **teaches us English**.

  My sister **asked me a question**.

A 괄호 안의 말을 바르게 배열하여 문장을 완성하시오. » 정답과 해설 p.28

1 (her, showed, he, a map).

→ _____

2 (Jerry, I, some cookies, made).

→ _____

3 (the truth, Cathy, me, told).

→ _____

4 (us, some questions, the foreigner, asked).

→ _____

5 (bought, a dictionary, me, my friend).

→ _____

B 괄호 안의 말을 이용하여 우리말을 영작하시오.

1 그녀는 Bob에게 엽서를 보냈다. (send, a postcard)

→ _____

2 그는 한 소녀에게 편지를 건네주었다. (hand, the letter)

→ _____

3 나는 그녀에게 이 시계를 줄 것이다. (give, this watch)

→ _____

4 나의 삼촌은 나에게 새 휴대전화를 사 주었다. (buy, a new cellphone)

→ _____

교과서 문장 응용하기 배운 문법을 이용하여 영어 문장을 써 봅시다.

1 Thomas는 Betty에게 그의 사진들을 보여 주었다. → _____

2 나의 할머니는 내게 슬픈 이야기 하나를 말씀해 주었다. → _____

4형식 문장의 3형식 전환

■ 목적어가 2개인 4형식 문장은 간접목적어와 직접목적어의 어순을 바꾸고 3형식 문장으로 바꿔 쓸 수 있다. 이때 간접목적어 앞에 반드시 전치사를 써야 한다.

〈4형식〉 주어+동사+간접목적어+직접목적어	He **gave** her a present.
〈3형식〉 주어+동사+직접목적어+전치사(to, for, of)+간접목적어	He **gave** a present **to** her.

■ 동사에 따른 전치사

to를 쓰는 동사	for를 쓰는 동사	of를 쓰는 동사
give, send, tell, teach, show, write, lend, bring 등	make, buy, cook 등	ask 등

My father bought me new pants. → My father **bought** new pants **for** me.

A 두 문장의 뜻이 같도록 문장을 완성하시오. 》 정답과 해설 p.29

1 Mr. Song taught us social studies.

→ Mr. Song taught _____.

2 Judy cooked us a chocolate cake.

→ Judy cooked _____.

3 The teacher asked me some questions.

→ The teacher _____.

4 I usually tell my friends jokes.

→ I usually tell _____.

5 Mrs. Brown made her daughter a doll.

→ Mrs. Brown made _____.

B 우리말과 뜻이 같도록 빈칸에 알맞은 말을 쓰시오.

1 Jack은 나에게 크리스마스카드를 보냈다.

→ Jack sent _____ _____ _____ _____.

→ Jack _____ _____ _____ _____ me.

2 Daniel은 Ann에게 콘서트 표를 사 주었다.

→ Daniel bought _____ _____ _____ _____.

→ Daniel _____ _____ _____ _____ Ann.

교과서
문장
응용하기 배운 문법을 이용하여 영어 문장을 써 봅시다.

1 Emily는 우리에게 예쁜 인형들을 보여 주었다. (4형식) → _____

2 나의 어머니는 나에게 반지 하나를 주었다. (3형식) → _____

5형식 문장

■ 5형식 문장은 「주어+동사+목적어+목적격보어」로 이루어진 문장이다. 목적격보어 자리에는 명사, 형용사, to부정사 등이 와서 목적어를 보충 설명해 준다.

He **named** the cat *Charlie*. 〈목적격보어 – 명사(Charlie)〉

Her smile **makes** me *happy*. 〈목적격보어 – 형용사(happy)〉

I **want** James *to come* here. 〈목적격보어 – to부정사(to come)〉

A | 보기 |와 같이 문장의 목적어와 목적격보어에 밑줄을 긋고, 해당하는 문장 성분을 쓰시오.

>> 정답과 해설 p.29

1 This medicine made me sleepy.

2 The parents called their baby Angel.

3 The members elected Peter a chairman.

4 The doctor advised me to exercise regularly.

보기
Amy left the door open.
　　　목적어　　목적격보어

◆ 목적격보어로 to부정사를 쓰는 동사: want, ask, tell, advise 등

B 괄호 안의 말을 바르게 배열하여 문장을 완성하시오.

1 (a good teacher, we, him, think).

→ _____

2 (found, I, difficult, the book).

→ _____

3 (asked, my brother, to help, me).

→ _____

C 우리말과 뜻이 같도록 빈칸에 알맞은 말을 쓰시오.

1 그 소식은 그녀를 슬프게 했다.

→ The news made _____ _____.

2 우리는 그를 Hero라고 부를 것이다.

→ We will call _____ _____.

3 Eric은 우리에게 그 춤 동아리에 가입하라고 말했다.

→ Eric told _____ _____ _____ the dance club.

교과서
문장
응용하기

배운 문법을 이용하여 영어 문장을 써 봅시다.

1 Andy는 그의 방을 깨끗하게 유지한다. (keep)　→ _____

2 나는 네가 이 책을 읽기를 조언한다. (advise)　→ _____

　　　➡ 내신적중 실전문제를 풀기 전에 Workbook p.47에 있는 요점정리를 참고하세요.

내신적중 실전문제

» 정답과 해설 p.29

[01~02] 빈칸에 알맞은 것을 고르시오.

01

> Bob told _____.

① I a story
② a story I
③ a story me
④ me a story
⑤ me to a story

02

> The sweater will _____.

① keep warmly
② keep warmly you
③ keep you warm
④ keep warm you
⑤ keep you warmly

03 빈칸에 알맞지 <u>않은</u> 것은?

> Julia feels _____.

① sadly
② happy
③ so angry
④ terrible
⑤ a little tired

04 밑줄 친 ①~⑤ 중 목적어로 알맞은 것은?

> ① Maria ② bought ③ a jacket ④ at the store ⑤ yesterday.

05 두 문장의 뜻이 같도록 빈칸에 알맞은 말을 쓰시오. **주관식**

> Alex asked me a few questions.
> = Alex asked a few questions _____ me.

06 밑줄 친 부분의 역할이 <u>잘못된</u> 것은?

① Everything <u>changes</u>. (동사)
② The soup tastes <u>bad</u>. (주격보어)
③ Columbus discovered <u>America</u>. (목적어)
④ He made his son <u>a model plane</u>. (직접목적어)
⑤ They called <u>him</u> Bill. (목적격보어)

07 밑줄 친 부분 중 어법상 <u>어색한</u> 것은?

① The coffee smells <u>good</u>.
② I told her <u>to take</u> a rest.
③ We found the test <u>easily</u>.
④ He looks like <u>a monkey</u>.
⑤ She showed her album <u>to me</u>.

08 문장의 형식이 나머지 넷과 <u>다른</u> 것은?

① Ann cleans her room.
② They think that it is true.
③ Brian walks toward George.
④ I decided to become a designer.
⑤ Ms. Brown enjoys reading cookbooks.

09 어법상 어색한 부분을 찾아 바르게 고쳐 쓰시오. 주관식

> My mother wanted me washed my hands.

_____ → _____

10 어법상 어색한 것은?

① This scarf feels soft.
② The pizza tastes delicious.
③ The flowers smell sweetly.
④ The little boy looked lonely.
⑤ The story sounds interesting.

11 다음 문장의 형식이 |보기|와 같은 것은?

> 보기
> Mr. Smith lives in a small town.

① We love our new pet.
② This place is wonderful.
③ They named him Little Jack.
④ The teacher gave me a new ID.
⑤ Cathy is standing in front of the tree.

12 다음을 3형식 문장으로 바꿔 쓸 때 빈칸에 알맞은 것은?

> Helen sent me a package.
> → Helen sent a package _____ me.

① of   ② to   ③ at
④ for   ⑤ with

13 어법상 어색한 문장의 개수는?

> ⓐ The baby's skin feels well.
> ⓑ They work on Saturdays.
> ⓒ Mr. Smith taught math us.
> ⓓ Emily looks like an angel.
> ⓔ Thomas found the movie boring.

① 1개   ② 2개   ③ 3개
④ 4개   ⑤ 5개

14 우리말과 뜻이 같도록 괄호 안의 말을 바르게 배열하시오. 주관식

> 내 여동생은 나를 화나게 했다.
> → My sister _____.
> (angry, me, made)

15 다음 중 문장의 형식이 <u>잘못된</u> 것은?

① 1형식: It jumped through the window.

② 2형식: My father is a great doctor.

③ 3형식: I like swimming in the pool.

④ 4형식: Jason lent textbooks to me.

⑤ 5형식: She asked her friend to help

16 빈칸에 알맞은 말이 나머지 넷과 <u>다른</u> 것은?

① Tony showed his picture _____ her.

② Mrs. Baker gave some cake _____ us.

③ My uncle made a new toy _____ me.

④ Will you write a postcard _____ me?

⑤ Kelly sometimes tells interesting stories _____ her friends.

17 밑줄 친 동사의 기능이 나머지 넷과 <u>다른</u> 것은?

① Mr. White <u>teaches</u> us music.

② Sandra <u>cooked</u> me spaghetti.

③ Andrew <u>painted</u> the fence blue.

④ Please <u>bring</u> me some ice cream.

⑤ The stranger <u>asked</u> us some questions.

18 빈칸에 알맞은 말을 순서대로 쓰시오. 주관식

- Mom bought new sneakers _____ Alex.
- Can I ask a question _____ you?

19 우리말을 영어로 바르게 옮긴 것을 <u>모두</u> 고르면?

Tim은 그녀에게 슬픈 소식을 말해 주었다.

① Tim told her the sad news.

② Tim told the sad news her.

③ Tim told her to the sad news.

④ Tim told the sad news to her.

⑤ Tim told the sad news of her.

20 |보기|의 밑줄 친 부분과 역할이 같은 것끼리 짝지어진 것은?

보기
Kate asked me <u>to stay</u> with her.

ⓐ He called his cat Kitty.

ⓑ Sam caught a big fish.

ⓒ She found the map wrong.

ⓓ I want you <u>to learn</u> English.

ⓔ Would you mind <u>closing</u> the door?

① ⓐ, ⓑ   ② ⓑ, ⓔ

③ ⓐ, ⓑ, ⓓ   ④ ⓒ, ⓓ, ⓔ

⑤ ⓐ, ⓒ, ⓓ

서술형 평가

01 다음 문장을 바르게 해석하시오.

(1)
> The music sounds wonderful.

→ _____

(2)
> This coat will keep me warm.

→ _____

[02~03] 다음 대화를 읽고, 물음에 답하시오.

A Where are you going?
B I'm going to the supermarket. ⓐ <u>My mother told me buying some milk.</u>
A ⓑ <u>Can you buy me some fruit?</u>
B No problem.

02 밑줄 친 ⓐ를 어법에 맞게 고쳐 다시 쓰시오.
→ _____

03 밑줄 친 ⓑ를 3형식 문장으로 바꿔 쓰시오.
→ _____

04 주어진 말을 배열하여 문장을 완성하시오.

(1)
> me, asked, the club, to, she, join

→ _____

(2)
> P.E., us, Mr. Park, teaches

→ _____

05 다음 문장을 |조건|에 맞게 바꿔 쓰시오.

┌ 조건 ┐
간접목적어를 대명사로 바꿔 3형식 문장으로 쓸 것

> I showed my brother my favorite photos.

→ _____

독해형 어법

[06~07] 다음 글을 읽고, 물음에 답하시오.

ⓐ <u>나는 작은 마을에 산다.</u> Our house is near the lake. My room is upstairs. I have a lot of things in my room. I love them very much. My backpack looks nice. The chocolate on the desk tastes sweet. ⓑ <u>나의 담요는 부드럽게 느껴진다.</u> The flowers by the bed smell good. All these things make me happy. Today, I'm going to ask my mother brings me more flowers.

06 밑줄 친 우리말 ⓐ, ⓑ를 주어진 말을 이용하여 영작하시오.

ⓐ (in, town)
→ _____

ⓑ (blanket, feel)
→ _____

07 윗글에서 어법상 어색한 부분을 찾아 바르게 고쳐 쓰시오.

_____ → _____

CHAPTER

14

접속사

접속사란 무엇인가?

접속사는 단어와 단어, 구와 구, 그리고 절과 절을 연결해 주는 말이다.
[단어와 단어] She is *pretty* **and** *tall*. 그녀는 예쁘고 키가 크다.
[구와 구] We can go there *by bus* **or** *by subway*. 우리는 거기에 버스를 타거나 지하철을 타고 갈 수 있다.
[절과 절] *Tom didn't go out* **because** *it was raining*. 비가 오고 있었기 때문에 Tom은 외출하지 않았다.

접속사의 종류에는 어떤 것들이 있는가?

접속사는 문법적으로 대등한 역할을 하는 단어, 구, 절을 연결해 주는 등위접속사와 주가 되는 문장과 그에 속해 있는 문장을 연결해 주는 *종속접속사가 있다.

등위접속사

and: 그리고
(비슷한 내용을 연결)

> Robert is kind **and** handsome.
> Robert는 친절하고 잘생겼다.

but: 그러나
(상반된 내용을 연결)

> Justin likes playing baseball, **but** his brother doesn't.
> Justin은 야구하는 것을 좋아하지만, 그의 남동생은 그렇지 않다.

or: 또는, ~ 아니면 (둘 중 하나를 선택하여 말할 때)

> Fish live in the sea **or** river.
> 물고기는 바다 또는 강에 산다.

종속접속사

that: ~하는 것
(목적어 역할을 하는 절을 이끎)

> I knew **that** you were sick.
> 나는 네가 아프다는 것을 알았다.

when: ~할 때
(시간의 부사절을 이끎)

> I feel shy **when** I meet Sally.
> 나는 Sally를 만날 때 수줍음을 느낀다.

before / after: ~하기 전에 / ~한 후에 (시간의 부사절을 이끎)

> You should wash your hands **before** you eat dinner. 너는 저녁을 먹기 전에 손을 씻어야 한다.

if: 만일 ~한다면
(조건의 부사절을 이끎)

> **If** you ask Kate, she will help you.
> 네가 Kate에게 부탁한다면, 그녀는 너를 도와줄 것이다.

because: ~하기 때문에
(원인, 이유의 부사절을 이끎)

> I don't want to buy the pants **because** they're too big. 그 바지는 너무 커서 나는 그것을 사고 싶지 않다.

용어 사전

* **종속**: 자주성이 없이 주가 되는 것에 딸려서 붙는다는 의미이며, 종속접속사가 이끄는 절을 종속절이라고 한다.

75 and, but, or

- **and:** '~와, 그리고'라는 뜻으로 서로 비슷한 내용을 연결할 때 쓴다.
  My uncle raises two pigs **and** three cows.

- **but:** '그러나'라는 뜻으로 서로 상반된 내용을 연결할 때 쓴다.
  Amy likes to swim, **but** she doesn't like to run.

- **or:** '또는, ~ 아니면'이라는 뜻으로 둘 중에서 하나를 선택할 때 쓴다.
  Is the Empire State Building in New York **or** in London?

A 괄호 안에서 알맞은 것을 고르시오.

1 I'm tired (and / but / or) sick.
2 Is that shirt cheap (and / but / or) expensive?
3 Mary is really beautiful (and / but / or) unkind.
4 Do you want to walk (and / but / or) ride a bike?
5 The bus stopped, (and / but / or) the man got off.
6 I took some medicine (and / but / or) stayed in my bed.
7 The novel is very long, (and / but / or) very interesting.
8 Bob decided to become either a doctor (and / but / or) a lawyer.
9 Which season do you like better, summer (and / but / or) winter?
10 I wanted to call you, (and / but / or) I didn't have your phone number.

» 정답과 해설 p.30

◆ 등위접속사 **so**: '그래서, 따라서'라는 뜻으로 원인과 결과의 문장을 연결할 때 쓴다.
I wasn't hungry, **so** I didn't have lunch. (나는 배고프지 않아서 점심을 먹지 않았다.)

◆ 「either A or B」는 'A와 B 둘 중 하나'라는 뜻으로 or보다 선택의 의미가 강하다.
I'd like to see **either** a horror movie **or** an action movie. (나는 공포 영화나 액션 영화 중 하나를 보고 싶다.)

B 두 문장을 접속사 and, but, or를 이용하여 한 문장으로 쓰시오.

1 Mom bought a magazine. + She didn't read it.
  → _____

2 Do you like vegetables? + Do you like fruits?
  → _____

3 We went to a Chinese restaurant. + We had dinner there.
  → _____

교과서
문장
응용하기

배운 문법을 이용하여 영어 문장을 써 봅시다.

1 Tina는 귀엽고 똑똑하다. → _____

2 나는 영어를 좋아하지만, Sue는 영어를 좋아하지 않는다. → _____

3 Bill은 테니스 아니면 배드민턴을 칠 수 있다. → _____

that

- that은 '~라는 것'이라는 뜻으로 that이 이끄는 절은 think, know, believe, say, hope 등과 같은 동사의 목적어 역할을 하며, 이때 that은 생략할 수 있다.

I think **(that)** he wants a new cellphone.

Emma said **(that)** she forgot the password.

A 두 문장을 | 보기 | 와 같이 한 문장으로 쓰시오.　　　　　　　　　　　　　　　 » 정답과 해설 p.30

> | 보기 |
> I think. + Oliver studies hard. → I think that Oliver studies hard.

1 We all know. + The Earth is round.

　→ _____

2 I believe. + You didn't make a mistake.

　→ _____

3 Everybody hopes. + Spring will come early.

　→ _____

4 Isabella says. + She enjoys taking a walk in the park.

　→ _____

B 우리말과 뜻이 같도록 괄호 안의 말을 배열하여 문장을 완성하시오.

1 아빠는 내가 물을 절약해야 한다고 말했다. (should save, that, water, I)

　→ Dad said _____.

2 나는 그들이 가수라는 것을 몰랐다. (they, singers, that, were)

　→ I didn't know _____.

3 그녀는 이 도로가 위험하다고 생각했다. (was, that, dangerous, this road)

　→ She thought _____.

4 Smith 선생님은 그 소녀가 정직하다고 믿었다. (the girl, that, honest, was)

　→ Mr. Smith believed _____.

5 Mason은 그가 그 대회에서 1등상을 받기를 희망한다. (will, first prize, he, that, win)

　→ Mason hopes _____ at the contest.

**교과서
문장
응용하기** | 배운 문법을 이용하여 영어 문장을 써 봅시다.

1 그들은 Betty가 친절하다고 말했다.　　　　　→ _____

2 나는 그 영화가 재미있다고 생각하지 않는다.　→ _____

when

* 접속사 when, before, after, if, because는 시간, 조건, 이유 등을 나타내는 부사절을 이끌어 문장의 내용을 보충한다. 접속사가 이끄는 절을 문장 앞에 쓰면 절 뒤에 콤마(,)를 붙인다.

■ when은 '~할 때'라는 뜻으로 시간이나 때를 나타내는 부사절을 이끈다.

Jessica listens to music **when** she feels sad.

When I have free time, I play chess.

cf. 접속사 while은 '~하는 동안에'라는 뜻으로 시간을 나타내는 부사절을 이끈다.

I watched TV **while** Mom made sandwiches.

A 우리말과 뜻이 같도록 빈칸에 알맞은 말을 쓰시오.

» 정답과 해설 p.30

◆ when이 의문사로 쓰이면 '언제'라는 뜻이다.
When does your summer vacation start? (너의 여름 방학은 언제 시작하니?)

1 Mia는 피곤할 때 우유를 마신다.

→ Mia drinks milk _____ _____ _____ _____ .

2 그가 그 소식을 들었을 때, 그의 표정이 바뀌었다.

→ _____ _____ _____ the news, his face changed.

3 내가 어렸을 때 내 머리는 곱슬머리이었다.

→ My hair was curly _____ _____ _____ young.

4 그들이 호텔에 도착했을 때, 방이 없었다.

→ _____ _____ _____ at the hotel, there were no rooms.

5 나는 정보가 필요할 때 인터넷을 이용한다.

→ I use the Internet _____ _____ _____ information.

B 우리말과 뜻이 같도록 | 보기 |와 같이 괄호 안의 말을 이용하여 두 가지 형태로 쓰시오.

> **보기**
> 눈이 올 때는 춥다. (snow, cold)
> → When it snows, it is cold. / It is cold when it snows.

1 Jacob이 돌아왔을 때 나는 기뻤다. (come back, glad)

→ _____

→ _____

2 그녀는 10살 때 수영하는 것을 배웠다. (ten years old, learn to swim)

→ _____

→ _____

교과서
문장
응용하기

배운 문법을 이용하여 영어 문장을 써 봅시다.

1 내가 집에 왔을 때 나의 어머니는 요리를 하고 있었다.   → _____

2 Steven이 나를 방문했을 때 나는 자고 있었다.   → _____

FOCUS 78

before, after

■ before와 after는 시간의 전후 관계를 나타낼 때 쓰는 접속사로 before는 '~하기 전에', after는 '~한 후에'라는 뜻을 나타낸다.

She woke up **before** the alarm went off.   **After** I bought a present, I wrapped it.

cf. before와 after는 접속사뿐만 아니라 전치사로도 쓰일 수 있는데, 전치사 다음에는 명사(구)가 온다.

I go to bed **before** 10:00 p.m.   We had a sweet dessert **after** lunch.

A | 보기 |와 같이 괄호 안의 우리말과 뜻이 같도록 두 문장을 한 문장으로 쓰시오.   » 정답과 해설 p.31

> ┌ 보기 ┐
> Grass grows. + It rains. (비가 오고 난 후에 잔디가 자란다.)
> → Grass grows after it rains.

1 I have lunch. + I wash my hands. (나는 손을 씻은 후에 점심을 먹는다.)

→ _____

2 Watch out. + You cross the road. (길을 건너기 전에 조심해라.)

→ _____

3 He did his homework. + He played computer games.

(그는 컴퓨터 게임을 하기 전에 숙제를 했다.)

→ _____

B 두 문장의 뜻이 같도록 접속사 before나 after를 이용하여 문장을 완성하시오.

1 Before he blew out the candle, he made a wish.

→ _____, he blew out the candle.

2 After I ate breakfast, I fell asleep under the tree.

→ _____, I ate breakfast.

3 Olivia took off her shoes before she entered the classroom.

→ Olivia entered the classroom _____.

4 Aiden went out after he finished his work.

→ Aiden finished his work _____.

5 My mother read us a short story before we slept.

→ We slept _____.

- -

교과서 문장 응용하기 | 배운 문법을 이용하여 영어 문장을 써 봅시다.

1 나는 그가 떠나기 전에 역에 도착했다.   → _____

2 그녀는 샤워를 한 후에 TV를 봤다.   → _____

if, because

- **if**: '만약 ~한다면'이라는 뜻으로 조건을 나타내는 부사절을 이끈다.

  If you don't want to go there, I'll go instead.

  cf. 조건이나 시간을 나타내는 부사절에서는 현재시제로 미래의 의미를 나타낸다.

  If it **is** fine tomorrow, we will go on a picnic.

- **because**는 '~하기 때문에'라는 뜻으로 쓰이며, 「결과+because+원인(이유)」의 형태로 원인이나 이유를 나타내는 절을 이끈다.

  Eric went to a fast food restaurant **because** he was very hungry.

A 괄호 안에서 알맞은 것을 고르시오.   » 정답과 해설 p.31

1 Just ask me (if / because) you have any questions.

2 Kevin looks happy (if / because) Christmas is coming.

3 (When / If) you hurry up, you can catch the train.

4 The park is popular (when / because) it has a beautiful lake.

B 우리말과 뜻이 같도록 빈칸에 알맞은 말을 쓰시오.

1 그녀는 감기에 걸려서 결석했다.

→ She was absent _____ she caught a cold.

2 만약 네가 바쁘면, 너는 우리와 함께 갈 필요가 없다.

→ _____ you are busy, you don't have to go with us.

3 만약 비가 그치면 우리는 축구를 할 수 있을 것이다.

→ We will be able to play soccer _____ the rain stops.

4 나의 아버지는 건강해지기를 원했기 때문에 담배를 끊었다.

→ _____ my father wanted to be healthy, he gave up smoking.

C 두 문장을 괄호 안의 접속사를 이용하여 한 문장으로 완성하시오.

1 I was upset. + I lost my watch. (because)

→ I was _____.

2 You want to buy a ticket. + You must stand in line. (if)

→ You must _____.

교과서
문장
응용하기

배운 문법을 이용하여 영어 문장을 써 봅시다.

1 만약 네가 이 책을 좋아한다면, 너는 그것을 읽어도 된다. (if) → _____

2 매우 더웠기 때문에 나는 창문을 열었다. (because)   → _____

내신적중 실전문제

[01~02] 빈칸에 알맞은 것을 고르시오.

01

> Peter said _____ he needed a pair of new sneakers.

① if
② that
③ after
④ when
⑤ because

02

> Emily went back home early _____ she was tired.

① and
② that
③ or
④ so
⑤ because

03 두 문장을 한 문장으로 쓸 때 빈칸에 알맞은 말을 쓰시오. 주관식

> We had lunch in the restaurant. Then we went shopping.
> → _____ we had lunch in the restaurant, we went shopping.

[04~06] 빈칸에 알맞은 말이 바르게 짝지어진 것을 고르시오.

04

> • Fred likes yogurt, _____ he often eats it for breakfast.
> • Fred likes yogurt, _____ he never buys it.

① and — or
② and — but
③ but — because
④ or — because
⑤ because — and

05

> • It was snowing _____ you arrived there.
> • You can speak English well _____ you practice a lot.

① if — that
② when — if
③ if — when
④ because — if
⑤ when — because

06

> • Will you come on Sunday _____ Monday?
> • Read the question again _____ you answer.

① and — Because
② but — If
③ or — after
④ and — When
⑤ or — before

07 밑줄 친 부분을 생략할 수 <u>없는</u> 것은?

① I believe <u>that</u> the boy is honest.
② She thinks <u>that</u> the movie is scary.
③ We hope <u>that</u> you'll get well soon.
④ I don't know <u>that</u> woman next to you.
⑤ The girls say <u>that</u> the actor is handsome.

08 어법상 <u>어색한</u> 것은?

① When it is sunny, I feel good.
② You can eat anything if you are hungry.
③ If Mason will visit my house, I'll be happy.
④ Cathy listens to music before she goes to bed.
⑤ If it is rainy, I won't play basketball outside.

09 두 문장의 뜻이 같도록 할 때 빈칸에 알맞은 것은?

Kelly sang and danced before she had dinner.
= Kelly had dinner _____ she sang and danced.

① and   ② or   ③ but
④ after   ⑤ when

10 빈칸에 알맞은 말을 쓰시오. 주관식

Olivia bought three things; two pens _____ a sketchbook.

[11~12] 빈칸에 공통으로 알맞은 것을 고르시오.

11

• They thought _____ the girl was from England.
• Jessica hopes _____ she will go swimming every day.

① and   ② but   ③ that
④ if   ⑤ before

12

• _____ I need an advisor, I meet my uncle.
• _____ did you begin to learn Japanese?

① If   ② Before   ③ What
④ After   ⑤ When

13 빈칸에 알맞은 말이 나머지 넷과 <u>다른</u> 것은?

① We stayed at home _____ studied.
② Come here _____ write your name.
③ Kevin went to a cafe _____ met Ann.
④ Isabella has a headache _____ a fever.
⑤ I wanted to buy a newspaper, _____ I had no money.

14 두 문장의 뜻이 같도록 빈칸에 알맞은 말을 쓰시오. 주관식

Jack won the contest, so he was happy.
= Jack was happy _____ he won the contest.

15 우리말을 영어로 바르게 옮긴 것은?

> 나는 학교에 갈 때 교복을 입는다.

① I wear a uniform and I go to school.
② I wear a uniform that I go to school.
③ I wear a uniform when I go to school.
④ I wear a uniform if I go to school.
⑤ I wear a uniform because I go to school.

16 우리말과 뜻이 같도록 할 때 빈칸에 알맞은 말이 바르게 짝지어진 것은?

> Chris는 의사나 수의사 중 하나가 되기로 결심했다.
> → Chris decided to become _____ a doctor _____ a vet.

① both — and
② that — and
③ either — and
④ either — or
⑤ that — or

[17~18] 밑줄 친 부분의 쓰임이 나머지 넷과 다른 것을 고르시오.

17 ① When I went out, it was raining.
② I feel excited when I play soccer.
③ I like to take a bath when I'm tired.
④ When is the next flight to Chicago?
⑤ When my dog is hungry, it barks a lot.

18 ① I hope that we will meet again.
② I didn't know that he was Sally's brother.
③ She tried to swim, but that was not easy.
④ We think that Ava will take part in the campaign.
⑤ He says that his mom doesn't understand him.

19 우리말과 뜻이 같도록 빈칸에 알맞은 말을 쓰시오. 주관식

> 만약 내가 베이징을 가게 된다면, 나는 만리장성을 방문할 것이다.
> → _____ I go to Beijing, I will visit the Great Wall.

20 밑줄 친 부분을 생략할 수 있는 것은?

① She drinks hot milk when she feels cold.
② I don't think that she knows my name.
③ Turn off the light before you go to bed.
④ He will read books or watch TV this Sunday.
⑤ You can join the party if you have an invitation card.

21 어법상 어색한 것끼리 짝지어진 것은?

> ⓐ He needed a cap and glasses.
> ⓑ I am sick if I'll go to school.
> ⓒ They like winter when they enjoy skiing.
> ⓓ Sue visited Tokyo two or three years ago.
> ⓔ Look both sides after you cross the street.
> ⓕ Before you get up early, you can take the train.

① ⓐ, ⓒ
② ⓑ, ⓓ, ⓕ
③ ⓑ, ⓒ, ⓔ, ⓕ
④ ⓐ, ⓑ, ⓒ, ⓔ
⑤ ⓐ, ⓑ, ⓓ, ⓔ, ⓕ

22 빈칸에 because가 들어갈 수 <u>없는</u> 것은?

① I couldn't get in _____ I lost my key.

② My mom made a cake for me _____ today is my birthday.

③ We didn't stay outside long _____ it was too hot.

④ Jenny is crying _____ her dog broke her glasses.

⑤ These black shoes are too expensive _____ Kate can't buy them.

[23~24] 어법상 어색한 부분을 찾아 바르게 고쳐 쓰시오. 주관식

23

| I think if Sam is the smartest in our class. |

_____ → _____

24

| When she will come back, I'll tell her everything. |

_____ → _____

25 밑줄 친 부분의 쓰임이 | 보기 |와 같은 것은?

┌─ 보기 ─────────────────────┐
He said <u>that</u> he didn't use the computer.
└────────────────────────────┘

① <u>That</u> book is not mine.

② Look at <u>that</u> blue building.

③ Who is <u>that</u> man over there?

④ She doesn't want <u>that</u> dress.

⑤ We hope <u>that</u> his dream will come true.

26 밑줄 친 부분 중 어법상 어색한 것은?

① <u>When</u> you're ready, let's go.

② He was busy, <u>and</u> he helped me.

③ Laura wanted some bread <u>and</u> milk.

④ I brush my teeth <u>after</u> I drink coffee.

⑤ She had breakfast, <u>but</u> she felt hungry.

27 빈칸에 알맞은 말을 쓰시오.

| I know _____ they're worried about me. |

28 어법상 옳은 문장의 개수는?

ⓐ Call me because you have time.

ⓑ Ms. Robert is beautiful and kind.

ⓒ Turn off the TV before you go to bed.

ⓓ Paul missed the bus, but he wasn't late.

ⓔ He stayed home that it was too cold.

① 1개   ② 2개   ③ 3개

④ 4개   ⑤ 5개

서술형 평가

01 |보기|에서 알맞은 접속사를 골라 두 문장을 한 문장으로 쓰시오.

┌─보기─────────────────────┐
│ when   but   and   that │
└──────────────────────────┘

(1) I entered the room. He was sleeping.

→ _____

(2) I know it. My parents love me.

→ _____

02 Paul의 일요일 일과표를 보고, 질문에 알맞은 답을 접속사가 포함되도록 완전한 문장으로 쓰시오.

12:00	lunch	18:00	have dinner
14:00	ride a bike	20:00	study English
17:00	listen to music		

(1) What does Paul do before he listens to music?

→ _____

(2) What does Paul do after he has dinner?

→ _____

03 다음 우리말을 영작하시오.

┌─────────────────────────┐
│ 나의 형은 키가 크지만, 나는 키가 작다. │
└─────────────────────────┘

→ _____

04 자연스러운 의미가 되도록 (A)와 (B)를 연결한 후, 괄호 안의 접속사를 이용하여 완전한 문장으로 쓰시오.

(A)	(B)
(1) I won't buy the bag. •	• I'll be late.
(2) I miss the bus. •	• It is too big.

(1) (because)

→ _____

(2) (if)

→ _____

[05~06] 다음 글을 읽고, 물음에 답하시오.

　When I woke up this morning, I realized that I didn't do my homework. ⓐSo I thought when I needed to go to the library today. Before I left home, I cleaned my bedroom and washed the dishes. When I was going to leave, my brother asked me to help him. ⓑ After I helped him with his homework, I left home. ⓒI could go to the library by bus and by subway. I took the subway. When I arrived at the library, it was closed!

05 밑줄 친 ⓐ, ⓒ에서 어법상 어색한 부분을 찾아 바르게 고쳐 쓰시오.

ⓐ _____ → _____

ⓒ _____ → _____

06 밑줄 친 ⓑ를 |조건|에 맞게 바꿔 쓰시오.

┌─조건──────────────┐
│ 접속사 before 사용할 것 │
└──────────────────┘

→ _____

CHAPTER

15

전치사

전치사란 무엇인가?

전치사는 문장에서 시간, 장소, 방향, 방법 등을 나타내는 표현을 덧붙이는 역할을 한다. 전치사 다음에는 전치사의 목적어로 (대)명사가 오며, 동사를 써야 하는 경우에는 동명사(동사원형+-ing) 형태로 쓴다.

전치사의 종류에는 어떤 것들이 있는가?

전치사에는 시간의 전치사, 장소의 전치사, 방향, 수단, 도구의 전치사가 있다.

시간의 전치사

at+시각 / in+연도, 월 / on+요일, 특정한 날: ~에

The first show starts **at** 11:00 a.m. 첫 번째 공연은 오전 11시에 시작한다.

before: ~ 전에 / after: ~ 후에

I will study hard **before** the test. 나는 시험 전에 열심히 공부할 것이다.

for+숫자 / during+기간: ~ 동안

Ann usually walks **for** 30 minutes a day. Ann은 보통 하루에 30분 동안 걷는다.

장소의 전치사

at+비교적 좁은 장소 / in+비교적 넓은 장소: ~에

A lady is standing **in** the hall. 한 숙녀가 복도에 서 있다.

on(표면에 접한 상태) / over(표면에 접하지 않은 상태): ~ 위에

There are two cats **on** the table. 탁자 위에 고양이 두 마리가 있다.

under: ~ 아래에 / near: ~ 근처에

Don't go **near** the big dog. 저 큰 개 근처에 가지 마라.

in front of: ~ 앞에 / next to: ~ 옆에

James is sitting **in front of** the building. James는 그 건물 앞에 앉아 있다.

between A and B: A와 B 사이에 / across from: ~ 맞은편에

I was running **between** Emily **and** Brian. 나는 Emily와 Brian 사이에서 뛰고 있었다.

방향, 수단, 도구의 전치사

from: ~로부터(출발점) / to: ~으로(도착점) / for: ~로 향해 / by: ~로(교통수단) / with: ~을 가지고

It takes 4 hours **from** Rome **to** Milan **by** train. 로마에서 밀라노까지는 기차로 4시간이 걸린다.

80 시간의 전치사1_ at, in, on

■ 시간을 나타내는 대표적인 전치사에는 at, in, on(~에)이 있다.

at	+ 구체적인 시각, 특정한 시점	at 5:30, at night, at that time
in	+ 월, 연도, 계절, 시기	in October, in 2018, in summer, in the afternoon
on	+ 날짜, 요일, 특정한 날	on June 11th, on Friday, on Christmas Day

A 빈칸에 알맞은 말을 at, in, on 중에서 골라 쓰시오.

1 The first class starts _____ 8 : 30 a.m.
2 We have a school festival _____ July.
3 A man walked on the moon _____ 1969.
4 What are you going to do _____ Mother's Day?
5 Can you come to my birthday party _____ December 24th?

» 정답과 해설 p.33

◆ 시간을 나타내는 말 앞에 every, this, next, last 등이 붙을 때는 앞에 전치사를 쓰지 않는다. She goes to church **every** Sunday.

B 밑줄 친 부분을 어법상 바르게 고쳐 쓰시오.

1 We had lunch <u>in</u> noon.　　　　　　　_____
2 What time do you get up <u>at</u> the morning?　_____
3 Many people go to the beach <u>on</u> summer.　_____
4 Americans eat turkey <u>at</u> Thanksgiving Day.　_____
5 My mom makes delicious meals <u>in</u> Sundays.　_____

C 우리말과 뜻이 같도록 빈칸에 알맞은 말을 쓰시오.

1 나는 금요일에 피아노 수업이 있다.
　→ I have a piano lesson _____ _____.
2 그 가게는 10시에 닫는다.
　→ The store closes _____ _____ o'clock.
3 한국은 겨울에 춥고 눈이 온다.
　→ It's cold and snowy _____ _____ in Korea.
4 Bill은 오후에 영화 보러 갈 것이다.
　→ Bill will go to the movies _____ _____ _____.

배운 문법을 이용하여 영어 문장을 써 봅시다.

1 그녀는 2015년에 뉴욕에 갔다.　　→ _____
2 우리는 토요일에는 학교에 가지 않는다.　→ _____

시간의 전치사 2_ before, after, for, during

- 시간의 전후를 나타내는 전치사에는 before와 after가 있다.

| before | ~ 전에 | Wash your hands **before** dinner. | after | ~ 후에 | Tuesday comes **after** Monday. |

- '~ 동안'이라는 뜻으로 기간을 나타내는 전치사에는 for와 during이 있다.

| **for** | + 숫자를 포함한 구체적인 기간 | Jenny was sick **for** three days. |
| **during** | + 특정 기간 | I'm going to visit my aunt **during** the summer vacation. |

A 우리말과 뜻이 같도록 빈칸에 알맞은 말을 쓰시오.　　　　　　　　　　》 정답과 해설 p.33

1 Mason은 오전 8시 이전에 학교에 간다.
→ Mason goes to school _____ 8 a.m.

2 여름은 봄 다음에 오고, 가을은 겨울 전에 온다.
→ Summer comes _____ spring, and fall comes _____ winter.

3 우리는 Alex를 한 시간 동안 기다렸다.
→ We waited for Alex _____ an hour.

4 Brown 씨는 회의 동안 아무 말도 하지 않았다.
→ Mr. Brown didn't say anything _____ the meeting.

5 나의 남동생은 호주에서 5개월 동안 머물렀다.
→ My brother stayed in Australia _____ five months.

6 Cindy는 주말 동안 자원 봉사를 할 것이다.
→ Cindy is going to do volunteer work _____ the weekend.

B 다음 문장을 밑줄 친 부분에 유의하여 바르게 해석하시오.

1 (a) Aiden will come back after Christmas.
→ _____
(b) Aiden will come back before Sunday.
→ _____

2 (a) Olivia sat in the seat for two hours.
→ _____
(b) Olivia sat in the seat during lunchtime.
→ _____

교과서
문장
응용하기
배운 문법을 이용하여 영어 문장을 써 봅시다.
1 그는 아침 식사 전에 물을 마신다.　　　　　→ _____
2 나는 1년 동안 수영을 배웠다.　　　　　　　→ _____

장소의 전치사 1_ at, in, on, over, under, near

■ 장소를 나타내는 대표적인 전치사에는 at(~에), in(~에), on(~ 위에)이 있다.

at	+ 비교적 좁은 장소나 지점	at home, at the bus stop, at the airport, at the concert
in	+ 비교적 넓은 장소나 지역	in the room, in the box, in Seoul, in Japan, in the sky
on	+ 표면에 접한 상태	on the wall, on the chair, on the desk, on the third floor

■ 사물과 접촉되지 않는 상태의 위치를 나타내는 전치사에는 over, under, near가 있다.

over	~ 위에 (표면에 접하지 않은 상태)	There is a rainbow **over** the mountain.
under	~ 아래에, ~의 바로 밑에	Your backpack is **under** the table.
near	~의 근처에	Sam lives **near** our school.

A 빈칸에 알맞은 말을 | 보기 |에서 골라 쓰시오. (한 번씩만 사용할 것)   》 정답과 해설 p.33

1 Children often hide _____ the bed.
2 There are some oranges _____ the table.
3 Is there a department store _____ here?
4 How many stars are there _____ the sky?
5 Jack is waiting for us _____ the bus stop.
6 Many birds are flying _____ the tree.

보기
at   in   on
over   under
near

◆ **on** *vs.* **over**: 둘 다 '~ 위에' 라는 뜻으로, on은 표면에 접촉한 상태에서, over는 표면과 떨어진 상태에서의 위치를 의미한다. sit **on** the rock(바위 위에 앉다) fly **over** the rock(바위 위를 날다)

B 우리말과 뜻이 같도록 빈칸에 알맞은 말을 쓰시오.

1 고양이가 의자 위를 뛰어넘었다.
  → The cat jumped _____ _____ _____.
2 그들은 무대 위에서 춤을 추지 않았다.
  → They didn't dance _____ _____ _____.
3 교실 안에서 시끄럽게 하지 마라.
  → Don't make a noise _____ _____ _____.
4 나의 집 근처에 사과나무가 한 그루 있다.
  → There is an apple tree _____ _____ _____.

교과서 문장 응용하기 배운 문법을 이용하여 영어 문장을 써 봅시다.

1 사람들은 땅에 살고, 물고기들은 바다에 산다. (land)   → _____
2 그 강은 다리 아래로 흐른다. (run)   → _____

장소의 전치사 2_ in front of, next to, between *A* and *B*, across from

▪ 두 단어 이상이 함께 쓰여 장소를 나타내는 전치사들도 있다.

in front of	~ 앞에 (↔ behind: ~뒤에)	Who parked the car **in front of** my house?
next to	~ 옆에 (= by, beside)	There is a tall tree **next to** the river.
between *A* and *B*	A와 B 사이에	Amy is sitting **between** Mia **and** Noah.
across from	~ 맞은편에	The bookstore is **across from** the post office.

A 괄호 안에서 알맞은 것을 고르시오. 》정답과 해설 p.33

1 The robot is (next / next to) the box.

2 The library is across (from / to) the gym.

3 Eric is standing (between / on) Kate and Sally.

4 How about meeting (at / in) front of the subway station?

B 두 문장의 뜻이 같도록 빈칸에 알맞은 말을 쓰시오.

1 The boy sat beside the tree.

→ The boy sat _____ _____ the tree.

2 Sam is sitting behind Tom.

→ Tom is sitting _____ _____ _____ Sam.

C 우리말과 뜻이 같도록 빈칸에 알맞은 말을 쓰시오.

1 Sophia는 그 가게 맞은편에 있다.

→ Sophia is _____ _____ the store.

2 문 뒤에 개가 한 마리 있다.

→ There is a dog _____ _____ _____.

3 내 남동생은 소파 옆에서 그의 시계를 찾았다.

→ My brother found his watch _____ _____ _____.

4 그녀의 꽃집은 빵집 옆에 있다.

→ Her flower shop is _____ _____ _____.

5 그 아기는 아빠와 엄마 사이에서 자고 있다.

→ The baby is sleeping _____ dad _____ mom.

교과서 문장 응용하기

배운 문법을 이용하여 영어 문장을 써 봅시다.

1 그 자전거는 벤치 앞에 있다. (front) → _____

2 우리 학교는 은행 옆에 있다. (next to) → _____

기타 전치사_ 방향, 수단, 도구의 전치사

▪ 방향을 나타내는 전치사

from / to	~로부터 / ~까지, ~로	The train runs south **from** Seoul. / Is there a way to fly **to** the moon?
for / along	~로 향해 / ~을 따라서	The students left **for** Paris. / I took a walk **along** the lake.
into / out of	~의 안으로 / ~의 밖으로	He went **into the** building. / Emma got **out of** her house.

▪ 수단, 도구를 나타내는 전치사

by	~로(교통수단)	Do you go to school **by** bus?
with	~을 가지고	Mike can eat food **with** chopsticks.

A 우리말과 뜻이 같도록 빈칸에 알맞은 말을 쓰시오.

1 나의 아버지는 침실로 들어갔다.
→ My father went _____ the bedroom.

2 Jessica는 런던을 향해 떠나기로 결정했다.
→ Jessica decided to leave _____ London.

3 Smith 씨는 택시를 타고 병원에 갔다.
→ Mr. Smith went to the hospital _____ taxi.

4 그들은 바위에서 뛰어내리고 있다.
→ They're jumping down _____ the rock.

5 박물관으로의 현장 학습은 어땠니?
→ How was your field trip _____ the museum?

» 정답과 해설 p.33

◆ **from A to B**: A부터 B까지

◆ 기타 전치사
1. like: ~처럼, ~같이
The baby looks **like** a doll. (그 아기는 인형처럼 보인다.)
2. about: ~에 대해
They talked **about** the movie. (그들은 그 영화에 대해 이야기했다.)

B 괄호 안의 말을 바르게 배열하여 문장을 완성하시오.

1 I took my book _____. (out, bag, my, of)

2 He was walking _____. (the, street, along)

3 We could cut it _____. (knife, a, with)

4 Monkeys move _____ using their tails.
(from, to tree, tree)

교과서
문장
응용하기

배운 문법을 이용하여 영어 문장을 써 봅시다.

1 이 버스는 부산행이다.
→ _____

2 여기에서 나의 집까지는 1시간이 걸린다. (take)
→ _____

내신적중 실전문제

01 대화의 빈칸에 알맞은 것은?

> **A** What time does your class start?
> **B** It starts _____ nine o'clock.

① in ② at ③ on
④ for ⑤ during

02 밑줄 친 **in**의 성격이 나머지 넷과 다른 것은?

① They met in 2004.
② Kate is in the bedroom.
③ We got married in July.
④ I go swimming in summer.
⑤ Tony listens to music in the morning.

03 빈칸에 알맞은 말이 바르게 짝지어진 것은?

> We will have a party _____ October 2nd _____ 6:30 p.m.

① at — in ② on — in
③ in — at ④ on — at
⑤ in — for

04 밑줄 친 부분과 바꿔 쓸 수 있는 것은?

> The gift shop is close to the museum.

① near ② along
③ behind ④ in front of
⑤ across from

05 빈칸에 알맞은 말을 쓰시오.

> He came back home _____ night.

06 밑줄 친 부분 중 어법상 어색한 것은?

① Is this bus for Daejeon?
② I walked from my house to school.
③ During four days, we enjoyed the festival.
④ We will go to the amusement park this Sunday.
⑤ He has science class between P.E. and math.

고난도

07 그림에 대한 설명 중 어색한 것을 모두 고르면?

① The sun is shining on the sky.
② A boy is throwing a ball over the roof.
③ There is a chicken in the roof.
④ There is a cat under the window.
⑤ A dog is sleeping next to a boy.

08 빈칸에 알맞은 말이 나머지 넷과 <u>다른</u> 것은?

① He's swimming _____ the river.
② Many cars are _____ the road.
③ The bird is _____ the cage.
④ The Eiffel Tower is _____ Paris.
⑤ She lives _____ a small village.

09 우리말과 뜻이 같도록 빈칸에 알맞은 말을 순서대로 쓰시오. 주관식

Thomas는 화장실에서 나와 그의 침실로 들어갔다.
→ Thomas came _____ _____ the bathroom, and went _____ his bedroom.

10 두 문장의 뜻이 같지 <u>않은</u> 것은?

① He ran in front of me in the race.
 = I ran behind him in the race.
② There is a tower next to the park.
 = There is a tower beside the park.
③ There is a river under the bridge.
 = There is a bridge over the river.
④ The middle school is near here.
 = The middle school is not far from here.
⑤ The bank is across from the hospital.
 = The bank is along the hospital.

11 밑줄 친 부분 중 어법상 <u>어색한</u> 것은?

Ted and I watched a musical ① on July 3rd. It began ② in 5:30 ③ on Sunday. ④ After that, we had dinner at a restaurant. ⑤ During dinner, we talked and laughed a lot.

12 빈칸에 공통으로 알맞은 것은?

The first pizza restaurant opened _____ 1905 _____ New York.

① in ② at ③ on
④ to ⑤ from

13 우리말을 영어로 <u>잘못</u> 옮긴 것은?

① 나비가 내 머리 위로 날아다니고 있다.
 → Butterflies are flying over my head.
② 책상 밑에 공이 하나 있다.
 → There is a ball under the desk.
③ 나는 점심 식사 후에 책을 읽는다.
 → I read books after lunch.
④ 우리는 강을 따라 산책했다.
 → We took a walk along the river.
⑤ 나의 아버지는 지하철로 출근한다.
 → My father goes to work in subway.

14 빈칸에 공통으로 알맞은 말을 쓰시오. 주관식

· We go to the gym _____ Fridays.
· There are some pictures _____ the wall.

15 괄호 안의 알맞은 말이 바르게 짝지어진 것은?

> ⓐ I looked for my lost key (for / to / during) two hours.
> ⓑ The girl is next (for / to / during) the post office.
> ⓒ He went climbing (for / to / during) the holiday.

① for — to — for
② for — to — during
③ to — for — during
④ during — for — to
⑤ during — to — for

16 밑줄 친 부분을 의미에 맞게 바르게 고쳐 쓰시오. 주관식

> My sister is standing between from me.

→ _____

17 밑줄 친 부분이 어법상 어색한 것끼리 짝지어진 것은?

> ⓐ She cut it on a knife.
> ⓑ The birds flew over us.
> ⓒ Larry is lying from the floor.
> ⓓ Emma is waiting for Sam in front of the library.
> ⓔ The cooking class starts in May 25th.
> ⓕ I finished my homework before dinner.

① ⓒ, ⓕ
② ⓐ, ⓒ, ⓔ
③ ⓑ, ⓒ, ⓕ
④ ⓐ, ⓑ, ⓒ, ⓔ
⑤ ⓑ, ⓒ, ⓓ, ⓔ, ⓕ

18 밑줄 친 부분의 우리말 해석이 잘못된 것은?

① She sat between Andy and Julia.
　　　　　(~ 사이에)
② The man is across from the drugstore.
　　　　　(~의 맞은편에)
③ There is a pond in front of the church.
　　　　　(~ 아래에)
④ We walked from the park to the bus stop.
　　　　　(~에서 …까지)
⑤ Is the cellphone next to the computer yours?
　　　　　(~ 옆에)

19 대화의 밑줄 친 부분을 바르게 고친 것은?

> **A** How long will you stay in Boston?
> **B** I'll stay in Boston during a week.

① with
② on
③ for
④ by
⑤ at

20 어법상 어색한 것은?

① She took a taxi to the airport.
② My piano lesson ends at seven.
③ He found the ticket in his pocket.
④ Planes can fly over the ocean easily.
⑤ I will visit my grandfather on this Sunday.

21 그림을 보고, 빈칸에 알맞은 말을 순서대로 쓰시오. 주관식

- There is a balloon _____ the table.
- There are boxes _____ the table.

22 밑줄 친 부분 중 어법상 옳은 것을 모두 고르면?

① She ate soup with a spoon.
② Mr. Smith comes for Canada.
③ They usually have lunch on noon.
④ We will have a party in Christmas Day.
⑤ John's family stayed there for a month.

23 빈칸 ⓐ~ⓒ에 알맞은 말이 바르게 짝지어진 것은?

I'll travel ___ⓐ___ Busan. I decided to go ___ⓑ___ train. I'll leave ___ⓒ___ September 10th.

① from — on — in   ② to — by — on
③ from — by — at   ④ to — in — on
⑤ for — on — in

24 어법상 어색한 부분을 찾아 바르게 고쳐 쓰시오. 주관식

I sat between my mother or my father.

[25~26] 우리말을 영어로 바르게 옮긴 것을 고르시오.

25 나는 정오에 도서관을 향해 출발할 것이다.

① I will leave the library for noon.
② I will leave to the library for noon.
③ I will leave to the library at noon.
④ I will leave for the library for noon.
⑤ I will leave for the library at noon.

26 나는 게시판에 있는 네 이름을 보았다.

① I saw your name at the board.
② I saw your name in the board.
③ I saw your name on the board.
④ I saw your name by the board.
⑤ I saw your name from the board.

27 어법상 어색한 문장의 개수는?

ⓐ I'll be at home today.
ⓑ The Great Wall is on China.
ⓒ Her birthday is after Christmas.
ⓓ There is a rainbow in the river.
ⓔ The museum is at front of the bank.
ⓕ The music room is for the fourth floor.

① 1개   ② 2개   ③ 3개
④ 4개   ⑤ 5개

서술형 평가

01 일정표를 보고, 질문에 알맞은 답을 괄호 안의 지시대로 쓰시오. (완전한 문장으로 쓸 것)

December						
Sun	Mon	Tue	Wed	Thur	Fri	Sat
10	11	12 my birthday	13	14	15 movie	16

(1) When is your birthday? (날짜로 답할 것)

    → _____

(2) When are you going to go to the movies?
(요일로 답할 것)

    → _____

[02~03] 그림을 보고, |조건|에 맞게 물건의 위치를 설명하는 문장을 쓰시오.

02
> 조건
> 1. the backpack을 주어로 쓸 것
> 2. between을 사용할 것

    → _____

03
> 조건
> the chair를 주어로 하여 책상과의 위치를 설명할 것

    → _____

04 괄호 안의 말을 이용하여 우리말을 영작하시오.

(1)
> 우리는 3일 동안 캠핑하러 갔다. (go camping)

    → _____

(2)
> 몇몇 사람들이 그 건물 안으로 걸어 들어가고 있다.
> (some people, walk, building)

    → _____

[05~06] 다음 글을 읽고, 물음에 답하시오.

    James lives in a beautiful village near Seattle. ⓐHis father commutes from Seattle every morning. He works in Seattle. He goes to work by car. ⓑHe works from 9:00 a.m. to 5 p.m. James는 아침 식사 후에 자전거로 학교에 간다. He comes home in the afternoon. ⓒHis mother grows vegetables in the garden. ⓓHe often helps his mother before dinner. ⓔJames's family has dinner together at 7:00 in the evening.   * commute: 통근하다

05 밑줄 친 ⓐ~ⓔ 중 어법상 어색한 문장을 찾아 바르게 고쳐 쓰시오.

    _____ → _____

06 밑줄 친 우리말을 영작하시오.

    → _____

TAPA

GRAMMAR
TAPA
WORKBOOK

LEVEL 1

CONTENTS

» 정답 p.57

01 인칭대명사

■ **인칭대명사**: 사람이나 동물, 사물의 이름을 대신해서 쓰는 말로 인칭, 수, 격에 따라 형태가 달라진다.

		주격 (~은/는/이/가)	소유격 (~의)	목적격 (~을/를, ~에게)	소유대명사 (~의 것)
1인칭	단수	I (나)	1 _____	me	mine
	복수	we (우리)	our	us	2 _____
2인칭	단수	you (너)	your	3 _____	yours
	복수	you (너희들)	your	you	yours
3인칭	단수	he(그) she(그녀) it(그것)	4 _____ her its	him her it	his 5 _____ –
	복수	they (그들 / 그것들)	their	6 _____	theirs

■ **소유대명사**: '~의 것'이라는 뜻으로 「소유격+명사」의 역할을 한다.

This pen is 7 _____. (mine = my pen) 이 펜은 내 것이다.

02 be동사의 의미와 형태

■ **be동사**: '~이다, ~(에) 있다'라는 뜻으로 주어의 인칭과 수에 따라 형태가 변한다.

인칭		인칭대명사	be동사	축약형
1인칭	단수	I	8 _____	I'm
	복수	we	are	we're
2인칭	단수	you	are	you're
	복수	you	are	you're
3인칭	단수	he / she / it	9 _____	he's / she's / it's
	복수	they	are	they're

We 10 _____ good friends. 우리는 좋은 친구들이다.

03 be동사의 부정문

■ 「be동사+11 _____」의 형태로 '~가 아니다, ~가 않다'라는 뜻을 나타낸다.

		부정	축약형
단수	1인칭	I am not	I'm not
	2인칭	you are not	you're not / you aren't
	3인칭	he / she / it is not	he's / she's / it's not he / she / it isn't
복수	1, 2, 3 인칭	we / you / they are not	we're / you're / they're not we / you / they aren't

I 12 _____ _____ from Canada.
나는 캐나다 출신이 아니다.

You are not(aren't) happy. 너는 행복하지 않다.

He 13 _____ a writer. 그는 작가가 아니다.

They are not(aren't) my classmates.
그들은 내 반 친구들이 아니다.

04 be동사의 의문문

■ 「Be동사+주어 ~?」의 형태로, 대답은 「Yes, 주어+be동사.」(긍정), 「No, 주어+be동사+not.」(부정)으로 한다.

A 14 _____ you a middle school student?
너는 중학생이니?

B Yes, I am. / No, 15 _____ _____.
응, 그래.　　　　아니, 그렇지 않아.

A 16 _____ he kind? 그는 친절하니?

B Yes, he 17 _____. / No, he isn't.
응, 그래.　　　　　아니, 그렇지 않아.

1 괄호 안에서 알맞은 것을 고르시오.

(1) (She / Her) is my sister.

(2) I don't like (him / his).

(3) They will visit (we / us).

(4) Do you know (I / my) address?

2 괄호 안의 말을 빈칸에 알맞은 형태로 쓰시오.

(1) I'm proud of _____. (you)

(2) I can't understand _____ idea. (he)

(3) His phone is on the desk, and _____ is in the bag. (I)

(4) The woman is _____ grandmother. (they)

3 밑줄 친 부분을 인칭대명사로 바꿔 문장을 다시 쓰시오.

(1) Mr. Smith is kind and nice.

→ _____

(2) This is my mother's photo.

→ _____

(3) Emma met Alice and Tim.

→ _____

(4) The cat's eyes are blue.

→ _____

4 두 문장의 뜻이 같도록 빈칸에 알맞은 말을 쓰시오.

(1) This is her camera.

→ This camera is _____.

(2) These are his pants.

→ These pants are _____.

(3) That is our house.

→ That house is _____.

(4) Is this your puppy?

→ Is this puppy _____?

1 인칭대명사에 알맞은 be동사와 그 축약형을 쓰시오.

인칭대명사	be동사	축약형
(1) I	_____	_____
(2) you	_____	_____
(3) she	_____	_____
(4) it	_____	_____

2 빈칸에 알맞은 be동사를 쓰시오.

(1) Your bicycle _____ old.

(2) This bag _____ Sophia's.

(3) I _____ a scientist.

(4) They _____ tennis players.

3 밑줄 친 부분을 어법상 바르게 고쳐 쓰시오.

(1) My cousins is twin sisters.

→ _____

(2) Its my favorite subject.

→ _____

(3) Kevin are interested in painting.

→ _____

(4) I are your homeroom teacher.

→ _____

4 빈칸에 알맞은 말을 쓰시오.

(1) This is Ms. White. _____ _____ my English teacher.

(2) My name is Minji. _____ _____ a middle school student.

(3) That little boy is my brother. _____ _____ very cute.

(4) These are Sam and Mary. _____ _____ my classmates.

1 다음 문장을 부정문으로 바꿀 때 not이 들어가기에 알맞은 곳에 ✔ 표시하시오.

(1) Mr. Brown ( ) is ( ) tall.
(2) She ( ) is ( ) a good singer.
(3) They ( ) are ( ) my friends.
(4) I ( ) am ( ) from America.

2 밑줄 친 부분을 축약하여 쓰시오.

(1) I am not angry at her. _____
(2) He is not kind. _____
(3) They are not Chinese. _____
(4) You are not students. _____

3 우리말과 뜻이 같도록 빈칸에 알맞은 말을 쓰시오.

(1) 그것은 내가 가장 좋아하는 음악이 아니다.
　→ It _____ _____ my favorite music.
(2) Sam과 Ted는 나의 반이 아니다.
　→ Sam and Ted _____ _____ in my class.
(3) 나는 피아니스트가 아니다.
　→ I _____ _____ a pianist.

4 다음 문장을 부정문으로 바꿀 때 빈칸에 알맞은 말을 쓰시오.

(1) I am an art teacher.
　→ _____ an art teacher.
(2) She is from New Zealand.
　→ _____ from New Zealand.
(3) They are in the classroom.
　→ _____ in the classroom.
(4) You are hungry now.
　→ _____ hungry now.

1 괄호 안에서 알맞은 것을 고르시오.

(1) (You are / Are you) busy tomorrow?
(2) (Is he / Are they) a taxi driver?
(3) (Am I / Do I) thirteen years old?
(4) (Is she / She isn't) your aunt?

2 밑줄 친 부분을 어법상 바르게 고쳐 쓰시오.

(1) <u>Are</u> your brother handsome?
　→ _____
(2) <u>Am</u> Ms. White a dentist?
　→ _____
(3) A Are you happy?   B Yes, I <u>are</u>.
　→ _____
(4) A Isn't she an actress?   B <u>No</u>, she is.
　→ _____

3 우리말과 뜻이 같도록 빈칸에 알맞은 말을 쓰시오.

(1) 너는 축구를 잘하니?
　→ _____ _____ good at playing soccer?
(2) 이것이 그녀의 새집이니?
　→ _____ _____ her new house?
(3) 그들은 너의 나라에서 유명하니?
　→ _____ _____ famous in your country?
(4) 제가 수업에 늦었나요?
　→ _____ _____ late for the class?

4 대화의 빈칸에 알맞은 말을 쓰시오.

(1) A Is he your new classmate?
　B Yes, he _____.
(2) A Are Ted and Brian your brothers?
　B No, they _____.
(3) A Are you and your sister kind?
　B _____, we are.
(4) A Is your dog in the garden?
　B _____, it isn't.

» 정답 p.57

05 일반동사

- 주어의 인칭과 수에 따라 형태가 변한다.

주어	형태
1, 2인칭 단수, 복수	동사원형
3인칭 복수	동사원형

I ¹_____ spring and summer.
나는 봄과 여름을 좋아한다.

We live in Seoul. 우리는 서울에 산다.

They ²_____ badminton after school.
그들은 방과 후에 배드민턴을 친다.

06 일반동사의 3인칭 단수형

- 주어가 3인칭 단수이고 현재시제일 때, 일반동사는 「동사원형+-(e)s」의 형태로 쓴다.

대부분의 동사	동사원형+-s	like → likes read → reads
-o, -s, -x, -ch, -sh로 끝나는 동사	동사원형+-es	go → ³_____ miss → misses wash → washes
「자음+y」로 끝나는 동사	y를 i로 바꾸고+-es	study → ⁴_____ fly → flies
「모음+y」로 끝나는 동사	동사원형+-s	play → plays enjoy → ⁵_____
불규칙 변화 동사	have → ⁶_____	

My father ⁷_____ TV after dinner.
나의 아버지는 저녁 식사 후에 TV를 본다.

Mia has three cats. Mia에게는 고양이가 세 마리가 있다.

07 일반동사의 부정문

주어	형태
1, 2인칭 단수, 복수 3인칭 복수	주어+don't(do not)+동사원형 ~.
3인칭 단수	주어+doesn't(does not)+동사원형 ~.

I ⁸_____ like chocolate.
나는 초콜릿을 좋아하지 않는다.

You don't have a sister. 너는 여자형제가 없다.

They ⁹_____ look happy.
그들은 행복해 보이지 않는다.

He ¹⁰_____ _____ the violin.
그는 바이올린을 연주하지 않는다.

08 일반동사의 의문문

주어	형태	대답
1, 2인칭 단수, 복수 3인칭 복수	Do+주어+동사원형 ~?	(긍정) Yes, 주어+do. (부정) No, 주어+don't.
3인칭 단수	¹¹_____+주어+동사원형 ~?	(긍정) Yes, 주어+does. (부정) No, 주어+doesn't.

A ¹²_____ you like English?
너는 영어를 좋아하니?

B Yes, I do. / No, I don't.
응, 좋아해. 아니, 그렇지 않아.

A ¹³_____ Andy _____ books?
Andy는 책을 읽니?

B Yes, he does. / No, he ¹⁴_____.
응, 그래. 아니, 그렇지 않아.

1 밑줄 친 동사가 일반동사이면 ◯, be동사이면 △표를 하시오.

(1) I like my grandparents. (   )

(2) You are my best friend. (   )

(3) They play basketball on Sunday. (   )

(4) Any and Tony exercise every day. (   )

2 괄호 안에서 알맞은 것을 고르시오.

(1) I (have / am) a lot of friends.

(2) We (are / learn) science at school.

(3) Babies (are / sleep) about 15 hours a day.

(4) They (go to / are) a middle school in New York.

3 다음 문장을 밑줄 친 부분에 유의하여 바르게 해석하시오.

(1) I am a firefighter.

→ _____

(2) We listen to music.

→ _____

(3) James and Mason swim after school.

→ _____

4 우리말과 뜻이 같도록 괄호 안의 말을 배열하여 문장을 완성하시오.

(1) 나는 꿈이 많다. (have, I, dreams, many)

→ _____

(2) 너는 중국어를 공부한다. (study, Chinese, you)

→ _____

(3) 그들은 가난한 사람들을 돕는다.
(people, poor, they, help)

→ _____

(4) Tom과 Sally는 일찍 일어난다.
(get up, Tom, early, Sally, and)

→ _____

1 괄호 안에서 알맞은 것을 고르시오.

(1) She (go / goes) to the park.

(2) They (have / has) a cute puppy.

(3) My aunt (live / lives) in London.

(4) Mary and I (like / likes) dancing.

2 괄호 안의 말을 빈칸에 알맞은 형태로 쓰시오.

(1) He _____ in the building. (work)

(2) She _____ the dishes. (wash)

(3) Mr. Smith _____ music. (teach)

(4) Olivia _____ the guitar. (play)

3 빈칸에 들어갈 말을 |보기|에서 골라 알맞은 형태로 쓰시오.

보기
brush   carry   come   start

(1) The movie _____ in ten minutes.

(2) He _____ an umbrella every day.

(3) My father _____ home very late.

(4) She _____ her teeth three times a day.

4 다음 문장의 주어를 괄호 안의 말로 바꿔 문장을 다시 쓰시오.

(1) They eat breakfast every day. (Jenny)

→ _____

(2) I fix the computer. (my uncle)

→ _____

(3) You have many interesting books. (he)

→ _____

(4) We study Korean history very hard.
(the student)

→ _____

1 빈칸에 알맞은 말을 don't나 doesn't 중에서 골라 쓰시오.

(1) I _____ eat onions.

(2) He _____ play baseball well.

(3) They _____ sing together.

(4) My dog _____ like cats.

2 밑줄 친 부분을 어법상 바르게 고쳐 쓰시오.

(1) She don't eat meat.

→ _____

(2) He doesn't listens to pop songs.

→ _____

(3) My parents aren't like him.

→ _____

(4) Brian and his father doesn't ride bikes.

→ _____

3 다음 문장을 부정문으로 바꿀 때 빈칸에 알맞은 말을 쓰시오.

(1) Sara runs very fast.

→ Sara _____ _____ very fast.

(2) He needs new shoes.

→ He _____ _____ new shoes.

(3) Steven and I like swimming.

→ Steven and I _____ _____ swimming.

4 괄호 안의 말을 이용하여 우리말을 영작하시오.

(1) 나의 어머니는 TV를 보지 않는다. (watch TV)

→ _____

(2) 나는 채소를 좋아하지 않는다. (like vegetables)

→ _____

(3) 그는 프랑스어를 배우지 않는다. (learn French)

→ _____

(4) 그들은 교회에 다니지 않는다. (go to church)

→ _____

1 괄호 안에서 알맞은 것을 고르시오.

(1) (Are / Do) you like dolls?

(2) (Do / Does) she live in Incheon?

(3) (Do / Does) they study English?

(4) Does he (enjoy / enjoys) the party?

2 빈칸에 알맞은 말을 Do나 Does 중에서 골라 쓰시오.

(1) _____ you know his name?

(2) _____ they like jogging?

(3) _____ she do her homework?

(4) _____ he get up early in the morning?

3 우리말과 뜻이 같도록 빈칸에 알맞은 말을 쓰시오.

(1) 그녀는 학교에 걸어가니?

→ _____ _____ _____ to school?

(2) 너는 스포츠를 좋아하니?

→ _____ _____ _____ sports?

(3) 그는 체육을 가르치니?

→ _____ _____ _____ P.E.?

4 대화의 빈칸에 알맞은 말을 쓰시오.

(1) A _____ you go on a picnic?

B Yes, we _____.

(2) A _____ your father work in a bank?

B No, he _____.

(3) A _____ she cook well?

B _____, _____ does.

(4) A _____ they like hiking?

B _____, _____ don't.

» 정답 pp.57~58

09 셀 수 있는 명사의 복수형_규칙 변화

대부분의 명사	명사+-s	girl → girls, lion → lions
-o, -s, -x, -sh, -ch로 끝나는 명사	명사+-es	tomato → [1] _____ box → boxes [예외] pianos, photos
「자음+y」로 끝나는 명사	y를 i로 바꾸고+ -es	city → cities baby → [2] _____
「모음+y」로 끝나는 명사	명사+-s	boy → boys, day → days
-f, -fe로 끝나는 명사	f, fe를 v로 바꾸고+ -es	leaf → [3] _____ knife → knives

10 셀 수 있는 명사의 복수형_불규칙 변화

불규칙 변화	man → [4] _____, foot → [5] _____, child → [6] _____, goose → geese
단수형 = 복수형	sheep → sheep, fish → [7] _____

11 셀 수 없는 명사

- 고유한 이름이나 특정한 형태가 없는 명사로 앞에 a나 an을 쓸 수 없으며, 항상 [8] _____형으로 쓴다. 물질명사(juice, sugar 등), 추상명사(love, peace 등), 고유명사(James, Seoul 등)가 이에 속한다.

12 물질명사의 수량 표현

[9] a _____ of coffee / tea	a piece of paper / cheese / cake / pizza / bread
a glass of water / juice / milk	a [10] _____ of pizza / bread / cheese
a bottle of beer / wine	a [11] _____ of sugar / salt
two slices of pizza (피자 두 조각)	three [12] _____ of coffee (커피 세 잔)

13 부정관사 a(an)

- 셀 수 있는 명사의 단수형 앞에 써서 '하나', 불특정한 '하나', '~마다'라는 뜻을 나타낸다.

I eat an apple for breakfast.
나는 아침 식사로 사과 한 개를 먹는다.

He visits his uncle once a month.
그는 한 달에 한 번 그의 삼촌을 방문한다.

14 정관사 the

- 특정한 것이나 명확한 것을 나타낼 때 쓰며, 명사의 종류나 단·복수에 관계없이 쓸 수 있다.

I have a box. [13] _____ box is heavy.
나는 상자 한 개를 가지고 있다. 그 상자는 무겁다.

Sara plays the piano. (악기명 앞) 사라는 피아노를 연주한다.

15 관사를 쓰지 않는 경우

- 식사, 운동 경기, 과목, 교통수단을 나타내는 명사 앞

I have breakfast at 7. 나는 7시에 아침 식사를 한다.

He plays [14] _____ on Sundays.
그는 일요일마다 농구를 한다.

- 시설물이 본래 목적이나 기능으로 사용될 때

go to school 학교에 가다   go to bed 잠자리에 들다

16 There is(are)

긍정문	There [15] _____ +단수명사 ~. There [16] _____ +복수명사 ~.
부정문	There isn't(aren't) ~.
의문문	Is(Are) there ~? - Yes, there is(are). / No, there isn't(aren't).

There [17] _____ a book on the desk. 책상 위에 책이 있다.

There aren't [18] _____ on the desk. 책상 위에 책들이 없다.

A [19] _____ _____ a book on the desk?
책상 위에 책이 있니?

B Yes, there is. / No, [20] _____ _____.
응, 있어.   아니, 없어.

1 표의 빈칸에 알맞은 말을 쓰시오.

단수명사	복수명사 만드는 법	복수명사
(1) toy	명사+_____	_____
(2) glass	명사+_____	_____
(3) bench	명사+_____	_____
(4) story	y를 _____로 바꾸고 명사+_____	_____

2 밑줄 친 부분을 어법상 바르게 고쳐 쓰시오.

(1) They sold all the <u>pianoes</u>.

→ _____

(2) Put the <u>dishies</u> on the table.

→ _____

(3) In autumn, <u>leafs</u> turn yellow.

→ _____

(4) All the <u>house</u> look the same.

→ _____

3 괄호 안의 말을 빈칸에 알맞은 형태로 쓰시오.

(1) I took lots of _____. (photo)

(2) Mr. Baker eats _____ for dinner. (potato)

(3) We sell many delicious _____. (candy)

(4) There are many _____ at the zoo. (wolf)

4 다음 문장의 주어를 괄호 안의 말로 바꿔 문장을 다시 쓰시오.

(1) This is your book. (these)

→ _____

(2) He is an honest boy. (they)

→ _____

(3) That is a heavy box. (those)

→ _____

(4) She is a cute baby. (they)

→ _____

1 명사의 복수형을 쓰시오.

(1) woman   _____

(2) child   _____

(3) Chinese   _____

(4) fish   _____

2 괄호 안에서 알맞은 것을 고르시오.

(1) My right (feet / foot) hurts.

(2) Mr. Brown has five (sheep / sheeps).

(3) Brush your (tooth / teeth) after lunch.

(4) Hello, ladies and (gentleman / gentlemen).

3 괄호 안의 말을 빈칸에 알맞은 형태로 쓰시오.

(1) He caught all the _____ in town. (mouse)

(2) The two _____ were fighting. (ox)

(3) The old _____ are my grandfathers. (man)

(4) Some _____ are running to the river. (goose)

4 괄호 안의 말을 이용하여 우리말을 영작하시오.

(1) 나의 삼촌은 거위 20마리를 가지고 있다. (have, goose)

→ _____

(2) 많은 일본인들이 한국을 방문한다.

(many, Japanese, visit)

→ _____

(3) 너의 치아들은 매우 깨끗하다. (tooth, clean)

→ _____

(4) 많은 물고기들이 연못 안에 있다.

(there, many fish, pond)

→ _____

1 셀 수 없는 명사는 ×표를 하고, 셀 수 있는 명사는 복수형을 쓰시오.

(1) snow   _____

(2) water   _____

(3) beauty   _____

(4) orange   _____

2 밑줄 친 부분을 어법상 바르게 고쳐 쓰시오.

(1) I have a good news.

→ _____

(2) She lives in a Seoul.

→ _____

(3) We have rains in August here.

→ _____

(4) They don't drink juices.

→ _____

3 괄호 안에서 알맞은 것을 고르시오.

(1) My sister's hair (is / are) short.

(2) No news (is / are) good news.

(3) Love (make / makes) a happy home.

(4) Money (don't / doesn't) buy happiness.

4 우리말과 뜻이 같도록 빈칸에 알맞은 말을 쓰시오.

(1) 우리는 평화의 시대에 살고 있다.

→ We live in a time of _____.

(2) 나는 토요일에 수영을 하러 간다.

→ I go swimming on _____.

(3) 물에 설탕을 많이 넣어 주세요.

→ Put lots of _____ in the water.

(4) 그에게 건강은 매우 중요하다.

→ Health _____ very important to him.

1 우리말과 뜻이 같도록 빈칸에 알맞은 말을 쓰시오.

(1) 종이 한 장   → a _____ of paper

(2) 물 한 병   → a _____ of water

(3) 피자 한 조각   → a _____ of pizza

(4) 커피 한 잔   → a _____ of coffee

2 괄호 안에서 알맞은 것을 고르시오.

(1) She drinks a (cup / glass) of juice.

(2) He needs a (piece / slice) of paper.

(3) Please give me a (sheet / slice) of bread.

(4) I put a (spoon / spoonful) of sugar in the coffee.

3 밑줄 친 부분을 어법상 바르게 고쳐 쓰시오.

(1) I drink eight glass of waters every day.

→ _____

(2) Mrs. Smith sells ten cup of coffee.

→ _____

(3) Her lunch is just three piece of cheeses.

→ _____

(4) There are five piece of cakes on the dish.

→ _____

4 괄호 안의 말을 바르게 배열하여 문장을 완성하시오.

(1) Kate drinks _____ every morning. (a, of, milk, glass)

(2) I buy _____ for my dad. (bottles, wine, two, of)

(3) Please add _____. (salt, of, spoonfuls, three)

(4) I can eat _____. (slices, ten, pizza, of)

FOCUS 13 부정관사 a(an)

1 빈칸에 알맞은 말을 a나 an 중에서 골라 쓰시오.

(1) _____ apple

(2) _____ house

(3) _____ hour

(4) _____ uniform

2 밑줄 친 a(an)의 의미로 알맞은 것을 |보기|에서 골라 쓰시오.

┌─ 보기 ┐
하나   불특정한 하나   ~마다
└─────────────────────────┘

(1) Add a glass of milk. _____

(2) He is a college student. _____

(3) I buy an orange for lunch. _____

(4) We eat three meals a day. _____

3 다음 문장에서 a나 an이 들어가기에 알맞은 곳에 ✓ 표시하고, a나 an 중에서 골라 쓰시오.

(1) I ( ) am ( ) only child.

(2) ( ) He ( ) works in ( ) post office.

(3) That ( ) is ( ) delicious ( ) banana.

(4) She visits ( ) her grandparents ( ) once ( ) week.

4 어법상 어색한 부분을 찾아 고쳐 쓰시오.

(1) An year has twelve months.

_____ → _____

(2) There are a monkeys in the zoo.

_____ → _____

(3) He is not a honest man.

_____ → _____

(4) Mr. Smith is English teacher.

_____ → _____

FOCUS 14 정관사 the

1 다음 문장에서 the(The)가 들어가기에 알맞은 곳에 ✓ 표시하시오.

(1) ( ) Earth ( ) is ( ) round.

(2) ( ) Close ( ) window, ( ) please.

(3) ( ) Emma plays ( ) cello ( ) very well.

(4) ( ) Students in ( ) this school are ( ) kind.

2 빈칸에 알맞은 말을 |보기|에서 골라 쓰시오.

┌─ 보기 ┐
a   an   the
└─────────────────────────┘

(1) It is raining. I need _____ umbrella.

(2) They will play _____ flute together.

(3) _____ Earth moves around the Sun.

(4) I have _____ book. _____ book is interesting.

3 괄호 안에서 알맞은 것을 고르시오.

(1) (A / The) door of my classroom is broken.

(2) We live in (a / the) same apartment building.

(3) (A / The) sun sets in (a / the) west.

(4) She has (a / the) cat. (A / The) cat is very cute.

4 괄호 안의 말을 이용하여 우리말을 영작하시오.

(1) 하늘이 높다. (sky, high)

→ _____

(2) 우리는 같은 반이다. (in, same, class)

→ _____

(3) 그는 기타를 연주한다. (play, guitar)

→ _____

(4) 제게 그 접시를 건네주세요. (pass, dish, please)

→ _____

FOCUS 15 관사를 쓰지 않는 경우

1 빈칸에 알맞은 말을 a, an, the 중에서 골라 쓰고, 필요 없으면 ×표를 하시오.

(1) I eat _____ breakfast every day.

(2) She goes to _____ school by bus.

(3) They play _____ drums together.

(4) He sleeps eight hours _____ day.

2 우리말에 알맞은 표현을 쓰시오.

(1) 비행기를 타고 → _____

(2) 잠자리에 들다 → _____

(3) 농구를 하다 → _____

(4) 점심을 먹다 → _____

3 괄호 안에서 알맞은 것을 고르시오.

(1) We study (a math / math) at school.

(2) He has (a dinner / dinner) at 7 p.m.

(3) I play with Kate after (school / the school).

(4) My mother goes to (the work / work) on weekends.

4 밑줄 친 부분을 어법상 바르게 고쳐 쓰시오.

(1) He goes to school by the subway.

→ _____

(2) They play a baseball on the ground.

→ _____

(3) Mrs. Baker goes to the church on Sundays.

→ _____

(4) She teaches a music at an elementary school.

→ _____

FOCUS 16 There is(are)

1 빈칸에 알맞은 말을 is(Is)나 are(Are) 중에서 골라 쓰시오.

(1) _____ there trees in your house?

(2) There _____ a man at the door.

(3) There _____ lots of water in the bottle.

(4) There _____ many flowers in the garden.

2 우리말과 뜻이 같도록 빈칸에 알맞은 말을 쓰시오.

(1) 옷장 안에 많은 셔츠가 있다.

→ _____ _____ many shirts in the closet.

(2) 접시 위에 소금이 조금 있다.

→ _____ _____ some salt on the dish.

(3) 탁자 아래 상자 두 개가 있니?

→ _____ _____ two boxes under the table?

3 괄호 안의 지시대로 문장을 바꿔 쓰시오.

(1) There is much sugar in the tea (부정문으로)

→ _____

(2) There is a picture on the wall. (부정문으로)

→ _____

(3) There is a bank around here. (의문문으로)

→ _____

4 다음 문장을 바르게 해석하시오.

(1) There are five monkeys in the tree.

→ _____

(2) There isn't a cat on the sofa.

→ _____

» 정답 pp.58~59

17 지시대명사

- 가깝거나 멀리 있는 사람이나 사물을 가리킬 때 쓴다

1 _____ (복수형 these)	이것, 이 사람 (거리, 시간상으로 가까이 있는 것)
that (복수형 those)	저것, 저 사람 (거리, 시간상으로 멀리 있는 것)

This is my cap. 이것은 내 모자이다.

² _____ are my caps. 이것들은 내 모자들이다.

³ _____ is your cap. 저것은 너의 모자이다.

Those are your caps. 저것들은 너의 모자들이다.

- 의문문 대답: this/that은 ⁴ _____ 으로, these/those는
⁵ _____ 로 받는다.

A Is this your bag? 이것은 너의 가방이니?

B Yes, it is. / No, it isn't. 응, 그래. / 아니, 그렇지 않아.

A Are these your pens? 이것들은 너의 펜들이니?

B Yes, they are. / No, they aren't.
    응, 그래.   아니, 그렇지 않아.

18 비인칭주어 it

- 날씨, 시간, 계절, 날짜, 요일, 거리, 명암 등을 나타내며, it은 의미가 없으므로 '그것'이라고 해석하지 않는다.

It's rainy today. (날씨) 오늘은 비가 온다.

It's eight o'clock. (시간) 8시이다.

It's summer now. (계절) 지금은 여름이다.

It's September 23rd. (날짜) 9월 23일이다.

It's Monday today. (요일) 오늘은 월요일이다.

It's seven kilometers. (거리) 7km이다.

It's dark outside. (명암) 밖은 어둡다.

19 부정대명사 one

- 앞에 나온 셀 수 있는 명사와 같은 종류의 것을 가리킬 때 쓰며, 복수명사일 경우 ⁶ _____ 로 쓴다.

I need a watch. Can you lend me ⁷ _____ ?

(one = a watch)
나는 시계가 필요하다. 나에게 하나를 빌려 줄 수 있니?

I have red gloves. She wants the same ones.

(ones = gloves)
나는 빨간색 장갑을 가지고 있다. 그녀도 같은 것을 원한다.

cf. 부정대명사 one은 앞에 나온 특정한 명사를 가리키는 it과 구별된다.

A Do you like the dress? 넌 그 드레스를 좋아하니?

B Yes, I like it. (it = the dress) 응, 난 그것을 좋아해.

20 재귀대명사

- 의미: '~ 자신'이라는 뜻으로, 주어의 동작이 주어 자신에게 미치거나 주어의 행위를 강조할 때 쓴다.

- 형태: 인칭대명사의 소유격 또는 목적격에 -self(복수형일 경우 -selves)를 붙여 만든다.

	1인칭	2인칭	3인칭
단수	8 _____	yourself	himself 10 _____ itself
복수	ourselves	9 _____	11 _____

I cut myself with the knife. 나는 칼에 베었다.

Tom sends a letter himself. Tom은 직접 편지를 부친다.

- 용법

1. 재귀용법: 문장의 주어와 목적어가 같을 때 목적어를 대신하여 쓰며 생략할 수 없다.

   She often talks to herself. 그녀는 종종 혼잣말을 한다.

2. 강조용법: 주어, 목적어, 또는 보어를 강조할 때 강조하는 말 뒤나 문장 맨 끝에 쓰며 생략할 수 있다.

   He does his homework ¹² _____ .
   그는 직접 자신의 숙제를 한다.

1 빈칸에 알맞은 말을 | 보기 |에서 골라 쓰시오.

> 보기
>
> this   that   these   those

(1) I like this doll. Is _____ yours?

(2) Look there. Are _____ our kids?

(3) _____ man over there is my teacher.

(4) Try this one. I made _____ cookies.

2 괄호 안에서 알맞은 것을 고르시오.

(1) This (is / are) my room.

(2) (Those / That) are not my toys.

(3) (That / These) is Brian's book.

(4) These (flower / flowers) are beautiful.

3 대화의 빈칸에 알맞은 말을 쓰시오.

(1) **A** Is this your bike?

  B Yes, _____ is.

(2) **A** Are these your pictures?

  B No, _____ aren't.

(3) **A** Is that your cup?

  B No, _____ _____.

(4) **A** Are those shoes new?

  B Yes, _____ _____.

4 괄호 안의 말을 이용하여 우리말을 영작하시오.

(1) 이 소녀는 내 사촌이다. (girl, cousin)

  → _____

(2) 저 영화는 재미있다. (movie, interesting)

  → _____

(3) 이것들은 네가 가장 좋아하는 책들이니?
(favorite, book)

  → _____

(4) 저 시계들은 비싸지 않다. (watch, expensive)

  → _____

1 밑줄 친 It이 나타내는 것을 | 보기 |에서 골라 쓰시오.

> 보기
>
> 계절   거리   날씨   시간

(1) It's already spring. _____

(2) It's almost 12 o'clock. _____

(3) It's far from my house. _____

(4) It will rain this afternoon. _____

2 질문과 대답을 바르게 연결하시오.

(1) What day is •   • (a) It's Monday.
  it today?

(2) What time is •   • (b) It's July 15th.
  it now?

(3) What's the •   • (c) It's two thirty.
  date today?

(4) How far is it? •   • (d) It's 100
  kilometers.

3 괄호 안에서 알맞은 것을 고르시오.

(1) (That's / It's) 2 o'clock.

(2) How long does (one / it) take?

(3) (It's / They're) warm in the morning.

(4) (Today / It) is my father's birthday today.

4 우리말과 뜻이 같도록 괄호 안의 말을 바르게 배열하시오.

(1) 밖은 어둡지 않다. (dark, it, outside, not, is)

  → _____

(2) 오늘은 크리스마스 이브이다.
(Christmas Eve, it, today, is)

  → _____

(3) 이 나라는 날씨가 매우 춥다.
(very cold, in, is, this country, it)

  → _____

(4) 공항까지 가는 데 1시간이 걸린다.
(takes, hour, it, to, an, the airport, go to)

  → _____

1 괄호 안에서 알맞은 것을 고르시오.

(1) I can't find my eraser. I need to buy (it / one).

(2) She bought a cap, but she lost (it / one).

(3) He has two blue balls and a white (it / one).

2 밑줄 친 부분이 가리키는 것을 찾아 쓰시오.

(1) I don't have a camera. He has one.

→ _____

(2) Change your wet clothes for dry ones.

→ _____

(3) I don't like blue shoes. I like pink ones.

→ _____

3 빈칸에 알맞은 말을 | 보기 |에서 골라 쓰시오.

| 보기 |
it   one   ones

(1) Cathy's coat is old. She needs a new _____.

(2) These socks are small for me. Do you have bigger _____?

(3) My father bought a new dictionary and gave _____ to me.

4 어법상 어색한 부분을 찾아 고쳐 쓰시오.

(1) **A** Do you have my cellphone?

B Yes, I have one.

_____ → _____

(2) **A** Do you have a computer?

B Yes, I have a new it.

_____ → _____

(3) **A** We need more chairs.

B OK. Let's buy new one.

_____ → _____

1 표의 빈칸에 알맞은 재귀대명사를 쓰시오.

인칭대명사	재귀대명사
I	(1) _____
we	(2) _____
he	(3) _____
they	(4) _____

2 괄호 안에서 알맞은 것을 고르시오.

(1) I wash my car (me / myself).

(2) My sister hurt (her / herself).

(3) We did it (ourself / ourselves).

(4) You should take care of (you / yourself).

3 밑줄 친 부분을 어법상 바르게 고쳐 쓰시오.

(1) They enjoy ourselves on the trip.

→ _____

(2) The little boy went home by him.

→ _____

(3) I like math it, but it's too difficult.

→ _____

(4) She cuts herself her hair.

→ _____

4 우리말과 뜻이 같도록 빈칸에 알맞은 말을 쓰시오.

(1) 그녀는 자기 자신을 좋아한다.

→ She likes _____.

(2) 그는 자기 자신의 사진을 찍는다.

→ He takes pictures of _____.

(3) 그들은 직접 그 집을 지었다.

→ They built the house _____.

(4) 나의 엄마는 내게 약간의 쿠키를 직접 만들어 주었다.

→ My mom _____ made me some cookies.

21 be동사의 과거형

주어	be동사의 현재형 → 과거형
1인칭 단수	am → 1_____
2인칭 단수 / 1~3인칭 복수	are → were
3인칭 단수	is → 2_____

cf. 과거시제는 과거를 나타내는 부사(구)(yesterday, then, ago, last week, at that time 등)와 함께 자주 쓰인다.

I was busy yesterday. 나는 어제 바빴다.

We 3_____ very excited last night.
우리는 어젯밤에 매우 흥분했었다.

22 be동사 과거형의 부정문과 의문문

부정문	주어+was/were+not(wasn't / weren't) ~.
의문문	Was/Were+주어 ~? – Yes, 주어+was / were. No, 주어+was / were+not(wasn't / weren't).

I 4_____ _____ (wasn't) tired then.
나는 그때 피곤하지 않았다.

A 5_____ he angry yesterday? 그는 어제 화났니?

B Yes, he was. / No, he wasn't. 응, 그랬어. / 아니, 그렇지 않았어.

23 일반동사의 과거형 _ 규칙 변화

대부분의 동사	동사원형+-ed	want → wanted
-e로 끝나는 동사	동사원형+-d	like → liked
「모음+y」로 끝나는 동사	동사원형+-ed	play → played
「자음+y」로 끝나는 동사	y를 i로 바꾸고+-ed	study → 6_____
「단모음+단자음」으로 끝나는 동사	마지막 자음을 한 번 더 쓰고+-ed	stop → 7_____

24 일반동사의 과거형 _ 불규칙 변화

현재형 ≠과거형	do → 8_____ , get → got, buy → 9_____ , hear → heard, sit → 10_____ , go → went, see → saw, give → gave, make → 11_____ , eat → ate
현재형 = 과거형	put, cut, read, set, hit, hurt 등

25 일반동사 과거형의 부정문

■ 「주어+didn't(did not)+동사원형 ~.」의 형태로 쓴다.

I didn't watch TV last night.
나는 어젯밤에 TV를 보지 않았다.

Sam 12_____ _____ his grandparents.
Sam은 그의 조부모님을 방문하지 않았다.

26 일반동사 과거형의 의문문

■ 「Did+주어+동사원형 ~?」의 형태로, 대답은 「Yes, 주어+did.」, 「No, 주어+didn't.」로 한다.

A 13_____ you walk to school yesterday?
너는 어제 학교에 걸어갔니?

B Yes, I 14_____ . / No, I didn't.
응, 그랬어.   아니, 그렇지 않았어.

27 진행형 만드는 법

■ 진행시제: '~하고 있다, ~하는 중이다'라는 뜻으로 계속되는 동작이나 상태를 나타내며, 「be동사+동사원형+-ing」의 형태로 쓴다.
cf. 감정, 지각, 소유 등을 나타내는 동사 like, hate, know, have 등은 진행형으로 쓸 수 없다.

■ 「동사원형+-ing」 형태 만드는 법

대부분의 동사	동사원형+-ing	eat → eating
-e로 끝나는 동사	e를 빼고+-ing	take → 15_____
「단모음+단자음」으로 끝나는 동사	마지막 자음을 한 번 더 쓰고+-ing	swim → 16_____
-ie로 끝나는 동사	ie를 y로 바꾸고+-ing	die → dying

» 정답 p.59

28 현재진행형과 과거진행형

현재 진행형	be동사의 현재형+ 동사원형+-ing	~하고 있다, ~하는 중이다 (현재에 진행 중인 일을 나타냄)
과거 진행형	be동사의 과거형+ 동사원형+-ing	~하고 있었다, ~하는 중이었다 (과거의 특정 시점에서 진행 중이었던 일을 나타냄)

I ¹⁷ _____ _____ my homework now.
나는 지금 숙제를 하고 있다.

I ¹⁸ _____ _____ my homework then.
나는 그때 숙제를 하고 있었다.

29 진행형의 부정문과 의문문

부정문	주어+be동사+not+동사원형+-ing ~.
의문문	Be동사+주어+동사원형+-ing ~? - Yes, 주어+be동사. / No, 주어+be동사+not.

She is not(isn't) dancing now.
그녀는 지금 춤추고 있지 않다.

They ¹⁹ _____ _____ at that time.
그들은 그때에 춤추고 있지 않았다.

A ²⁰ _____ _____ _____ English now?
  너는 지금 영어 공부하고 있니?

B Yes, I am. / No, I'm not. 응, 그래. / 아니, 그렇지 않아.

A ²¹ _____ you studying English then?
  너는 그때 영어 공부하고 있었니?

B Yes, I was. / No, I ²² _____.
  응, 그랬어.   아니, 그렇지 않았어.

FOCUS 21 be동사의 과거형

1 표의 빈칸에 알맞은 be동사의 현재형과 과거형을 쓰시오.

인칭대명사	be동사의 현재형	be동사의 과거형
(1) I	_____	_____
(2) you	_____	_____
(3) she	_____	_____
(4) it	_____	_____

2 다음 문장에서 과거를 나타내는 부사(구)에 밑줄을 긋고, 빈칸에 알맞은 be동사의 과거형을 쓰시오.

(1) I _____ so happy yesterday.

(2) We _____ in Paris last winter.

(3) At that time Angry Bird _____ my favorite game.

(4) Steven and Cathy _____ born in 2002.

3 밑줄 친 부분을 어법상 바르게 고쳐 쓰시오.

(1) Mr. Smith is my math teacher last year.
  → _____

(2) Last night, we are so excited.
  → _____

(3) Three years ago, I were afraid of cats.
  → _____

(4) The food were really delicious yesterday.
  → _____

4 다음 문장을 과거형으로 바꿔 쓰시오.

(1) I am good at swimming.
  → _____

(2) The puppy is under the table.
  → _____

(3) You are in the same class.
  → _____

(4) There are many children in the park.
  → _____

1 괄호 안에서 알맞은 것을 고르시오.

(1) It (wasn't / weren't) my fault at all.

(2) You were not fat (at that time / now).

(3) (Was / Were) they in the classroom?

(4) (Was / Were) the story boring?

2 우리말과 뜻이 같도록 빈칸에 알맞은 말을 쓰시오.

(1) Isabella는 작년에는 기타를 잘 치지 못했다.
→ Isabella _____ _____ good at playing the guitar last year.

(2) Noah과 Brian은 2년 전에는 키가 크지 않았다.
→ Noah and Brian _____ _____ tall two years ago.

(3) 그들은 어젯밤에 집에 없었다.
→ They _____ _____ at home last night.

3 대화의 빈칸에 알맞은 말을 쓰시오.

(1) **A** Was your father late for work this morning?
B No, _____ _____.

(2) **A** _____ your shoes in the box?
B Yes, _____ were.

(3) **A** Were there many people in the bank?
B No, _____ _____.

4 괄호 안의 말을 이용하여 우리말을 영작하시오.

(1) 그는 한국에서 유명하지 않았다. (famous)
→ _____

(2) 너희들은 작년에는 아주 친하지 않았다. (close)
→ _____

(3) Kate는 어제 파티에 있었니? (at the party)
→ _____

1 동사의 과거형을 쓰시오.

(1) help _____
(2) agree _____
(3) try _____
(4) stop _____
(5) want _____
(6) love _____
(7) worry _____
(8) plan _____

2 괄호 안에서 알맞은 것을 고르시오.

(1) He (likeed / liked) the actress at that time.

(2) My little sister (cryed / cried) a lot last night.

(3) She (visits / visited) her grandparents last week.

(4) They (work / worked) until midnight yesterday.

3 괄호 안의 말을 빈칸에 알맞은 형태로 쓰시오.

(1) We _____ tennis together a week ago. (play)

(2) My parents _____ in London last night. (arrive)

(3) Jenny _____ math yesterday. (study)

(4) At that time, the little boy _____ all the cookies. (drop)

4 밑줄 친 부분을 어법상 바르게 고쳐 쓰시오.

(1) The movie starts an hour ago.
→ _____

(2) My family live in Daejeon last year.
→ _____

(3) They walk to school yesterday.
→ _____

(4) She talks to me about her friend then.
→ _____

FOCUS 24 일반동사의 과거형 _ 불규칙 변화

1 동사의 과거형을 쓰시오.

(1) do _____   (5) run _____

(2) eat _____   (6) make _____

(3) sleep _____   (7) drink _____

(4) put _____   (8) read _____

2 괄호 안에서 알맞은 것을 고르시오.

(1) He (wrote / writed) this novel in 1867.

(2) We (gave / gived) Mom beautiful flowers yesterday.

(3) Eric (took / taked) a badminton lesson last year.

(4) My father (buied / bought) me a cellphone last week.

3 괄호 안의 말을 빈칸에 알맞은 형태로 쓰시오.

(1) I _____ a Harry Potter movie last Friday. (see)

(2) She _____ the table for me this morning. (set)

(3) The kids _____ home late last night. (come)

(4) James _____ about the accident yesterday. (hear)

4 괄호 안의 말을 포함시켜 문장을 다시 쓰시오.

(1) My family go to Europe. (last summer)

→ _____

(2) We have a good time at the party. (yesterday)

→ _____

(3) My mother teaches social studies at a high school. (two years ago)

→ _____

FOCUS 25 일반동사 과거형의 부정문

1 괄호 안에서 알맞은 것을 고르시오.

(1) I (not / didn't) see the movie last night.

(2) She asked him, but he (doesn't / didn't) speak at all.

(3) Mr. Brown didn't (visit / visited) his friend for a long time.

2 밑줄 친 부분을 과거형으로 바꿔 쓰시오.

(1) I don't have fun at the party.

→ _____

(2) We don't bring any water.

→ _____

(3) He doesn't meet his son.

→ _____

3 다음 문장을 부정문으로 바꿀 때 빈칸에 알맞은 말을 쓰시오.

(1) I called your parents yesterday.

→ _____ your parents yesterday.

(2) He knew her email address.

→ _____ her email address.

(3) She did her homework after dinner.

→ _____ her homework after dinner.

4 괄호 안의 말을 이용하여 우리말을 영작하시오.

(1) 그녀는 어젯밤에 잘 자지 못했다. (sleep, last night)

→ _____

(2) 그들은 어제 공원에 가지 않았다. (go, yesterday)

→ _____

(3) 나는 오늘 아침에 빵을 먹지 않았다. (eat, this morning)

→ _____

1 빈칸에 알맞은 말을 쓰시오.

(1) _____ you make a pizza yesterday?

(2) _____ he go to the movies last Saturday?

(3) _____ they visit the museum last month?

2 밑줄 친 부분을 어법상 바르게 고쳐 쓰시오.

(1) Did you <u>found</u> your purse last night?

→ _____

(2) Did Mike <u>meets</u> her at the library last Friday?

→ _____

(3) <u>Does</u> she cook lunch yesterday?

→ _____

3 다음 문장을 의문문으로 바꿀 때 빈칸에 알맞은 말을 쓰시오.

(1) We brought enough water.

→ _____ enough water?

(2) He kept a diary yesterday.

→ _____ a diary yesterday?

(3) Amelia got a good grade on the test.

→ _____ a good grade on the test?

4 대화의 빈칸에 알맞은 말을 쓰시오.

(1) **A** _____ you go shopping last Sunday?

B Yes, we _____.

(2) **A** Did she take cello lessons after school?

B Yes, _____ _____.

(3) **A** _____ _____ leave Seoul last summer?

B No, they _____.

1 동사의 「동사원형+-ing」 형으로 알맞은 것에 ✔ 표시하시오.

(1) go   ☐ going   ☐ gooing

(2) write   ☐ writing   ☐ writeing

(3) run   ☐ runing   ☐ running

(4) lie   ☐ lieing   ☐ lying

2 괄호 안에서 알맞은 것을 고르시오.

(1) I'm (fly / flying) a model airplane.

(2) Mr. Baker is (makes / making) a table.

(3) You (know / are knowing) my sister.

(4) We (have / are having) four dogs.

3 괄호 안의 말을 빈칸에 알맞은 형태로 쓰시오.

(1) The sun is _____. (shine)

(2) The birds are _____. (sing)

(3) Many people are _____ in the park. (jog)

(4) I am _____ a book on the bench. (read)

4 우리말과 뜻이 같도록 빈칸에 들어갈 말을 | 보기 |에서 골라 알맞은 형태로 쓰시오.

| 보기 |
| drink   watch   study   swim |

(1) 나의 엄마는 커피를 마시고 있다.

→ My mom is _____ coffee.

(2) 그녀는 강에서 수영을 하고 있다.

→ She is _____ in the river.

(3) 그들은 TV를 보고 있다.

→ They are _____ TV.

(4) 그는 영어 공부를 하고 있다.

→ He is _____ English.

1 다음 문장을 밑줄 친 부분에 유의하여 바르게 해석하시오.

(1) She is <u>working</u> in her office.

→ _____

(2) He <u>is sitting</u> in the living room.

→ _____

(3) They <u>were having</u> lunch together.

→ _____

2 괄호 안의 지시대로 문장을 바꿔 쓰시오.

(1) We play basketball. (현재진행형으로)

→ _____

(2) She learns French. (현재진행형으로)

→ _____

(3) I cleaned my room. (과거진행형으로)

→ _____

(4) Jack made salad. (과거진행형으로)

→ _____

3 밑줄 친 부분을 어법상 바르게 고쳐 쓰시오.

(1) Jenny is <u>bake</u> a cake.

→ _____

(2) Lucas was <u>looks</u> for his key.

→ _____

(3) I <u>was</u> washing the dishes now.

→ _____

4 우리말과 뜻이 같도록 괄호 안의 말을 이용하여 문장을 완성하시오.

(1) 나의 부모님은 산책을 하고 있다.

→ My parents _____ a walk. (take)

(2) 그들은 나무 아래에 누워 있었다.

→ They _____ under the tree. (lie)

1 괄호 안에서 알맞은 것을 고르시오.

(1) He (not is / is not) listening to music.

(2) (Do you / Are you) reading a book now?

(3) (Was she / She was) talking on the phone?

2 괄호 안의 지시대로 문장을 바꿔 쓰시오.

(1) She is going to school. (부정문으로)

→ _____

(2) It was raining outside. (부정문으로)

→ _____

(3) They are looking at me. (의문문으로)

→ _____

3 대화의 빈칸에 알맞은 말을 쓰시오.

(1) **A** Is he cutting the trees?

B _____, _____ not.

(2) **A** Were you drinking water?

B Yes, _____ _____.

(3) **A** Are the kids running in the restaurant?

B Yes, _____ _____.

(4) **A** Are you coming now?

B No, _____ _____.

4 우리말과 뜻이 같도록 빈칸에 알맞은 말을 쓰시오.

(1) 그 개는 죽어가고 있니?

→ _____ the dog _____?

(2) 너는 그에게 편지를 쓰고 있었니?

→ _____ you _____ a letter to him?

(3) 그들은 인터넷을 사용하고 있지 않았다.

→ They _____ _____ the Internet.

» 정답 p.60

30 **who**

■ '누구, 누구를'이라는 뜻으로 사람의 이름이나 사람과의 관계를 물을 때 쓴다.
A ¹_____ is he? (관계) 그는 누구니?
B He is my grandfather. 그는 나의 할아버지야.
cf. who는 의문문에서 '누가'라는 뜻으로 주어 역할을 하기도 한다.
　　A Who broke the window? 누가 창문을 깼니?
　　B Sam did. Sam이 깼어.

31 **what**

■ '무엇, 무엇을'이라는 뜻으로 사물이나 사람의 이름, 직업 등을 물을 때 쓴다.
A ²_____ is your name? 네 이름이 뭐니?
B My name is Justin. 내 이름은 Justin이야.
cf. what은 '무슨, 어떤'이라는 뜻으로 명사와 함께 쓰여 형용사 역할을 하기도 한다. (의문형용사)
　　A What sport does he like? 그는 어떤 스포츠를 좋아하니?
　　B He likes tennis. 그는 테니스를 좋아해.

32 **which**

■ '어느 것'이라는 뜻으로 제한된 수의 대상들 중에서 선택을 물을 때 쓴다.
A ³_____ is your pencil, this or that?
이것과 저것 중에 어느 것이 네 연필이니?
B This is my pencil. 이것이 내 연필이야.
cf. which는 '어느, 어떤'이라는 뜻으로 명사와 함께 쓰여 형용사 역할을 하기도 한다. (의문형용사)
　　A Which cellphone is yours, this or that?
　　　이것과 저것 중에 어느 휴대전화가 네 것이니?
　　B That one is mine. 저것이 내 거야.

33 **when, where**

■ **when**: '언제'라는 뜻으로 시간과 날짜 등을 물을 때 쓴다.
A ⁴_____ does the movie start? 영화는 언제 시작하니?
B It starts at 11:00. 11시에 시작해.

■ ⁵_____: '어디에, 어디서'라는 뜻으로 장소를 물을 때 쓴다.
A Where is the post office? 우체국은 어디에 있니?
B It's next to the bank. 은행 옆에 있어.

34 **how**

■ **how**: '어떤, 어떻게'라는 뜻으로 상태나 방법 등을 물을 때 쓴다.
A ⁶_____ are you today? 오늘 어때?
B I'm fine. 좋아.

■ 「**How+형용사(부사) ~?**」: '얼마나 ~'라는 뜻으로 정도를 물을 때 쓴다.

How ⁷_____ pens do you have? (수)	너는 펜을 몇 개 가지고 있니?
How ⁸_____ is this cap? (가격, 양)	이 모자는 얼마니?
How old are you? (나이)	너는 몇 살이니?
How ⁹_____ is your brother? (높이)	네 남동생은 키가 몇이니?
How long is the river? (길이)	그 강은 얼마나 기니?
How ¹⁰_____ is it from here? (거리)	여기에서 얼마나 머니?
How long did you live in Seoul? (기간)	너는 서울에서 얼마나 오래 살았니?
How often do you exercise? (빈도)	너는 얼마나 자주 운동을 하니?

35 **why**

■ '왜'라는 뜻으로 이유나 원인을 물을 때 쓰며, 대답은 주로
¹¹_____ ~.로 한다.
A ¹²_____ do people like pizza? 사람들은 왜 피자를 좋아하니?
B Because it's delicious. 왜냐하면 맛있기 때문이야.

1 대화의 빈칸에 알맞은 의문사를 쓰시오.

(1) A _____ made this cake?
B My dad made it.

(2) A _____ do you like most?
B I like Carol most.

(3) A _____ did she meet yesterday?
B She met Kevin and Brian.

2 괄호 안에서 알맞은 것을 고르시오.

(1) (Who / Whom) is that cute girl?

(2) (Who / Whose) umbrella is this?

(3) (Who / Whose) are you talking to?

(4) (Who / Whom) broke the vase?

3 밑줄 친 부분을 어법상 바르게 고쳐 쓰시오.

(1) Who did write this book?
→ _____

(2) Who did send me the message?
→ _____

(3) Who does the most popular in your class?
→ _____

(4) Who they invite to the party yesterday?
→ _____

4 괄호 안의 말을 이용하여 우리말을 영작하시오.

(1) 누가 그 그림을 샀니? (buy, picture)
→ _____

(2) 네가 가장 좋아하는 가수는 누구니?
(favorite, singer)
→ _____

(3) 누가 피아노를 치고 있니? (play the piano)
→ _____

1 우리말과 뜻이 같도록 빈칸에 알맞은 말을 쓰시오.

(1) 그는 무엇을 하고 있니?
→ _____ _____ he doing?

(2) 너는 무엇을 요리했니?
→ _____ _____ you cook?

(3) 그들은 무슨 과일을 가장 좋아하니?
→ _____ _____ _____ they
like most?

2 어법상 어색한 부분을 찾아 고쳐 쓰시오.

(1) Who is your name?
_____ → _____

(2) What do season you like?
_____ → _____

(3) What does your uncle teaches at school?
_____ → _____

3 괄호 안의 말을 바르게 배열하시오.

(1) (you, her, did, to, what, say)?
→ _____

(2) (know, about, what, he, does, me)?
→ _____

(3) (listening, what, to, she, is, music)?
→ _____

4 밑줄 친 부분을 묻는 의문문을 쓰시오.

(1) She likes yellow.
→ _____

(2) His favorite movie is Two Days.
→ _____

(3) I want to be a designer.
→ _____

1 괄호 안의 말을 바르게 배열하시오.

(1) (bag, which, your, is)?

→ _____

(2) (which, like, you, do, more)?

→ _____

(3) (do, which, book, need, you)?

→ _____

2 어법상 어색한 부분을 찾아 고쳐 쓰시오.

(1) What do you eat for breakfast, bread or rice?

_____ → _____

(2) Which pen is yours, this and that?

_____ → _____

(3) Which she takes to school, the bus or the subway?

_____ → _____

3 대화의 빈칸에 알맞은 말을 쓰시오.

(1) A _____ _____ _____ yours, these or those?

B These shoes are mine.

(2) A _____ _____ you _____, orange juice or grape juice?

B I want grape juice.

4 괄호 안의 말을 이용하여 우리말을 영작하시오.

(1) 너는 축구와 야구 중 어느 스포츠를 좋아하니? (soccer or baseball)

→ _____

(2) 너는 사과와 바나나 중 어느 것을 원하니? (an apple or a banana)

→ _____

(3) 이것과 저것 중 어느 우산이 그녀의 것이니? (this or that)

→ _____

1 괄호 안에서 알맞은 것을 고르시오.

(1) (When / Where) is your mother?

(2) (When / Where) is Parents' Day?

(3) (When / Where) do you go to bed?

(4) (When / Where) did he go last night?

2 우리말과 뜻이 같도록 빈칸에 알맞은 말을 쓰시오.

(1) 너는 어디에 사니?

→ _____ _____ _____ live?

(2) 그는 어디 출신이니?

→ _____ _____ _____ come from?

(3) 너는 언제 그녀를 만났니?

→ _____ _____ _____ meet her?

3 질문과 대답을 바르게 연결하시오.

(1) Where is she going?   •

(2) When is Teachers' Day?   •

(3) Where does he live?   •

(4) When do you get up?   •

• (a) I get up at 7 o'clock.

• (b) He lives in Busan.

• (c) It's May 15th.

• (d) She's going home.

4 밑줄 친 부분을 묻는 의문문을 쓰시오.

(1) I go to school at 7:30.

→ _____

(2) My school finishes at 4 o'clock.

→ _____

(3) I found coins under my bed.

→ _____

(4) I bought a knife in Germany.

→ _____

FOCUS 34 how

1 대화의 빈칸에 알맞은 말을 쓰시오.

(1) **A** _____ are you?
   B I'm good.
(2) **A** _____ is the weather today?
   B It's windy today.
(3) **A** _____ do you go to the market?
   B I go there by bus.

2 우리말과 뜻이 같도록 빈칸에 들어갈 말을 | 보기 |에서 골라 알맞은 형태로 쓰시오.

┌ 보기 ┐
    how much   how often   how far
└──────────────────────────────────┘

(1) 그녀의 집은 너의 집에서 얼마나 머니?
   → _____ is her home from yours?
(2) 너는 얼마나 많은 돈이 필요하니?
   → _____ money do you need?
(3) 너는 얼마나 자주 자전거를 타니?
   → _____ do you ride your bike?

3 질문과 대답을 바르게 연결하시오.

(1) How tall is   •   • (a) I need five.
   he?
(2) How long is the   •   • (b) It was boring.
   ruler?
(3) How was the   •   • (c) He's 170 cm.
   movie?
(4) How many cups   •   • (d) It's 30 cm.
   do you need?

4 괄호 안의 말을 이용하여 우리말을 영작하시오.

(1) 그 뮤지컬은 어땠니? (musical)
   →
(2) 그는 얼마나 오래 잤니? (sleep)
   →
(3) 그녀는 얼마나 자주 운동을 하니? (exercise)
   →

FOCUS 35 why

1 괄호 안에서 알맞은 것을 고르시오.

(1) (Who / Why) are you angry?
(2) (Who / Why) do you like the actor?
(3) (Why / What) did you tell a lie to me?
(4) (Why / Which) did he call you last night?

2 대화의 빈칸에 알맞은 말을 쓰시오.

(1) **A** _____ did he cry this morning?
   B Because he lost his cat.
(2) **A** _____ do you go there?
   B Because my cousin lives there.
(3) **A** Why does she hate the dog?
   B _____ the dog bit her before.

3 대화의 밑줄 친 부분을 어법상 바르게 고쳐 쓰시오.

(1) **A** Why do you like him?
   B It's why he is kind. → _____
(2) **A** How is she so excited?
   B It's because she won the game.
   → _____
(3) **A** Why do you meet him yesterday?
   B Because we took tennis lessons together.
   → _____

4 괄호 안의 말을 이용하여 우리말을 영작하시오.

(1) 너의 선생님은 어제 왜 놀라셨니? (surprised)
   →
(2) 너는 그 노래를 왜 좋아하니? (the song)
   →
(3) 그는 왜 매일 조깅을 하러 가니? (go jogging)
   →
(4) 그녀는 지난주에 왜 부산에 갔니? (last week)
   →

36 will, be going to

- **will**: 미래의 일이나 추측, 의지와 요청을 나타낸다.
  It will rain tomorrow. (추측: ~할 것이다) 내일은 비가 올 것이다.
  I will cook dinner for you. (의지, 계획: ~할 예정이다)
  나는 너를 위해 저녁 식사를 요리할 것이다.
  Will you pass me the salt? (¹ _____ : ~해 주시겠어요?)
  저에게 소금을 건네주시겠어요?

- **be going to**: '~할 것이다, ~할 예정이다'라는 뜻으로 가까운 미래의 일이나 계획을 나타낸다.
  I'm ² _____ to go on a picnic this Saturday.
  나는 이번 주 토요일에 소풍을 갈 예정이다.

37 will의 부정문과 의문문

부정문	주어+will not(won't)+동사원형 ~.
의문문	Will+주어+동사원형 ~? - Yes, 주어+will. / No, 주어+won't.

Sam will not(³ _____) go with us.
Sam은 우리와 함께 가지 않을 것이다.
A ⁴ _____ you come to my party?
너는 내 파티에 올 거니?
B Yes, I will. / No, I won't. 응, 갈 거야. / 아니, 안 갈 거야.

38 can, be able to

- 능력, 가능, 허락, 요청 등을 나타낸다. 능력이나 가능의 의미일 경우에는 ⁵ _____ _____ _____ 로 바꿔 쓸 수 있다.
  James can swim. (능력, 가능: ~할 수 있다)
  → James is able to swim. James는 수영할 수 있다.
  You can use my smartphone. (⁶ _____ : ~해도 좋다)
  너는 내 스마트폰을 사용해도 좋다.
  Can(Could) you show me your ticket? (요청: ~해 주시겠어요?) 당신의 표를 저에게 보여 주시겠어요?

39 can의 부정문과 의문문

부정문	주어+cannot(can't)+동사원형 ~.
의문문	Can+주어+동사원형 ~? - Yes, 주어+can. / No, 주어+can't.

Emma ⁷ _____ _____ the problem.
Emma는 그 문제를 풀 수 없다.
A Can I drink a glass of water? 제가 물 한 잔 마셔도 될까요?
B Yes, you can. / No, you can't.
네, 됩니다.   아니요, 안 됩니다.

40 may

- 추측이나 허락 등을 나타내며, 허락의 의미일 경우에는 can으로 바꿔 쓸 수 있다.
  Mr. Brown may be in his office. Brown 씨는 아마 그의 사무실에 있을 것이다.
  (⁸ _____ : ~일지도 모른다)
  You may(can) eat the cookies. 너는 그 쿠키들을 먹어도 좋다.
  (⁹ _____ : ~해도 좋다)

41 may의 부정문과 의문문

부정문	주어+may not+동사원형 ~.
의문문	May+주어+동사원형 ~? - Yes, 주어+may. / No, 주어+may not.

Jenny ¹⁰ _____ not be home now.
Jenny는 지금 집에 없을지도 모른다.
A May I open the box? 제가 그 상자를 열어 봐도 될까요?
B Yes, you may. / No, you may not.
네, 됩니다.   아니요, 안 됩니다.

» 정답 pp.60~61

42 should, must, have to

should	(약한) 의무, 충고	11 _____
must	(강한) 의무	~해야 한다(= have to)
	강한 추측	~임에 틀림없다

You should keep your promise. 너는 약속을 지켜야 한다.
We must follow the rules. 우리는 규칙을 따라야 한다.
= We 12 _____ _____ follow the rules.
He 13 _____ _____ sick. 그는 아픈 것임에 틀림없다.

43 should, must, have to의 부정문과 의문문

■ should, must, have to의 부정문

should not	금지	~해서는 안 된다
must not	금지	~해서는 안 된다
don't(doesn't) have to	불필요	14 _____

■ should, must, have to의 의문문: 「Should / Must + 주어 + 동사원형 ~?」, 「Does(Do) + 주어 + have to + 동사원형 ~?」의 형태로 쓴다.

A Do you have to go to school today?
너는 오늘 학교에 가야만 하니?
B Yes, I have to. / No, I 15 _____ _____
_____. 응, 가야만 해. / 아니, 갈 필요가 없어.

FOCUS 36 will, be going to

1 괄호 안에서 알맞은 것을 고르시오.
(1) He will (cook / cooks) spaghetti for us.
(2) It (will / wills) be cold tonight.
(3) I am going (meet / to meet) him this Sunday.

2 밑줄 친 will(Will)의 의미로 알맞은 것을 괄호 안에서 고르시오.
(1) He will be back home soon.　　　(의지 / 미래)
(2) I will be a teacher in the future.　(의지 / 요청)
(3) Will you give me a hand?　　　　(의지 / 요청)

3 다음 문장을 밑줄 친 부분에 유의하여 바르게 해석하시오.
(1) Will you open the door for me?
→ _____
(2) They will leave this evening.
→ _____
(3) She is going to call you later.
→ _____

FOCUS 37 will의 부정문과 의문문

1 밑줄 친 부분을 어법상 바르게 고쳐 쓰시오.
(1) It's difficult, but he will not gives up.
→ _____
(2) Will do Brian join the school club?
→ _____

2 다음 문장을 괄호 안의 지시대로 바꿔 쓰시오.
(1) I'll take my camera. (부정문으로)
→ _____
(2) He will call his parents soon. (의문문으로)
→ _____

3 대화의 빈칸에 알맞은 말을 쓰시오.
(1) A This box is heavy. Will you help me with this?
B Yes, _____ _____. It's not a problem.
(2) A Will the people like this style?
B No, _____ _____. They will hate it.

1 괄호 안에서 알맞은 것을 고르시오.

(1) She (can / cans) cook Italian food.

(2) He is able (skate / to skate) on the ice.

(3) (Could / Should) you tell me about her?

(4) I'm (able repair / able to repair) the computer.

2 밑줄 친 can(could)의 의미를 |보기|에서 골라 쓰시오.

┌─ 보기 ──────────────────────┐
│   능력   허락   요청   │
└──────────────────────────────┘

(1) He can speak French.　　　　＿＿＿＿＿

(2) She could ride a horse.　　　＿＿＿＿＿

(3) You can use my crayons.　　＿＿＿＿＿

(4) Could you show me the way?　＿＿＿＿＿

3 두 문장의 뜻이 같도록 빈칸에 알맞은 말을 쓰시오.

(1) She is able to run for two hours.

→ She ＿＿＿＿＿ ＿＿＿＿＿ for two hours.

(2) He was able to win the contest.

→ He ＿＿＿＿＿ ＿＿＿＿＿ the contest.

(3) We could answer the question.

→ We ＿＿＿＿＿ ＿＿＿＿＿ ＿＿＿＿＿

answer the question.

4 괄호 안의 말을 바르게 배열하여 문장을 완성하시오.

(1) He ＿＿＿＿＿＿＿＿＿＿＿＿＿ .

(solve, can, this problem)

(2) She ＿＿＿＿＿＿＿＿＿＿＿＿＿ .

(to, able, is, play, the guitar)

(3) ＿＿＿＿＿＿＿＿＿＿＿＿＿ the test.

(was, to, able, pass, Amy)

(4) ＿＿＿＿＿＿＿＿＿＿＿ with my homework?

(help, you, could, me)

1 다음 문장을 밑줄 친 부분에 유의하여 바르게 해석하시오.

(1) The baby cannot walk.

→ ＿＿＿＿＿＿＿＿＿＿＿＿＿＿＿＿＿

(2) Was she able to swim in the sea?

→ ＿＿＿＿＿＿＿＿＿＿＿＿＿＿＿＿＿

2 두 문장의 뜻이 같도록 빈칸에 알맞은 말을 쓰시오.

(1) I was not able to get up early every morning.

→ I ＿＿＿＿＿ ＿＿＿＿＿ up early every morning.

(2) Are you able to drive a car?

→ ＿＿＿＿＿ ＿＿＿＿＿ ＿＿＿＿＿ a car?

(3) Could he buy the toy house?

→ ＿＿＿＿＿ h e ＿＿＿＿＿ ＿＿＿＿＿ buy the toy house?

3 다음 문장을 부정문과 의문문으로 바꿔 쓰시오.

(1) You can visit my office.

(부정문) ＿＿＿＿＿＿＿＿＿＿＿＿＿＿＿

(의문문) ＿＿＿＿＿＿＿＿＿＿＿＿＿＿＿

(2) He was able to win the race.

(부정문) ＿＿＿＿＿＿＿＿＿＿＿＿＿＿＿

(의문문) ＿＿＿＿＿＿＿＿＿＿＿＿＿＿＿

4 우리말과 뜻이 같도록 괄호 안의 말을 이용하여 문장을 완성하시오.

(1) 제가 당신의 우산을 빌려도 될까요? (can, borrow)

→ ＿＿＿＿＿＿＿＿＿＿ your umbrella?

(2) 그는 강에서 어떤 물고기도 잡을 수 없었다. (can, catch)

→ ＿＿＿＿＿＿＿＿＿＿ any fish in the river.

(3) 그녀는 춤을 잘 출 수 있니? (be able to, dance)

→ ＿＿＿＿＿＿＿＿＿＿ well?

1 괄호 안에서 알맞은 것을 고르시오.

(1) Mr. Brown (is / may) be tired.
(2) The news (may / do) be true.
(3) You (may / are going) stay with us.
(4) The boy (may / was) be 15 years old.

2 다음 문장을 밑줄 친 부분에 유의하여 바르게 해석하시오.

(1) It may be sunny tomorrow.
  → _____
(2) You may use my computer.
  → _____
(3) You may go swimming.
  → _____
(4) He may remember my name.
  → _____

3 밑줄 친 부분을 어법상 바르게 고쳐 쓰시오.

(1) She mays be lazy.　　　　→ _____
(2) He may afraid of dogs.　　→ _____
(3) Kate may is in her room now.　→ _____
(4) You may waiting for him here.　→ _____

4 괄호 안의 말을 이용하여 우리말을 영작하시오.

(1) 그녀는 지금 학교에 있을지도 모른다. (may, be)
  → _____
(2) 너는 오늘 일찍 떠나도 된다. (may, leave)
  → _____
(3) 그들은 영화를 보러 갈지도 모른다. (may, go)
  → _____
(4) 너는 그 모임에 가도 좋다. (may, meeting)
  → _____

1 밑줄 친 May(may)의 의미로 알맞은 것을 괄호 안에서 고르시오.

(1) May I go now?　　　　　(추측 / 허락)
(2) May I take your order?　 (추측 / 허락)
(3) Kevin may not be at home.　(추측 / 금지)
(4) You may not use my pen.　 (추측 / 금지)

2 괄호 안의 지시대로 문장을 바꿔 쓰시오.

(1) You may like your math teacher. (부정문으로)
  → _____
(2) It may snow tonight. (부정문으로)
  → _____
(3) He may come back next year. (의문문으로)
  → _____

3 대화의 빈칸에 알맞은 말을 쓰시오.

(1) **A** _____ _____ borrow your book?
   B Yes, you may.
(2) **A** May I turn on the air conditioner?
   B No, you _____ _____. It's out of order.
(3) **A** May I call you later?
   B Yes, _____ _____. I'll be at home after 6 o'clock.

4 우리말과 뜻이 같도록 빈칸에 알맞은 말을 쓰시오.

(1) Olivia는 오늘 안 올지도 모른다.
  → Olivia _____ _____ _____ today.
(2) 그것은 옳은 답이 아닐지도 모른다.
  → It _____ _____ _____ the right answer.
(3) 제가 창문을 열어도 될까요?
  → _____ _____ _____ the window?

1 다음 문장을 밑줄 친 부분에 유의하여 바르게 해석하시오.

(1) She <u>must</u> be angry.

→ _____

(2) I <u>should</u> read the book.

→ _____

(3) You <u>must</u> arrive before 9 a.m.

→ _____

(4) He <u>has to</u> finish his homework today.

→ _____

2 밑줄 친 부분을 어법상 바르게 고쳐 쓰시오.

(1) He <u>have to brush</u> his teeth after breakfast.

→ _____

(2) She <u>should wears</u> sunglasses.

→ _____

(3) They <u>must are</u> middle school students.

→ _____

3 괄호 안의 말을 포함시켜 문장을 다시 쓰시오.

(1) I clean the room every Saturday. (must)

→ _____

(2) He helps his mother today. (should)

→ _____

(3) She leaves before 4 o'clock. (have to)

→ _____

4 우리말과 뜻이 같도록 괄호 안의 말을 이용하여 문장을 완성하시오.

(1) 너는 네 남동생과 함께 놀아야 한다. (have to)

→ You _____ with your brother.

(2) 너는 매일 아침을 먹어야 한다. (must)

→ You _____ breakfast every day.

1 괄호 안에서 알맞은 것을 고르시오.

(1) (Should / Have) we study hard?

(2) She doesn't (should / have to) go.

(3) You (must / have to) not talk to him.

(4) (Must / Does) he have to exercise to lose weight?

2 괄호 안의 지시대로 문장을 바꿔 쓰시오.

(1) We should waste our time. (부정문으로)

→ _____

(2) I have to wash the dishes. (부정문으로)

→ _____

(3) She has to buy the bicycle. (의문문으로)

→ _____

3 우리말과 뜻이 같도록 빈칸에 알맞은 말을 쓰시오.

(1) 너는 돈을 벌 필요가 없다.

→ You _____ _____ _____ make money.

(2) 그녀는 여기에서 뛰면 안 된다.

→ She _____ _____ run here.

(3) 그는 병원에 가야 하나요?

→ _____ _____ _____ _____ go to the hospital?

4 대화의 빈칸에 알맞은 말을 쓰시오.

(1) **A** Should she visit the office again?

B _____, she shouldn't.

(2) **A** Does he have to call her?

B Yes, he _____ _____.

(3) **A** Do I have to come before 10 o'clock?

B No, you _____ _____ _____.

» 정답 pp.61~62

44 형용사의 쓰임

- 명사나 대명사를 수식하거나 [1]_____나 목적어를 보충 설명한다.

It is an exciting game. 그것은 흥미진진한 게임이다.

Honey is sweet. 꿀은 달다.

45 many, much

- '많은'이라는 뜻으로 수나 양을 나타내며, [2]_____는 셀 수 있는 명사의 복수형 앞에, [3]_____는 셀 수 없는 명사 앞에 쓴다.

We can see many stars in the sky.
우리는 하늘에서 많은 별들을 볼 수 있다.

We don't spend much time with our parents.
우리는 부모님과 많은 시간을 보내지는 않는다.

46 some, any

- '몇몇의, 약간의'라는 뜻으로 셀 수 있는 명사와 셀 수 없는 명사 앞에 쓴다.

some	긍정문, 권유의 의문문	any	부정문, 의문문

I'm going to buy [4]_____ socks.
나는 양말 몇 켤레를 살 것이다.

I don't have [5]_____ time. 나는 시간이 없다.

47 부사의 쓰임과 형태

- **쓰임:** 동사, 형용사, 다른 부사 또는 문장 전체를 수식한다.

Mr. White drives slowly at night.
White 씨는 밤에는 천천히 운전한다.

- **형태:** 주로 형용사 뒤에 -ly를 붙인다.

대부분의 부사	형용사+-ly	beautiful → [6]_____
「자음+y」로 끝나는 「형용사	y를 i로 바꾸고+ -ly	happy → [7]_____
예외	good → [8]_____	

48 형용사와 형태가 같은 부사

	fast	late	early	hard
형용사	빠른	늦은	이른	열심히 하는, 어려운, 딱딱한
부사	빠르게	늦게	[9]_____	열심히

James is a fast runner. James는 [10]_____ 주자이다.

The train is running fast. 기차가 [11]_____ 달리고 있다.

49 빈도부사

- 어떤 일이 얼마나 자주 일어나는지를 나타내며, always(항상), usually(보통, 대개), often(자주, 종종), sometimes(때때로), never(결코 ~아닌) 등이 있다.

- be동사와 조동사 뒤, 일반동사 앞에 위치한다.

Jenny is often late for school. Jenny는 자주 학교에 지각한다.

I [12]_____ _____ eat fast food again.
나는 절대로 다시는 패스트푸드를 먹지 않을 것이다.

Alex [13]_____ _____ soccer on Sundays.
Alex는 대개 일요일마다 축구를 한다.

50 「타동사+부사」_ 이어동사

- **이어동사:** 「동사+부사」로 이루어진 동사구가 하나의 의미를 나타내는 것을 의미한다.

put on(입다) ↔ take off(벗다)

- **이어동사의 어순**

목적어가 명사인 경우	「타동사+부사+명사」 또는 「타동사+명사+부사」	Ann put on her coat. → Ann put [14]_____ _____. Ann은 그녀의 코트를 입었다.
목적어가 대명사인 경우	「타동사+대명사+부사」	You can take off your shoes. → You can [15]_____ _____. 너는 신발을(그것들을) 벗어도 된다.

1 다음 문장에서 밑줄 친 명사를 꾸며 주거나 설명하는 말을 찾아 쓰시오.

(1) He is a famous <u>actor</u>. → _____

(2) <u>Her daughter</u> is lovely. → _____

(3) I have a small <u>bird</u> at home. → _____

2 괄호 안에서 알맞은 것을 고르시오.

(1) It was a (strange / strangely) question.

(2) Mr. Kim is very (kind / kindness) to me.

(3) The baseball game was (excite / exciting).

(4) We had a (snow / snowy) winter last year.

3 괄호 안의 말을 바르게 배열하시오.

(1) (little, smart, brother, is, my).

→ _____

(2) (cake, sweet, very, the, is).

→ _____

(3) (Emily, a, cat, has, black).

→ _____

(4) (there, a, tall, is, tree, in, garden, the).

→ _____

4 두 문장을 |보기|와 같이 한 문장으로 쓰시오.

┌─ 보기 ┐
He has a dog. The dog is small.
→ He has a small dog.
└──────┘

(1) Ronaldo is a soccer player. He is popular.

→ Ronaldo is _____

(2) She lives in a city. The city is big.

→ She _____ .

(3) My father made cookies. They were delicious.

→ My father _____ .

---

1 괄호 안에서 알맞은 것을 고르시오.

(1) Kevin has (many / much) friends.

(2) We don't have (many / much) rain.

(3) How (many / much) apples are there?

(4) How (many / much) water do you drink every day?

2 밑줄 친 부분을 어법상 바르게 고쳐 쓰시오.

(1) <u>Much people</u> visited the island.

→ _____

(2) I ate too <u>many ice cream</u> yesterday.

→ _____

(3) There are <u>much Chinese restaurant</u>.

→ _____

(4) Hurry up. We don't have <u>many times</u>.

→ _____

3 다음 문장에 many 또는 much를 포함시켜 다시 쓰시오.

(1) There isn't milk in the bottle.

→ _____

(2) I saw students on the playground.

→ _____

4 괄호 안의 말을 이용하여 우리말을 영작하시오. (many 또는 much를 이용할 것)

(1) 그는 많은 실수를 저질렀다. (mistake)

→ He made _____ .

(2) 꽃병에 꽃이 많이 있다. (flowers, vase)

→ There are _____ .

(3) 설탕을 너무 많이 먹지 마라. (too, sugar)

→ Don't eat _____ .

FOCUS 46 some, any

1 괄호 안에서 알맞은 것을 고르시오.

(1) Put (some / any) salt in it.

(2) Would you like (some / any) more dessert?

(3) Do you have (some / any) pencils with you?

(4) She doesn't have (some / any) idea about it.

2 밑줄 친 부분을 어법상 바르게 고쳐 쓰시오.

(1) Do you have some plans?   → _____

(2) Will you have any bread?   → _____

(3) She didn't eat some food today.

   → _____

(4) Are there some bookstores around here?

   → _____

3 다음 문장에 some 또는 any를 포함시켜 긍정문은 부정문으로, 부정문은 긍정문으로 바꿔 쓰시오.

(1) I don't have any plans for this weekend.

   → _____

(2) There isn't any water in the pond.

   → _____

(3) I will buy some cookies for him.

   → _____

(4) She wants to drink some tea.

   → _____

4 괄호 안의 말을 이용하여 우리말을 영작하시오. (some 또는 any를 포함시킬 것)

(1) 그는 사과를 몇 개 먹었다. (have, apple)

   → He _____.

(2) 도움이 좀 필요하세요? (need, help)

   → Do you _____?

(3) 부엌에 음식이 하나도 없었다. (food, kitchen)

   → There wasn't _____.

FOCUS 47 부사의 쓰임과 형태

1 단어의 알맞은 부사형을 쓰시오.

(1) loud _____   (5) sudden _____

(2) lucky _____   (6) busy _____

(3) safe _____   (7) simple _____

(4) real _____   (8) wonderful _____

2 다음 문장에서 부사를 모두 찾아 밑줄을 긋고, 각 부사가 수식하는 말을 쓰시오.

(1) They chose the gift carefully.

   _____

(2) The children are so lovely.

   _____

(3) She asked me the way very politely.

   _____

3 괄호 안에서 알맞은 것을 고르시오.

(1) Sophia speaks English and Korean (good / well).

(2) The movie was (very / much) interesting.

(3) You should not eat lunch so (quick / quickly).

(4) The prince and princess lived (happy / happily) ever after.

4 괄호 안의 말을 빈칸에 알맞은 형태로 쓰시오.

(1) The girl stood up _____. (slow)

(2) He left the room _____. (quiet)

(3) We found the answer _____. (easy)

(4) Jenny and Amy danced _____ on the stage. (beautiful)

1 밑줄 친 부분이 꾸며 주는 말을 찾아 쓰고, 형용사인지 부사인지 쓰시오.

(1) They had a <u>hard</u> time. → _____

(2) He had an <u>early</u> dinner. → _____

(3) I got up <u>late</u> this morning. → _____

2 괄호 안에서 알맞은 것을 고르시오.

(1) He kicked the ball (high / highly).

(2) My uncle is driving so (fast / fastly).

(3) The bus came 5 minutes (late / lately).

3 밑줄 친 부분을 바르게 해석하시오.

(1) He is a <u>fast swimmer</u>.

→ _____

(2) You must <u>study hard</u> for the exam.

→ _____

(3) It happened in <u>late summer</u> last year.

→ _____

FOCUS 49 빈도부사

1 주어진 빈도부사가 들어가기에 알맞은 곳에 ✔표시하시오.

(1) He ( ) is ( ) late ( ) for school. (never)

(2) My sister ( ) gets ( ) up ( ) early. (often)

(3) I ( ) will ( ) walk ( ) to school. (always)

2 밑줄 친 부분을 어법상 바르게 고쳐 쓰시오.

(1) Women <u>live usually</u> longer than men.

→ _____

(2) He <u>always is</u> in his office in the morning.

→ _____

(3) I <u>never can</u> understand him.

→ _____

3 우리말과 뜻이 같도록 빈칸에 알맞은 말을 |보기|에서 골라 쓰시오. (동사를 추가할 것)

> 보기
> always usually often sometimes never

(1) 봄에는 비가 자주 내린다.

→ It _____ _____ in spring.

(2) 그는 절대 그 날을 잊지 않을 것이다.

→ He will _____ _____ that day.

(3) 나의 아빠는 보통 집에 늦게 온다.

→ My dad _____ _____ home late.

FOCUS 50 「타동사+부사」_ 이어동사

1 다음 문장에 괄호 안의 목적어를 넣어 다시 쓰시오.

(1) Don't throw away. (them)

→ _____

(2) He put down on the floor. (his bag)

→ _____

2 밑줄 친 부분을 괄호 안의 대명사로 바꿔 문장을 다시 쓰시오.

(1) Jack put on <u>his coat</u>. (it)

→ _____

(2) Please take off <u>your gloves</u>. (them)

→ _____

(3) Don't give up <u>the work</u>. (it)

→ _____

3 우리말과 뜻이 같도록 괄호 안의 말을 이용하여 문장을 완성하시오.

(1) 그녀는 불을 껐다. (switch off, the light)

→ _____

(2) 그는 그의 신발을 벗었다. (take off, his shoes)

→ _____

(3) Sally는 정원에서 그것들을 주웠다. (pick up)

→ _____

(4) Bill은 그것을 돌려줄 것이다. (bring back)

→ _____

» 정답 p.62

51 비교급과 최상급의 규칙 변화

대부분의 경우: 원급+-er/-est	small – smaller – smallest
-e로 끝나는 경우: 원급+-r/-st	large – ¹_____ – ²_____
「단모음+단자음」으로 끝나는 경우: 마지막 자음을 하나 더 쓰고+-er/-est	big – bigger – biggest
「자음+y」로 끝나는 경우: y를 i로 바꾸고+-er/-est	happy – ³_____ – ⁴_____
-ful, -ous, -ing, -ive로 끝나는 2음절 단어와 3음절 이상의 단어의 경우: 원급 앞에 more/most를 붙임	famous – ⁵_____ – ⁶_____

52 비교급과 최상급의 불규칙 변화

good / well – ⁷_____ – best	bad / ill – worse – worst
many / much – more – most	little – less – ⁸_____
late ((시간이) 늦은) – later – ⁹_____	
late ((순서가) 나중인) – latter – ¹⁰_____	

53 원급 비교

as+형용사(부사)의 원급+as	~만큼 …한(하게)
not as(so)+형용사(부사)의 원급+as	~만큼 …하지 않은

Swimming is ¹¹_____ _____ _____ running
for your health. 수영은 달리기만큼 네 건강에 좋다.

India is ¹²_____ _____ big as China.
인도는 중국만큼 크지 않다.

54 비교급 비교

형용사(부사)의 비교급+than+비교 대상	(비교 대상)보다 더 ~한(하게)

Dad comes home earlier ¹³_____ Mom.
아빠는 엄마보다 더 일찍 집에 온다.

55 최상급 비교

the+최상급(+명사)+of+복수명사	(복수명사) 중에서 가장 ~한
the+최상급(+명사)+in+장소(범위)	(장소(범위))에서 가장 ~한

Cathy is the tallest girl ¹⁴_____ the five.
Cathy는 다섯 명 중에서 가장 키가 큰 소녀이다.

He runs the fastest ¹⁵_____ the world.
그는 세계에서 가장 빨리 달린다.

FOCUS 51 비교급과 최상급의 규칙 변화

1 빈칸에 비교급과 최상급의 알맞은 형태를 쓰시오.

원급	비교급	최상급
strong	stronger	strongest
wise	(1)_____	wisest
hot	hotter	(2)_____
dirty	(3)_____	(4)_____
exciting	(5)_____	(6)_____

2 우리말과 뜻이 같도록 괄호 안의 말을 알맞은 형태로 쓰시오.

(1) 캐나다는 브라질보다 더 춥다. (cold)
　→ Canada is _____ than Brazil.

(2) 코끼리는 사자보다 더 크다. (large)
　→ An elephant is _____ than a lion.

(3) 10년 만에 가장 큰 눈이다. (heavy)
　→ It's the _____ snowfall in ten years.

(4) 이곳이 세계에서 가장 아름다운 섬이다. (beautiful)
　→ This is the _____ _____ island in the world.

3 괄호 안에서 알맞은 것을 고르시오.

(1) Seoul is (biger/ bigger) than Busan.

(2) Lake Superior is the (deepist/ deepest) of the Great Lakes.

(3) Math is the (difficultiest / most difficult) subject to me.

4 밑줄 친 부분을 어법상 바르게 고쳐 쓰시오.

(1) Amy's brother is shorteer than she is.

→ _____

(2) Your health is importanter than your money.

→ _____

(3) This is the most wide bridge in this country.

→ _____

FOCUS 52 비교급과 최상급의 불규칙 변화

1 A : B = C : D의 관계가 되도록 빈칸에 알맞은 말을 차례대로 쓰시오.

A	B	C	D
cheap	cheaper	well	(1) _____
nice	nicest	bad	(2) _____
easier	easiest	(3) _____	most
thin	thinnest	(4) _____	least
later	latest	latter	(5) _____

2 괄호 안에서 알맞은 것을 고르시오.

(1) Yuri has (many / more) English classes than Bora.

(2) Is this cellphone (better / gooder) than yours?

(3) I think Alex is the (baddest / worst) singer in our class.

FOCUS 53 원급 비교

1 괄호 안에서 알맞은 것을 고르시오.

(1) The book isn't so interesting (as / so) the movie.

(2) Is this hamster as (cute / cuter) as that one?

(3) Kate doesn't study as (hard / hardest) as Jack.

2 괄호 안의 말을 이용하여 빈칸에 알맞은 말을 쓰시오.

(1) The motorbike is _____ _____ as the car. (dangerous)

(2) I don't usually eat _____ _____ as my sister. (much)

3 밑줄 친 부분을 어법상 바르게 고쳐 쓰시오.

(1) Tom isn't as taller as his brother.

→ _____

(2) Dave throws the ball so far as Peter.

→ _____

(3) Mason's mouth is as small as Harry.

→ _____

4 두 문장을 한 문장으로 쓸 때 빈칸에 알맞은 말을 쓰시오.

(1) My house is large. Alan's house is large.

→ My house is _____ Alan's house.

(2) This black box is heavy. That white box is heavy.

→ This black box is _____ that white box.

(3) Sara gets up early. Her sister gets up early.

→ Sara gets up _____ her sister.

FOCUS 54 비교급 비교

1 괄호 안의 말을 빈칸에 알맞은 형태로 쓰시오.

(1) The pig is _____ than the dog. (fat)

(2) The blue cap is _____ than the yellow one. (good)

(3) SF movies are _____ _____ than the action movies. (exciting)

2 괄호 안의 말이 들어가기에 알맞은 곳에 ✔ 표시하시오.

(1) Country life is ( ) healthier ( ) city life. (than)

(2) Mr. Big is ( ) richer ( ) than Mr. Miller. (much)

3 괄호 안의 말을 이용하여 다음 표의 내용과 일치하도록 빈칸을 완성하시오.

	King Building	Ace Building	Hill Building
높이	20층	14층	17층
건축 년도	2005년	2008년	2000년

(1) King Building is _____ _____ Ace Building. (high)

(2) Ace Building is _____ _____ Hill Building. (low)

(3) Ace Building is _____ _____ King Building. (new)

(4) Hill Building is _____ _____ King Building. (old)

4 두 문장의 뜻이 같도록 빈칸에 알맞은 말을 쓰시오.

(1) A bus is slower than a taxi.
→ A taxi is _____ _____ a bus.

(2) An hour is longer than a minute.
→ A minute is _____ _____ an hour.

(3) A village is smaller than a city.
→ A city is _____ _____ a village.

FOCUS 55 최상급 비교

1 괄호 안에서 알맞은 것을 고르시오.

(1) Anna is (best / the best) student of all the students.

(2) Queen A is the most popular girl group (in / of) this city.

(3) Skiing is one of the most popular (sport / sports) in the world.

2 괄호 안의 말이 들어가기에 알맞은 곳에 ✔ 표시하시오.

(1) She got ( ) highest ( ) mark in the class. (the)

(2) Which is ( ) the largest city ( ) China? (in)

(3) He is ( ) one of the ( ) runners in the world. (fastest)

3 괄호 안의 말을 빈칸에 알맞은 형태로 쓰시오.

(1) We stayed at _____ hotel in the town. (cheap)

(2) The Pacific Ocean is _____ of the 5 oceans. (large)

(3) The science test was _____ of all the tests. (difficult)

4 두 문장을 최상급을 이용하여 한 문장으로 쓸 때 빈칸에 알맞은 말을 쓰시오.

(1) Jack is younger than Tony.
Harry is younger than Jack.
→ Harry is _____ boy of all.

(2) A rabbit isn't so heavy as a fox.
An elephant is heavier than a fox.
→ An elephant is _____ animal of the three.

(3) A basketball is bigger than a soccer ball.
A tennis ball is less big than a soccer ball.
→ A basketball is _____ ball of the three.

» 정답 p.62

56 to부정사의 명사적 용법 1_주어

- to부정사는 「to +¹_____」의 형태로 문장에서 명사처럼 쓰여 주어, ²_____, 목적어 역할을 한다.

- **주어 역할:** '~하기는, ~하는 것은'이라는 뜻으로 주어로 쓰인다. 이때 to부정사구가 길면 주어 자리에 ³_____ it을 쓰고 to부정사를 문장 뒤로 보낸다.

  To cut an orange is easy.
  → ⁴_____ is easy _____ cut an orange.
  오렌지를 자르는 것은 쉽다.

57 to부정사의 명사적 용법 2_보어, 목적어

- **보어 역할:** '~하는 것이다'라는 뜻으로 ⁵_____를 보충 설명한다.

  My dream is to become a singer.
  (My dream = to become a singer)
  내 꿈은 가수가 되는 것이다.

- **목적어 역할:** '~하는 것을'이라는 뜻으로, want, decide, hope, need, like, expect, plan 등은 to부정사를 목적어로 쓴다.

  Jack wants ⁶_____ _____ the window.
  Jack은 창문 열기를 원한다.

  I need to buy an umbrella.
  나는 우산 하나를 살 필요가 있다.

58 to부정사의 형용사적 용법

- to부정사가 형용사처럼 쓰이는 경우 '~하는, ~할'이라는 뜻으로 수식하는 (대)명사 ⁷_____에 위치한다.

  I have a lot of work to do. 나는 할 일이 많다.

  I don't have much money to buy a new car.
  나는 새 차를 살 많은 돈이 없다.

- *cf.* -thing, -one, -body로 끝나는 대명사를 to부정사와 형용사가 함께 수식하는 경우에는 「대명사+⁸_____+to부정사」의 순서로 쓴다.

  Do you want something cold to drink?
  너는 마실 찬 것을 원하니?

59 to부정사의 부사적 용법

- to부정사가 부사처럼 동사, 형용사, 부사 또는 문장 전체를 수식하며 목적, 감정의 원인, 결과 등의 의미를 나타낸다.

⁹_____	~하기 위해, ~하려고 (이때 to를 in order to로 바꿔 쓸 수 있다.)
감정의 원인	~하다니, ~해서 (감정을 나타내는 형용사 뒤에 쓰인다.)
¹⁰_____	…해서 (결국) ~하다(~가 되다) (grow up, live 등의 동사와 함께 쓰인다.)

Sally studied hard to(¹¹_____ _____ _____)
pass the exam. Sally는 시험에 통과하기 위해 열심히 공부했다.

I'm glad to see you again.
나는 너를 다시 보게 되어서 기쁘다.

Chris grew up to be a famous actor.
Chris는 자라서 유명한 배우가 되었다.

1 괄호 안에서 알맞은 것을 고르시오.

(1) (Jog / To jog) is good for your health.

(2) It is fun (made / to make) a foreign friend.

(3) (It / That) is expensive to study abroad.

2 다음 문장을 밑줄 친 부분에 유의하여 바르게 해석하시오.

(1) To solve the problem is easy.

→ _____

(2) It is interesting to learn Japanese.

→ _____

(3) To exercise regularly is a good habit.

→ _____

(4) It is fun to watch a movie.

→ _____

3 괄호 안의 말을 빈칸에 알맞은 형태로 쓰시오.

(1) _____ _____ is to believe. (see)

(2) It is useful _____ _____ this book. (read)

(3) _____ _____ English is not easy. (study)

(4) _____ is fun _____ _____ soccer with my friends. (it, play)

4 다음 문장을 It으로 시작하여 다시 쓰시오.

(1) To have fun together at the party is exciting.

→ _____

(2) To be honest all the time is important.

→ _____

(3) To get up early in winter is hard.

→ _____

1 밑줄 친 to부정사의 역할을 |보기|에서 골라 쓰시오.

| 보기 |
| 주어   보어   진주어   목적어 |

(1) To take pictures is fun. _____

(2) It is important to do your best. _____

(3) I hope to be a pianist in the future. _____

(4) The only solution is to fix it right away.

_____

2 |보기|에서 들어갈 말을 골라 빈칸에 알맞은 형태로 쓰시오.

| 보기 |
| play   live   ride   be |

(1) My hobby is _____ _____ a bike.

(2) She hopes _____ _____ a teacher.

(3) I want _____ _____ chess with my sister.

(4) His plan is _____ _____ in the country.

3 괄호 안의 말을 바르게 배열하여 문장을 완성하시오.

(1) Do I _____ my bike?
(need, bring, to)

(2) Her wish _____ a famous artist.
(be, is, to)

(3) He _____ his work by tomorrow.
(finish, wants, to)

(4) We _____ Guam this summer.
(decided, visit, to)

4 우리말과 뜻이 같도록 빈칸에 알맞은 말을 쓰시오.

(1) 그들은 자전거 여행을 가고 싶어 한다.

→ They _____ _____ _____ on a bike trip.

(2) Emma의 취미는 록 음악을 듣는 것이다.

→ Emma's hobby is _____ _____ to rock music.

1 밑줄 친 to부정사가 꾸며 주는 말을 찾아 쓰시오.

(1) I don't have homework to do.   _____

(2) Do you want something to eat?   _____

(3) They need a house to live in.   _____

(4) He has many friends to help him.   _____

2 밑줄 친 부분을 바르게 해석하시오.

(1) She had a lot of things to do.
    → _____

(2) He has no money to buy that bike.
    → _____

(3) They have good news to tell you.
    → _____

3 밑줄 친 부분을 어법상 바르게 고쳐 쓰시오.

(1) We don't have to travel time.
    → _____

(2) Do you have something eating?
    → _____

4 두 문장을 to부정사를 이용하여 한 문장으로 쓰시오.

(1) I want a computer. I will use the computer.
    → _____

(2) She bought a dress. She will wear it tomorrow.
    → _____

(3) He needs someone. He can talk to the person.
    → _____

(4) Do you have a pen? You can write with it.
    → _____

1 밑줄 친 to부정사의 의미를 괄호 안에서 고르시오.

(1) I was excited to see it.   (목적 / 원인)

(2) He grew up to be a singer.   (원인 / 결과)

(3) I'll go to China to study Chinese.   (결과 / 목적)

2 다음 문장을 밑줄 친 부분에 유의하여 바르게 해석하시오.

(1) I am happy to help you.
    → _____

(2) We practiced hard to win the race.
    → _____

(3) My grandmother lived to be ninety.
    → _____

3 빈칸에 알맞은 말을 | 보기 |에서 골라 쓰시오.

┌─ 보기 ┐
to lose weight   to lose his dog
to be 100 years old

(1) He was sad _____.

(2) I exercised _____.

(3) The old man lived _____.

4 두 문장의 뜻이 같도록 빈칸에 알맞은 말을 쓰시오.

(1) I want to buy a new cellphone, so I'm saving money.
    → I'm saving money _____ _____ a new cellphone.

(2) He grew up and he became a doctor.
    → He grew up _____ _____ a doctor.

(3) They were excited because they saw snow.
    → They were excited _____ _____ snow.

» 정답 p.63

60 동명사의 쓰임 1 _ 주어, 보어

- 동명사는 「동사원형+-ing」의 형태로 문장에서 명사 역할을 하며 주어, 보어, 1_____로 쓰인다.

- **주어 역할:** '~하기는, ~하는 것은'이라는 뜻으로 주어로 쓰이며 2_____ 취급한다.

  Playing basketball is exciting. 농구를 하는 것은 흥미진진하다.

- **보어 역할:** '~하는 것(이다)'라는 뜻으로 주어를 보충 설명하는 보어로 쓰인다.

  My hobby is 3_____ the violin.
  내 취미는 바이올린을 연주하는 것이다.

61 동명사의 쓰임 2 _ 목적어

- **목적어 역할:** '~하는 것을'이라는 뜻으로 동사나 4_____의 목적어로 쓰인다.

  I finished 5_____ my homework. 나는 숙제하는 것을 끝마쳤다.

  Sara is interested in 6_____ action movies.
  Sara는 액션 영화 보는 것에 관심이 있다.

62 동명사와 to부정사

동명사	enjoy, finish, avoid, mind, give up 등
to부정사	want, wish, hope, decide, plan, learn 등
동명사 + to부정사	like, love, start, begin 등

William enjoys 7_____ in the sunlight.
William은 햇볕에 앉아 있는 것을 즐긴다.

Amy decided 8_____ _____ a doctor.
Amy는 의사가 되기로 결심했다.

My brother likes 9_____ horses.

→ My brother likes 10_____ _____ horses.
내 남동생은 말 타는 것을 좋아한다.

FOCUS 60 동명사의 쓰임 1_ 주어, 보어

1 괄호 안에서 알맞은 것을 고르시오.

(1) His job is (take / taking) pictures.

(2) (Learn / Learning) English is important.

(3) My hobby is (collect / collecting) coins.

(4) (Be / Being) a good student is not easy.

2 밑줄 친 부분을 어법상 바르게 고쳐 쓰시오.

(1) Take notes is a good habit.

  → _____

(2) Riding bikes are a good exercise.

  → _____

(3) My dream is to traveling in Africa.

  → _____

3 두 문장의 뜻이 같도록 빈칸에 알맞은 말을 쓰시오.

(1) To drive a truck is difficult.

  → _____ a truck is difficult.

(2) One of his hobbies is to cook Korean food.

  → One of his hobbies is _____ Korean food.

4 우리말과 뜻이 같도록 괄호 안의 말을 이용하여 문장을 완성하시오.

(1) 담배를 피우는 것은 해롭다. (smoke)

  → _____ is harmful.

(2) 그의 목표는 배우가 되는 것이다. (become)

  → His goal is _____ _____ _____.

1 다음 문장에서 동명사를 찾아 밑줄을 그으시오.

(1) Her job is teaching science.

(2) My brother is interested in painting.

(3) I enjoy studying Chinese.

(4) Walking fast is a good exercise.

2 빈칸에 들어갈 말을 |보기|에서 골라 알맞은 형태로 쓰시오.

> 보기
> have   camp   lie   sing

(1) I'm sorry for _____ to you.

(2) He likes _____ in the mountains.

(3) How about _____ dinner with me?

(4) We practice _____ the song every day.

3 괄호 안의 말을 이용하여 빈칸에 알맞은 말을 쓰시오.

(1) Please _____ the piano.
(stop, play)

(2) Would you _____ the window?
(mind, open)

(3) You cannot _____ the problem.
(avoid, face)

4 괄호 안의 말을 이용하여 우리말을 영작하시오.

(1) 저를 초대해 주셔서 감사합니다. (thank you for, invite)

→ _____

(2) 그는 그의 부모님과 이야기하는 것을 좋아한다.
(like, talk)

→ _____

(3) 그녀는 숙제하는 것을 끝냈다. (finish, do)

→ _____

(4) 나는 축구를 잘한다. (be good at, play)

→ _____

1 밑줄 친 부분을 어법상 바르게 고쳐 쓰시오.

(1) He gave up to build a model ship.

→ _____

(2) I'm planning going to Europe this summer.

→ _____

(3) She didn't mind to lend me her phone.

→ _____

(4) We decided selling our house.

→ _____

2 괄호 안의 말을 빈칸에 알맞은 형태로 쓰시오.

(1) She avoided _____ him. (meet)

(2) We hope _____ you again. (see)

(3) The dog began _____ at the door.
(bark)

3 두 문장의 뜻이 같도록 빈칸에 알맞은 말을 쓰시오.

(1) I like to watch sad movies.

→ I like _____ sad movies.

(2) He started to talk about his problem.

→ He started _____ about his problem.

(3) She loves working in the garden.

→ She loves _____ _____ in the garden.

4 괄호 안의 말을 이용하여 우리말을 영작하시오.

(1) 나는 춤추는 것을 멈추었다. (stop, dance)

→ _____

(2) 그녀는 그 티셔츠를 사기를 원한다. (want, buy)

→ _____

(3) 그들은 말 타기를 배웠다. (learn, ride)

→ _____

» 정답 p.63

63 명령문

■ **명령문**: '~해라.'라는 뜻으로 상대방에게 명령, 지시, 부탁, 금지 등을 할 때 쓰며, 주어 You를 생략하고 ¹ _____ 으로 문장을 시작한다.

You answer the question.

→ Answer the question. 질문에 답해라.

cf. 부탁이나 요청을 나타내는 경우에는 문장 앞이나 뒤에 please를 붙인다.

Help me, ² _____ . 제발 저를 도와주세요.

■ **부정명령문**: 「Don't+동사원형 ~.」의 형태로 '~하지 마라.'라는 뜻이다.

³ _____ _____ in the classroom. 교실에서 뛰지 마라.

64 제안명령문

■ **제안명령문**: 「Let's+동사원형 ~.」의 형태로 '~하자.'라는 뜻이다.

⁴ _____ have lunch together. 함께 점심 먹자.

■ **제안명령문의 부정**: 「Let's ⁵ _____ +동사원형 ~.」의 형태로 '~하지 말자.'라는 뜻이다.

Let's not go for a walk. It is raining outside.

산책하러 가지 말자. 밖에 비가 오고 있어.

65 감탄문

■ **What으로 시작하는 감탄문**: 「What(+a(an))+형용사+명사(+주어+동사)!」의 형태로 쓰며, 「주어+동사」는 생략이 가능하다.

It is a very sad movie.

→ ⁶ _____ _____ _____ movie (it is)!

그것은 정말 슬픈 영화로구나!

■ **How로 시작하는 감탄문**: 「How+형용사(부사)(+주어+동사)!」의 형태로 쓰며, 「주어+동사」는 생략이 가능하다.

The stone is very heavy.

→ ⁷ _____ _____ the stone is! 그 돌은 정말 무겁구나!

66 선택의문문

■ **선택의문문**: or를 사용하여 둘 중 하나는 고르는 의문문이다.

Which do you want, rice ⁸ _____ bread?

너는 밥과 빵 중에 어떤 것을 원하니?

■ **선택의문문의 대답**: Yes나 No로 답하지 않고, 선택할 수 있는 것 중 하나로 답한다.

A Does Jack like tennis or golf?

Jack은 테니스를 좋아하니, 아니면 골프를 좋아하니?

B He likes golf. 그는 골프를 좋아해.

67 부가의문문

■ 상대방에게 확인하거나 동의를 구하기 위해 평서문 끝에 「동사+주어?」의 형태로 붙이는 의문문이다. 앞 문장이 긍정이면 부정, 부정이면 긍정으로 쓴다.

문장의 주어	앞 문장의 주어와 같으며 반드시 ⁹ _____ 로 바꿔 쓴다.
문장의 동사	•be동사와 조동사는 그대로, 일반동사는 do(does/did)로 쓴다. •부정의 부가의문문은 동사와 not을 반드시 축약형으로 쓴다.

Mr. Kim is a police officer, ¹⁰ _____ _____ ?

김 선생님은 경찰관이야, 그렇지 않니?

Jenny doesn't like cats, ¹¹ _____ _____ ?

Jenny는 고양이를 좋아하지 않아, 그렇지?

68 부정의문문

■ '~하지 않니?'라는 뜻으로 부정형으로 묻는 의문문으로, 「Be동사(조동사)+not」의 축약형으로 시작한다. 대답은 내용이 긍정이면 Yes, 부정이면 No로 한다.

A Aren't they from Canada? 그들은 캐나다 출신이지 않니?

B ¹² _____ , they _____ . 〈그들이 캐나다 출신인 경우〉

아니, 그들은 캐나다 출신이야.

¹³ _____ , they _____ . 〈그들이 캐나다 출신이 아닌 경우〉

응, 그들은 캐나다 출신이 아니야.

1 괄호 안에서 알맞은 것을 고르시오.

(1) (Do / Be) quiet in the museum.

(2) (Be / To be) honest with everyone.

(3) (Watch / Watching) your step, please.

(4) (Not / Don't) swim in the river.

2 빈칸에 알맞은 말을 |보기|에서 골라 긍정 또는 부정의 명령문을 완성하시오.

┌─ 보기 ─────────────────────────┐
│ be   eat   take   open   │
└────────────────────────────────┘

(1) _____ off your shoes inside.

(2) _____ too much at night.

(3) _____ your textbook to page 25.

(4) _____ late for the meeting again.

3 괄호 안의 지시대로 문장을 바꿔 쓰시오.

(1) You put your bag down. (긍정명령문으로)

→ _____

(2) You sit down here. (부정명령문으로)

→ _____

(3) You call me after 3 o'clock. (부정명령문으로)

→ _____

(4) You help your brother with his homework.
(긍정명령문으로)

→ _____

4 우리말과 뜻이 같도록 괄호 안의 말을 이용하여 문장을 완성하시오.

(1) 너의 방을 매일 청소해라. (clean)

→ _____ every day.

(2) 여기에서 자전거를 타지 마라. (ride)

→ _____ here.

(3) 컴퓨터 게임에 너의 시간을 낭비하지 마라. (waste)

→ _____ on computer games.

1 괄호 안에서 알맞은 것을 고르시오.

(1) Let's (wait / waiting) for him here.

(2) Let's (to read / read) a book together.

(3) Let's (watch not / not watch) TV today.

(4) Let's (not buy / not buying) that chair.

2 우리말과 뜻이 같도록 빈칸에 알맞은 말을 쓰시오.

(1) 우리 소풍 가자.

→ _____ _____ on a picnic.

(2) 도서관에서 시끄럽게 하지 말자.

→ _____ _____ _____ any
noise in the library.

(3) 그것에 대해 이야기해 보자.

→ _____ _____ about it.

3 다음 명령문을 Let's 또는 Let's not을 이용하여 제안명령문으로 바꿔 쓰시오.

(1) Invite her to my party.

→ _____

(2) Don't drink too much coffee.

→ _____

(3) Be nice to our classmates.

→ _____

4 빈칸에 알맞은 말을 |보기|에서 골라 Let's 또는 Let's not을 이용한 제안명령문으로 쓰시오.

┌─ 보기 ───────────────────────────┐
│ visit him today   eat here   │
│ take a break   make a cake for her │
└──────────────────────────────────┘

(1) I'm tired. _____

(2) He looks busy. _____

(3) It's Mom's birthday. _____

(4) The sign says "No Food." _____

_____

FOCUS 65 감탄문

1 빈칸에 알맞은 말을 How와 What 중에서 골라 쓰시오.

(1) _____ lovely she is!

(2) _____ a polite boy your brother is!

(3) _____ nice the weather is!

(4) _____ old pictures they are!

2 괄호 안에서 알맞은 것을 고르시오.

(1) What (tall / a tall building) it is!

(2) How (fast / a fast) he speaks!

(3) How (wonderful / a wonderful) it is!

(4) What (boring / boring books) they are!

3 다음 문장을 감탄문으로 바꿀 때 빈칸에 알맞은 말을 쓰시오.

(1) The house is very beautiful.

→ _____ it is!

(2) Your room is very dirty.

→ _____ your room is!

(3) I was very surprised.

→ _____ I was!

(4) The cats are very cute.

→ _____ they are!

4 괄호 안의 말을 이용하여 우리말을 영작하시오.

(1) 그들은 정말 운이 좋구나! (how, lucky)

→ _____

(2) 그녀는 정말 예쁜 소녀로구나! (what, pretty)

→ _____

(3) 그 게임은 정말 신이 나는구나! (how, exciting)

→ _____

(4) 그들은 정말 영리한 학생들이로구나! (what, smart)

→ _____

FOCUS 66 선택의문문

1 괄호 안에서 알맞은 것을 고르시오.

(1) (Is / Does) he like soccer or baseball?

(2) Will you go by bus (or / by) subway?

(3) Who does she like better, Brian (or / and) Kevin?

(4) (Where / Which) do you want to learn, Chinese or Japanese?

2 빈칸에 알맞은 말을 쓰시오.

(1) Is she your sister _____ cousin?

(2) Do you like winter _____ summer?

(3) _____ is your boyfriend, Peter or Sam?

3 우리말과 뜻이 같도록 빈칸에 알맞은 말을 쓰시오.

(1) 네 가방은 파란색이니, 아니면 분홍색이니?

→ _____ your bag blue _____ pink?

(2) 너는 봄과 가을 중 어떤 계절을 더 좋아하니?

→ _____ season do you like better, spring _____ fall?

(3) 그는 바지를 샀니, 아니면 신발을 샀니?

→ _____ he buy pants _____ shoes?

4 괄호 안의 말을 이용하여 질문에 대한 답을 완전한 문장으로 쓰시오.

(1) **Q** Who broke the window, Tom or Mike? (Tom)

A _____

(2) **Q** Is your mother a teacher or doctor? (teacher)

A _____

(3) **Q** Which subject do you like better, math or science? (science)

A _____

1 괄호 안에서 알맞은 것을 고르시오.

(1) Ted can speak Korean, can't (he / Ted)?

(2) You like hamburgers, (do / don't) you?

(3) It is very hot today, (isn't / doesn't) it?

(4) She doesn't eat meat, (does / doesn't) she?

2 어법상 어색한 부분을 찾아 고쳐 쓰시오.

(1) Her voice is beautiful, isn't she?

_____ → _____

(2) Kevin didn't write this letter, didn't he?

_____ → _____

3 다음 문장을 부가의문문을 이용하여 다시 쓰시오.

(1) Kelly is your sister.

→ _____

(2) He doesn't have a pet.

→ _____

(3) You can play baseball.

→ _____

(4) Sam and Emma go to the same middle school.

→ _____

4 대화의 빈칸에 알맞은 말을 쓰시오.

(1) **A** Her speech was excellent, _____

_____?

B Yes, _____ _____.

(2) **A** This isn't Jane's book, _____

_____?

B No, _____ _____ hers.

(3) **A** Andrew doesn't like me, _____

_____?

B _____, _____ does.

1 괄호 안에서 알맞은 것을 고르시오.

(1) (Don't / Aren't) they on your desk?

(2) (Is not / Isn't) Sandra a high school student?

(3) (Aren't / Don't) you carry your umbrella?

(4) (Didn't / Wasn't) you finish the work?

2 다음 문장을 부정의문문으로 바꿔 쓰시오.

(1) She is your grandmother.

→ _____

(2) It is raining now.

→ _____

(3) They like watermelons.

→ _____

(4) Amy can play the guitar.

→ _____

3 대화의 빈칸에 알맞은 말을 쓰시오.

(1) **A** Don't you like movies?

B _____, _____ _____.

I like action movies.

(2) **A** Isn't your father a teacher?

B _____, _____ _____.

He is a musician.

(3) **A** Can't you make a paper plane?

B _____, _____ _____.

My paper planes fly well.

4 우리말과 뜻이 같도록 밑줄 친 부분을 바르게 고쳐 쓰시오.

(1) **A** Didn't you buy milk?

B Yes, I didn't. (응, 안 샀어.) → _____

(2) **A** Isn't it your cap?

B No, it is. (아니, 내 거야.) → _____

(3) **A** Don't you have a sister?

B Yes, I don't. (응, 없어.) → _____

» 정답 p.64

69 1형식 문장

- 「주어+¹_____(+수식어구)」로 이루어진 문장으로 뒤에 오는 수식어구는 문장의 형식에 영향을 주지 않는다.

The baby cries. 〈주어+동사〉 그 아기는 운다.

We lived near the park. 〈주어+동사+부사(구)〉
우리는 공원 근처에 살았다.

70 2형식 문장

- **2형식 문장:** 「주어+동사+²_____」로 이루어진 문장으로 보어 자리에는 명사나 형용사가 와서 ³_____를 보충 설명해 준다.

He is a brave soldier. 그는 용감한 군인이다.

The children are happy. 그 아이들은 행복하다.

- **감각동사+형용사:** 감각을 나타내는 동사인 look(~하게 보이다), sound(~하게 들리다), smell(~한 냄새가 나다), taste(~한 맛이 나다), feel(~하게 느끼다) 등은 보어로 ⁴_____를 쓴다.

Amy looks sad. Amy는 슬퍼 보인다.

The song sounds beautiful. 그 노래는 아름답게 들린다.

71 3형식 문장

- 「주어+동사+⁵_____」로 이루어진 문장으로 목적어 자리에는 (대)명사, to부정사, 동명사 등이 올 수 있다.

James bought an umbrella. James는 우산을 하나 샀다.

I want to watch the movie. 나는 그 영화를 보고 싶다.

We enjoy reading comic books.
우리는 만화책을 읽는 것을 즐긴다.

72 4형식 문장

- **4형식 문장:** 「주어+동사+⁶_____(~에게)+_____ (…을)」로 이루어진 문장이다.

I will send you the photos. 내가 너에게 그 사진들을 보내 줄게.

- **수여동사:** 두 개의 ⁷_____(간접목적어, 직접목적어)를 취하는 동사로 give, make, buy, send, tell, teach, show, ask 등이 있다.

Mr. Brown teaches us English.
Brown 선생님은 우리에게 영어를 가르친다.

73 4형식 문장의 3형식 전환

| (4형식) 주어+동사+간접목적어+직접목적어 |
| (3형식) 주어+동사+⁸_____+전치사(to, for, of)+_____ |

He gave her a present. 그는 그녀에게 선물을 주었다.

→ He gave ⁹_____ _____ to _____.

- **동사에 따른 전치사**

to	give, send, tell, teach, show, write 등
for	make, buy, cook 등
of	ask 등

My father bought me new pants.

→ My father bought new pants ¹⁰_____ me.
나의 아버지는 나에게 새 바지를 사 줬다.

Brian asked me a question.

→ Brian asked a question ¹¹_____ me.
Brian은 나에게 질문을 했다.

74 5형식 문장

- 「주어+동사+목적어+¹²_____」로 이루어진 문장으로 목적격보어 자리에는 명사, 형용사, to부정사 등이 와서 목적어를 보충 설명해 준다.

She named the cat Charlie.
그녀는 그 고양이를 Charlie라고 이름 지었다.

His smile makes me happy. 그의 미소가 나를 행복하게 한다.

I want James to come here. 나는 James가 여기로 오기를 원한다.

1 다음 문장에서 주어와 동사를 찾아 쓰시오.

(1) The train already left.
→ 주어: _____　동사: _____

(2) We met at the station.
→ 주어: _____　동사: _____

(3) Mike goes to school by bus.
→ 주어: _____　동사: _____

2 밑줄 친 부분의 역할을 괄호 안에서 고르시오.

(1) He can <u>run</u> fast.　　　　　　(주어 / 동사)
(2) I <u>get up</u> early in the morning.　(동사 / 부사구)
(3) She goes <u>to the bank</u> every day.　(동사 / 부사구)

3 다음 문장에서 생략이 가능한 부분을 찾아 밑줄을 그으시오.

(1) The baby sleeps well.
(2) An old man lived alone.
(3) The dog is barking loudly.

4 밑줄 친 부분의 쓰임을 주어, 동사, 부사(구)로 쓰시오.

(1) <u>Joe</u> <u>came</u> <u>home</u>.
_____　_____　_____

(2) <u>She</u> <u>was sleeping</u> <u>at the library</u>.
_____　_____　_____

(3) <u>I</u> <u>write</u> <u>to my parents</u> <u>once a week</u>.
_____　_____　_____　_____

1 밑줄 친 주어와 동격이거나 주어를 설명하는 말을 찾아 쓰시오.

(1) <u>My father</u> is a science teacher.
_____

(2) <u>Mike's hobby</u> is listening to music.
_____

(3) <u>She</u> became hungry after a long walk.
_____

(4) <u>The weather</u> turned cold.
_____

2 괄호 안에서 알맞은 것을 고르시오.

(1) Roses smell (sweet / sweetly).
(2) This soup tastes (salt / salty).
(3) This sweater feels (smooth / smoothly).
(4) Your sister looks (beautiful / beautifully).

3 빈칸에 알맞은 말을 |보기|에서 골라 쓰시오.

보기			
felt	tastes	is	sounds

(1) That idea _____ great.
(2) She _____ a great pianist.
(3) This cheesecake _____ bad.
(4) We _____ sad at the news.

4 우리말과 뜻이 같도록 괄호 안의 말을 배열하여 문장을 완성하시오.

(1) 이 피자는 맛있는 냄새가 난다.
(delicious, smells, this pizza)
→ _____

(2) 그녀는 유명한 가수가 되었다.
(a, became, she, famous, singer)
→ _____

1 다음 문장이 몇 형식인지 쓰시오.

(1) She looks beautiful. → _____

(2) She sings beautifully. → _____

(3) She sings a beautiful song. → _____

(4) She is singing a beautiful song. → _____

2 다음 문장에서 목적어를 찾아 밑줄을 긋고, 문장을 바르게 해석하시오.

(1) He does his homework in the evening.

→ _____

(2) They were playing the guitar at the concert.

→ _____

(3) She wants to be a doctor in the future.

→ _____

(4) I enjoy riding my bike along the river.

→ _____

3 밑줄 친 부분을 어법상 바르게 고쳐 쓰시오.

(1) Her sister always helps she. → _____

(2) I decided buy new glasses. → _____

(3) She finished write a novel. → _____

4 우리말과 뜻이 같도록 괄호 안의 말을 배열하여 문장을 완성하시오.

(1) 나의 삼촌이 이 집을 지으셨다.

(my uncle, this house, built)

→ _____

(2) 그는 고전 음악 듣기를 좋아한다.

(likes, he, classical music, listening to)

→ _____

(3) 우리는 프랑스로 여행 갈 계획을 세웠다.

(to go on a trip, planned, we, to France)

→ _____

1 다음 문장에서 직접목적어와 간접목적어를 찾아 쓰시오.

(1) He gave me this gift.

→ 직접목적어: _____　간접목적어: _____

(2) My mother bought me a computer.

→ 직접목적어: _____　간접목적어: _____

2 괄호 안에서 알맞은 것을 고르시오.

(1) Mary told (I / me) a scary story last night.

(2) He will give (everything his parents / his parents everything).

(3) I won't ask (him any questions / any questions him).

(4) She made (a nice scarf me / me a nice scarf).

3 다음 문장을 밑줄 친 부분에 유의하여 바르게 해석하시오.

(1) She showed them her pictures.

→ _____

(2) I will buy you a wonderful dinner.

→ _____

(3) Mom made me a hamburger for lunch.

→ _____

4 괄호 안의 말을 바르게 배열하시오.

(1) (handed, the salt, I, her).

→ _____

(2) (him, asked, a lot of, they, questions).

→ _____

(3) (told, big, grandmother, news, them, his).

→ _____

1 빈칸에 알맞은 말을 to, for, of 중에서 골라 쓰시오.

(1) I will lend some money _____ you.

(2) He gave good advice _____ me.

(3) She asked questions _____ me.

(4) My dad cooks lunch _____ us on weekends.

2 두 문장의 뜻이 같도록 빈칸에 알맞은 말을 쓰시오.

(1) Ms. White teaches us English.

→ Ms. White teaches English _____ _____.

(2) May I ask you a favor?

→ May I ask a favor _____ _____?

(3) I made him something special.

→ I made something special _____ _____.

(4) He will show you the storybook.

→ He will show the storybook _____ _____.

3 다음을 바르게 연결하여 문장을 완성하시오.

(1) She wrote a letter · · (a) of them.

(2) He will ask questions · · (b) for Mom.

(3) We will buy some flowers · · (c) to her sister.

4 다음 문장을 3형식으로 바꿔 쓰시오.

(1) My parents bought me an English book.

→ _____

(2) Can I ask you a question?

→ _____

(3) She will give us one more chance.

→ _____

1 다음 문장에서 목적어와 목적격보어를 찾아 쓰시오.

(1) Mary found the room empty.

→ 목적어: _____ 목적격보어: _____

(2) He told me to wash the dishes.

→ 목적어: _____ 목적격보어: _____

2 밑줄 친 부분을 어법상 바르게 고쳐 쓰시오.

(1) The news made us sadly.

→ _____

(2) This sweater will keep you warmly.

→ _____

(3) He advised me exercise regularly.

→ _____

3 다음을 바르게 연결하여 문장을 완성하시오.

(1) His mistake made me · · (a) Piggy.

(2) I wanted him · · (b) angry.

(3) He called his son · · (c) to clean his room.

4 괄호 안의 말을 이용하여 우리말을 영작하시오.

(1) 나는 그가 친절한 신사라고 생각한다.

(think, him, gentleman)

→ _____

(2) 그녀의 실패는 우리를 초조하게 만들었다.

(failure, make, nervous)

→ _____

(3) 그는 그의 딸이 디자이너가 되기를 원했다.

(want, be, designer)

→ _____

» 정답 pp.64~65

75 and, but, or

and	'~와, 그리고'라는 뜻으로 서로 비슷한 내용을 연결할 때 쓴다.
1 _____	'그러나'라는 뜻으로 서로 상반된 내용을 연결할 때 쓴다.
or	'또는, ~ 아니면'이라는 뜻으로 둘 중에서 하나를 선택할 때 쓴다.

My uncle raises two pigs ² _____ three cows.
나의 삼촌은 돼지 두 마리와 암소 세 마리를 기른다.

Amy likes to swim, but she doesn't like to run.
Amy는 수영하는 것을 좋아하지만, 달리는 것을 좋아하지 않는다.

Is the Empire State Building in New York ³ _____ in London?
엠파이어 스테이트 빌딩은 뉴욕에 있니, 아니면 런던에 있니?

76 that

- '~라는 것'이라는 뜻으로 that이 이끄는 절은 think, know, believe 등과 같은 동사의 ⁴ _____ 역할을 하며, 이때 that은 생략할 수 있다.
  I think (that) he wants a new cellphone.
  나는 그가 새 휴대전화를 원한다고 생각한다.

77 when

- '~할 때'라는 뜻으로 시간이나 때를 나타내는 부사절을 이끈다.
  Jessica listens to music ⁵ _____ she feels sad. Jessica는 슬플 때 음악을 듣는다.

78 before, after

- 시간의 전후 관계를 나타낼 때 쓰는 접속사로 before는 '~하기 전에', after는 '~한 후에'라는 뜻을 나타낸다.
  She woke up ⁶ _____ the alarm went off.
  그녀는 알람이 울리기 전에 일어났다.
  ⁷ _____ I bought a present, I wrapped it.
  나는 선물을 산 후에, 그것을 포장했다.

79 if, because

if	'만약 ~한다면'이라는 뜻으로 ⁸ _____ 을 나타내는 부사절을 이끈다.
because	'~하기 때문에'라는 뜻으로 원인이나 ⁹ _____ 를 나타내는 절을 이끈다.

¹⁰ _____ you don't want to go there, I'll go instead.
네가 그곳에 가기를 원하지 않는다면, 내가 대신 갈게.

Eric went to a fast food restaurant ¹¹ _____ he was very hungry. Eric은 매우 배가 고팠기 때문에 패스트푸드점에 갔다.

FOCUS 75 and, but, or

1 빈칸에 알맞은 말을 and, but, or 중에서 골라 쓰시오.
(1) Is she your mom _____ aunt?
(2) He is handsome _____ rude.
(3) I am good at soccer _____ baseball.

2 빈칸에 알맞은 말을 | 보기 |에서 골라 쓰시오.

보기
intelligent   writer   hate

(1) She is beautiful and _____.
(2) I like math, but I _____ science.
(3) He wants to be a singer or a _____.

3 두 문장을 접속사 and, but, or를 이용하여 한 문장으로 쓰시오.
(1) She is interested in Korean music. She is interested in Korean art.
→ _____
(2) I wanted to go to the party. I had no time.
→ _____
(3) Is your uncle in Seoul? Is your uncle in Incheon?
→ _____

FOCUS 76 that

1 빈칸에 알맞은 접속사를 쓰시오.

(1) I think _____ he is a good student.

(2) They believe _____ I am wrong.

(3) She said _____ he would come back soon.

(4) I hope _____ I'll study abroad.

2 다음 문장에서 that이 들어가기에 알맞은 곳에 ✔ 표시하시오.

(1) I didn't ( ) know ( ) he ( ) was your brother.

(2) She ( ) found out ( ) I ( ) failed the exam.

(3) We hope ( ) you'll ( ) enjoy ( ) the party.

(4) He said ( ) I ( ) could ( ) fix the TV.

3 다음 중 생략할 수 있는 that을 찾아 밑줄을 그으시오.

(1) I hope that you also like that.

(2) I know that she didn't read that letter.

(3) She thought that I couldn't make that much money.

4 두 문장을 접속사 that을 이용하여 한 문장으로 쓰시오.

(1) I can't believe. It's not a goal.

→ _____

(2) She didn't know. Mike was absent.

→ _____

(3) You will find. There is no place like home.

→ _____

(4) They said. Kate didn't like that idea.

→ _____

FOCUS 77 when

1 괄호 안에서 알맞은 것을 고르시오.

(1) (When / But) you need help, you can call me.

(2) They always talk about soccer (and / when) they meet together.

(3) (Or / When) she was ten years old, her family moved to Boston.

2 다음 문장에서 접속사 when(When)이 들어가기에 알맞은 곳에 ✔ 표시하시오.

(1) ( ) He worked hard ( ) he was young.

(2) ( ) She is sad, ( ) she doesn't eat.

(3) ( ) Turn off the light ( ) you leave here.

(4) ( ) I heard the news, ( ) I was so happy.

3 다음 문장을 밑줄 친 부분에 유의하여 바르게 해석하시오.

(1) When it rains, please don't go out.

→ _____

(2) When I was in trouble, he helped me.

→ _____

(3) When she has free time, she draws pictures.

→ _____

4 두 문장을 접속사 when을 이용하여 한 문장으로 쓰시오. (접속사로 시작할 것)

(1) She saw me. She ran away.

→ _____

(2) We were so worried. We heard about the accident.

→ _____

(3) You must go to see a doctor. You are sick.

→ _____

before, after

1 괄호 안에서 알맞은 것을 고르시오.

(1) You must wash your hands (before / after) you eat something.

(2) (Before / After) I read a book, I went to bed.

(3) (Before / After) I go to school, I have breakfast.

2 다음 문장을 밑줄 친 부분에 유의하여 바르게 해석하시오.

(1) I came home <u>before</u> he left.

→ _____

(2) I'll call you <u>after</u> I finish my homework.

→ _____

3 두 문장의 뜻이 같도록 빈칸에 알맞은 접속사를 쓰시오.

(1) We took a walk before we took a shower.

→ We took a shower _____ we took a walk.

(2) Before he came home, he finished the work.

→ _____ he finished the work, he came home.

(3) I opened the box after I took a deep breath.

→ I took a deep breath _____ I opened the box.

4 두 문장을 괄호 안의 말을 이용하여 한 문장으로 쓰시오.

(1) Review this book. You take your exam. (before)

→ _____

(2) I have lunch. I brush my teeth. (after)

→ _____

if, because

1 빈칸에 알맞은 말을 if나 because 중에서 골라 쓰시오.

(1) I like him _____ he is polite.

(2) _____ you want to buy a car, you must save money.

(3) She couldn't buy the necklace _____ she was poor.

2 빈칸에 알맞은 말을 |보기|에서 골라 쓰시오.

보기	
it was cold	it doesn't rain
it is expensive	you study hard

(1) I won't buy that bike because _____ _____.

(2) I stayed home all day because _____ _____.

(3) If _____, you will get a good grade.

(4) If _____, I will play tennis.

3 우리말과 뜻이 같도록 빈칸에 알맞은 말을 쓰시오.

(1) 그녀가 오늘 온다면, 우리는 파티를 열 것이다.

→ _____ _____ _____ today, we'll have a party.

(2) 그가 늦었기 때문에 우리는 그 없이 갔다.

→ We went without him _____ _____ _____ late.

4 두 문장을 접속사 if 또는 because를 이용하여 한 문장으로 쓰시오. (접속사로 시작할 것)

(1) I went to bed early. I was tired. (because)

→ _____

(2) You like him. You should tell him. (if)

→ _____

» 정답 p.65

80 시간의 전치사 1_ at, in, on

at	+ 구체적인 시각, 때의 한 시점	at 5:30
1 _____	+ 월, 연도, 계절, 시기	in October
on	+ 날짜, 요일, 특정한 날	on June 11th

81 시간의 전치사 2_ before, after, for, during

before	~ 전에	2 _____	~ 후에
for	+ 숫자를 포함한 구체적인 기간(~ 동안)		
during	+ 특정 기간(~ 동안)		

Jenny was sick ³ _____ three days. Jenny는 3일 동안 아팠다.
I'm going to visit my aunt ⁴ _____ the summer vacation 나는 여름 방학 동안에 나의 이모를 방문할 것이다.

82 장소의 전치사 1_ at, in, on, over, under, near

5 _____ (~에)	+ 비교적 좁은 장소나 지점	at home
6 _____ (~에)	+ 비교적 넓은 장소나 지역	in the room
on (~ 위에)	+ 표면에 접한 상태	on the wall
over	~ 위에 (표면에 접하지 않은 상태)	
7 _____	~ 아래에, ~의 바로 밑에	
near	~의 근처에	

There is a rainbow ⁸ _____ the mountain.
그 산 위에 무지개가 있다.

83 장소의 전치사 2_ in front of, next to, between A and B, across from

in front of	9 _____ (↔ behind: ~ 뒤에)
next to	~ 옆에 (= by, beside)
between A and B	A와 B 사이에
across from	~ 맞은편에

Amy is sitting ¹⁰ _____ Mia _____ Noah.
Amy는 Mia와 Noah 사이에 앉아 있다.

84 기타 전치사 _ 방향, 수단, 도구의 전치사

■ 방향을 나타내는 전치사

from	~로부터	into	~의 안으로
to	~까지, ~로	out of	~의 밖으로
for	~로 향해	11 _____	~을 따라서

■ 수단, 도구를 나타내는 전치사

with	~을 가지고, ~로	by	~로(교통수단)

Do you go to school ¹² _____ bus?
너는 버스로 등교하니?

FOCUS 80 시간의 전치사 1_ at, in, on

1 우리말과 뜻이 같도록 빈칸에 알맞은 전치사를 쓰시오.
(1) 밤에 _____ night
(2) 저녁에 _____ the evening
(3) 겨울에 _____ winter
(4) 크리스마스에 _____ Christmas Day

2 괄호 안에서 알맞은 것을 고르시오.
(1) School is over (at / in) 3:00 p.m.
(2) He was born (in / on) 1997.
(3) I go to church (at / on) Sundays.

3 어법상 어색한 부분을 찾아 고쳐 쓰시오.
(1) I have lunch in noon. _____ → _____
(2) His birthday is at July 1st. _____ → _____

4 괄호 안의 말을 이용하여 우리말을 영작하시오.

(1) 우리는 여름에 수영하러 갈 수 있다.
(go swimming, summer)
→ _____

(2) 나는 금요일에 테니스 수업이 있다.
(have, tennis lesson)
→ _____

(3) 그 제과점은 아침 7시에 문을 연다.
(bakery, open, o'clock, morning)
→ _____

FOCUS 81 시간의 전치사 2_ before, after, for, during

1 우리말과 뜻이 같도록 빈칸에 알맞은 전치사를 쓰시오.

(1) 점심 식사 전에 _____ lunch
(2) 저녁 6시 이후에 _____ 6 p.m.
(3) 두 달 동안 _____ two months
(4) 수업 시간 동안 _____ the class

2 빈칸에 알맞은 말을 | 보기 |에서 골라 쓰시오.

| 보기 |
| before after for during |

(1) He stayed with us _____ five days.
(2) She slept _____ the meeting.
(3) My dog returned home _____ a few hours.
(4) You should finish it _____ noon.

3 괄호 안의 말을 이용하여 우리말을 영작하시오.

(1) 그는 런던에서 3년 동안 살았다. (lived, three years)
→ _____

(2) 우리는 축제 동안 즐거운 시간을 보냈다.
(have fun, festival)
→ _____

(3) 그 도서관은 오전 6시 전에 문을 연다. (open, a.m.)
→ _____

(4) 나는 3시 이후에는 한가할 것이다. (free, o'clock)
→ _____

FOCUS 82 장소의 전치사 1_ at, in, on, over, under, near

1 괄호 안에서 알맞은 것을 고르시오.

(1) Turn left (at / on) the traffic light.
(2) We live (on / in) a small town.
(3) They are playing (over / on) the field.
(4) Her house is (near / under) my school.

2 빈칸에 알맞은 말을 | 보기 |에서 골라 쓰시오.

| 보기 |
| on at in under over near |

(1) Put this picture _____ the wall.
(2) A subway runs _____ this street.
(3) My mom is staying _____ Seoul.
(4) There is a bridge _____ the river.
(5) I'll be _____ home until 6 o'clock.
(6) Is there a bank _____ the bus stop?

3 밑줄 친 부분을 어법상 바르게 고쳐 쓰시오.

(1) Mom is working at the garden. → _____
(2) His office is in the 4th floor. → _____
(3) We are going to meet in the airport. → _____

4 괄호 안의 말을 이용하여 우리말을 영작하시오.

(1) 그는 집에 없을 것이다. (won't, home)
→ _____

(2) 이 근처에 도서관이 있나요? (library, here)
→ _____

(3) 너의 모자는 서랍 안에 있다. (cap, drawer)
→ _____

(4) 비행기가 산 위로 날았다. (the plane, fly)
→ _____

(5) 칠판에 네 이름을 써라. (write, blackboard)
→ _____

(6) 그 나무 아래에 고양이가 있다. (there, tree)
→ _____

장소의 전치사 2_ in front of, next to, between *A* and *B*, across from

1 우리말과 뜻이 같도록 빈칸에 알맞은 전치사(구)를 쓰시오.

(1) 자동차 앞에 _____ the car

(2) 창문 옆에 _____ the window

(3) 의자와 책상 사이에 _____ the chair

_____ the desk

(4) 역 맞은편에 _____ the station

2 빈칸에 알맞은 말을 쓰시오.

(1) She sat _____ to Tom.

(2) I stood between Sam _____ Jenny.

(3) The bank is _____ from the fire station.

(4) The taxi stop is in _____ of the gas station.

3 다음 문장을 밑줄 친 부분에 유의하여 바르게 해석하시오.

(1) She put the picture next to the vase.

→ _____

(2) My house is in front of the park.

→ _____

(3) The bakery is across from the bus stop.

→ _____

(4) The post office is between the bakery and the supermarket.

→ _____

4 괄호 안의 말을 이용하여 우리말을 영작하시오.

(1) 도서관은 나의 학교 앞에 있다. (front)

→ _____

(2) 네 가방을 문 옆에 놓지 마라. (put, next)

→ _____

(3) 나의 집은 그 건물 맞은편에 있다. (across)

→ _____

(4) 나는 은행과 꽃집 사이에 있다. (between)

→ _____

기타 전치사 _ 방향, 수단, 도구의 전치사

1 우리말과 뜻이 같도록 빈칸에 알맞은 전치사를 쓰시오.

(1) 서울로 떠나다 leave _____ Seoul

(2) 강을 따라 걷다 walk _____ the river

(3) 방 안으로 가다 go _____ the room

2 우리말과 뜻이 같도록 빈칸에 알맞은 말을 쓰시오.

(1) 콜럼버스는 인도를 향해 항해했다.

→ Columbus sailed _____ India.

(2) 이 기차는 대전에서 부산까지 간다.

→ This train goes _____ Daejeon _____ Busan.

(3) Mike는 칼로 케이크를 잘랐다.

→ Mike cut the cake _____ a knife.

3 다음 문장을 밑줄 친 부분에 유의하여 바르게 해석하시오.

(1) An elephant escaped from the zoo.

→ _____

(2) A man walked to me.

→ _____

(3) He wanted to travel by plane.

→ _____

(4) Judy walked along the street.

→ _____

4 괄호 안의 말을 이용하여 우리말을 영작하시오.

(1) 무언가가 하늘에서 떨어졌다. (something, fall)

→ _____

(2) 그들은 어제 브라질로 출발했다. (leave)

→ _____

(3) Steve는 지하철로 학교에 간다. (go)

→ _____

(4) 그 소년은 그 건물 밖으로 나왔다. (get)

→ _____

Answer

요점정리 노트 ······································· p.2

1 my 2 ours 3 you 4 his 5 hers 6 them 7 mine 8 am 9 is 10 are 11 not 12 am not 13 isn't 14 Are 15 I'm not 16 Is 17 is

FOCUS 01 ·· p.3

1 (1) She (2) him (3) us (4) my 2 (1) you (2) his (3) mine (4) their 3 (1) He is kind and nice. (2) This is her photo. (3) Emma met them. (4) Its eyes are blue. 4 (1) hers (2) his (3) ours (4) yours

FOCUS 02 ·· p.3

1 (1) am, I'm (2) are, you're (3) is, she's (4) is, it's 2 (1) is (2) is (3) am (4) are 3 (1) are (2) It's (3) is (4) am 4 (1) She is (2) I am (3) He is (4) They are

FOCUS 03 ·· p.4

1 (1) is (✔) (2) is (✔) (3) are (✔) (4) am (✔) 2 (1) I'm not (2) He's not(He isn't) (3) They're not(They aren't) (4) You're not(You aren't) 3 (1) is not (2) are not (3) am not 4 (1) I am not(I'm not) (2) She is not(She's not / She isn't) (3) They are not(They're not / They aren't) (4) You are not(You're not / You aren't)

FOCUS 04 ·· p.4

1 (1) Are you (2) Is he (3) Am I (4) Is she 2 (1) Is (2) Is (3) am (4) Yes 3 (1) Are you (2) Is this (3) Are they (4) Am I 4 (1) is (2) aren't (3) Yes (4) No

요점정리 노트 ······································· p.5

1 like 2 play 3 goes 4 studies 5 enjoys 6 has 7 watches 8 don't 9 don't 10 doesn't play 11 Does 12 Do 13 Does, read 14 doesn't

FOCUS 05 ·· p.6

1 (1) ○ (2) △ (3) ○ (4) ○ 2 (1) have (2) learn (3) sleep (4) go to 3 (1) 나는 소방관이다. (2) 우리는 음악을 듣는다. (3) James와 Mason은 방과 후에 수영을 한다. 4 (1) I have many dreams. (2) You study Chinese. (3) They help poor people. (4) Tom and Sally get up early.

FOCUS 06 ·· p.6

1 (1) goes (2) have (3) lives (4) like 2 (1) works (2) washes (3) teaches (4) plays 3 (1) starts (2) carries (3) comes (4) brushes 4 (1) Jenny eats breakfast every day. (2) My uncle fixes the computer. (3) He has many interesting books. (4) The student studies Korean history very hard.

FOCUS 07 ·· p.7

1 (1) don't (2) doesn't (3) don't (4) doesn't 2 (1) doesn't (2) listen (3) don't (4) don't 3 (1) doesn't run (2) doesn't need (3) don't like 4 (1) My mother doesn't(does not) watch TV. (2) I don't(do not) like vegetables. (3) He doesn't (does not) learn French. (4) They don't(do not) go to church.

FOCUS 08 ·· p.7

1 (1) Do (2) Does (3) Do (4) enjoy 2 (1) Do (2) Do (3) Does (4) Does 3 (1) Does she walk (2) Do you like (3) Does he teach 4 (1) Do, do (2) Does, doesn't (3) Does, Yes, she (4) Do, No, they

요점정리 노트 ······································· p.8

1 tomatoes 2 babies 3 leaves 4 men 5 feet 6 children 7 fish 8 단수 9 cup 10 slice 11 spoonful 12

cups   13 The   14 basketball   15 is   16 are   17 is   18
books   19 Is there   20 there isn't

FOCUS 09   p.9

1 (1) s, toys (2) es, glasses (3) es, benches (4) i, es, stories
2 (1) pianos (2) dishes (3) leaves (4) houses   3 (1) photos
(2) potatoes (3) candies (4) wolves   4 (1) These are your
books. (2) They are honest boys. (3) Those are heavy
boxes. (4) They are cute babies.

FOCUS 10   p.9

1 (1) women (2) children (3) Chinese (4) fish   2 (1) foot (2)
sheep (3) teeth (4) gentlemen   3 (1) mice (2) oxen (3) men
(4) geese   4 (1) My uncle has 20(twenty) geese. (2) Many
Japanese visit Korea. (3) Your teeth are very clean.
(4) There are many fish in the pond.

FOCUS 11   p.10

1 (1) × (2) × (3) × (4) oranges   2 (1) good news (2) Seoul
(3) rain (4) juice   3 (1) is (2) is (3) makes (4) doesn't
4 (1) peace (2) Saturday (3) sugar (4) is

FOCUS 12   p.10

1 (1) piece (2) bottle (3) slice(piece) (4) cup   2 (1) glass
(2) piece (3) slice (4) spoonful   3 (1) eight glasses of
water (2) ten cups of coffee (3) three pieces of cheese
(4) five pieces of cake   4 (1) a glass of milk (2) two bottles
of wine (3) three spoonfuls of salt (4) ten slices of pizza

FOCUS 13   p.11

1 (1) an (2) a (3) an (4) a   2 (1) 하나 (2) 불특정한 하나 (3) 하나
(4) ~마다   3 (1) am (✔ an) (2) in (✔ a) (3) is (✔ a) (4) once
(✔ a)   4 (1) An (year) → A (year) (2) a monkeys → monkeys
(3) a (honest) → an (honest) (4) English → an English

FOCUS 14   p.11

1 (1) (✔) Earth (2) Close (✔) (3) plays (✔) (4) (✔) Students
2 (1) an (2) the (3) The (4) a, The   3 (1) The (2) the (3) The
(4) a, The   4 (1) The sky is high. (2) We are in the same
class. (3) He plays the guitar. (4) Pass me the dish, please.
/ Please pass me the dish.

FOCUS 15   p.12

1 (1) × (2) × (3) the (4) a   2 (1) by airplane(plane) (2) go
to bed (3) play basketball (4) have(eat) lunch   3 (1) math
(2) dinner (3) school (4) work   4 (1) by subway (2) play
baseball (3) goes to church (4) teaches music

FOCUS 16   p.12

1 (1) Are (2) is (3) is (4) are   2 (1) There are (2) There is
(3) Are there   3 (1) There is not(There isn't / There's not)
much sugar in the tea. (2) There is not(There isn't / There's
not) a picture on the wall. (3) Is there a bank around here?
4 (1) 나무에 원숭이 다섯 마리가 있다. (2) 소파 위에는 고양이가 없다.

CHAPTER 04 대명사

요점정리 노트 ·· p.13

1 this   2 These   3 That   4 it   5 they   6 ones   7 one   8
myself   9 yourselves   10 herself   11 themselves   12
himself

FOCUS 17   p.14

1 (1) this (2) those (3) That (4) these   2 (1) is (2) Those
(3) That (4) flowers   3 (1) it (2) they (3) it(it's) isn't(not) (4)
they are   4 (1) This girl is my cousin. (2) That movie is
interesting. (3) Are these your favorite books? (4) Those
watches are not(aren't) expensive.

FOCUS 18   p.14

1 (1) 계절 (2) 시간 (3) 거리 (4) 날씨   2 (1) (a) (2) (c) (3) (b) (4) (d)
3 (1) it's (2) it (3) It's (4) It   4 (1) It is not dark outside. (2)
It is Christmas Eve today. (3) It is very cold in this country.
(4) It takes an hour to go to the airport.

FOCUS 19   p.15

1 (1) one (2) it (3) one   2 (1) a camera (2) clothes (3) shoes
3 (1) one (2) ones (3) it   4 (1) one → it (2) it → one (3) one
→ ones

1 (1) myself (2) ourselves (3) himself (4) themselves
2 (1) myself (2) herself (3) ourselves (4) yourself **3** (1) themselves (2) himself (3) itself (4) herself cuts **4** (1) herself (2) himself (3) themselves (4) herself

CHAPTER 05 시제

요점정리 노트 .... pp.16~17

1 was 2 was 3 were 4 was not 5 Was 6 studied 7 stopped 8 did 9 bought 10 sat 11 made 12 didn't visit 13 Did 14 did 15 taking 16 swimming 17 am doing 18 was doing 19 weren't dancing 20 Are you studying 21 Were 22 wasn't

1 (1) am, was (2) are, were (3) is was (4) is, was **2** (1) 부사: yesterday / was (2) 부사구: last winter / were (3) 부사구: At that time / was (4) 부사구: in 2002 / were **3** (1) was (2) were (3) was (4) was **4** (1) I was good at swimming. (2) The puppy was under the table. (3) You were in the same class. (4) There were many children in the park.

1 (1) wasn't (2) at that time (3) Were (4) Was **2** (1) was not (2) were not (3) were not **3** (1) he wasn't (2) Were, they (3) there weren't **4** (1) He was not(wasn't) famous in Korea. (2) You were not(weren't) very close last year. (3) Was Kate at the party yesterday?

1 (1) helped (2) agreed (3) tried (4) stopped (5) wanted (6) loved (7) worried (8) planned **2** (1) liked (2) cried (3) visited (4) worked **3** (1) played (2) arrived (3) studied (4) dropped **4** (1) started (2) lived (3) walked (4) talked

1 (1) did (2) ate (3) slept (4) put (5) ran (6) made (7) drank (8) read **2** (1) wrote (2) gave (3) took (4) bought **3** (1) saw (2) set (3) came (4) heard **4** (1) My family went to Europe last summer. (2) We had a good time at the party yesterday. (3) My mother taught social studies at a high school two years ago.

1 (1) didn't (2) didn't (3) visit **2** (1) didn't have (2) didn't bring (3) didn't meet **3** (1) I didn't(did not) call (2) He didn't(did not) know (3) She didn't(did not) do **4** (1) She didn't(did not) sleep well last night. (2) They didn't(did not) go to the park yesterday. (3) I didn't(did not) eat bread this morning.

1 (1) Did (2) Did (3) Did **2** (1) Did you find (2) Did Mike meet (3) Did she cook **3** (1) Did we bring (2) Did he keep (3) Did Amelia get **4** (1) Did, did (2) she did (3) Did they, didn't

1 (1) going (2) writing (3) running (4) lying **2** (1) flying (2) making (3) know (4) have **3** (1) shining (2) singing (3) jogging (4) reading **4** (1) drinking (2) swimming (3) watching (4) studying

1 (1) 그녀는 그녀의 사무실에서 일하고 있다. (2) 그는 거실에 앉아 있다. (3) 그들은 함께 점심을 먹고 있었다. **2** (1) We are playing basketball. (2) She is learning French. (3) I was cleaning my room. (4) Jack was making salad. **3** (1) baking (2) looking (3) am **4** (1) are taking (2) were lying

1 (1) is not (2) Are you (3) Was she **2** (1) She is not(She's not / She isn't) going to school. (2) It was not(wasn't) raining outside. (3) Are they looking at me? **3** (1) No, he's (2) I was (3) they are (4) I'm not **4** (1) Is, dying (2) Were, writing (3) were not using

요점정리 노트 ·· p.22

1 Who **2** What **3** Which **4** When **5** Where **6** How **7** many **8** much **9** tall **10** far **11** Because **12** Why

p.23

1 (1) Who (2) Who (3) Who **2** (1) Who (2) Whose (3) Who (4) Who **3** (1) Who wrote (2) Who sent (3) Who is (4) Who did they invite **4** (1) Who bought the picture? (2) Who is your favorite singer? (3) Who is playing the piano?

p.23

1 (1) What is (2) What did (3) What fruit do **2** (1) Who → What (2) do season → season do (3) teaches → teach **3** (1) What did you say to her? (2) What does he know about me? (3) What music is she listening to? **4** (1) What color does she like? (2) What is his favorite movie? (3) What do you want to be?

p.24

1 (1) Which is your bag? (2) Which do you like more? (3) Which book do you need? **2** (1) What → Which (2) and → or (3) she takes → does she take **3** (1) Which shoes are (2) Which do, want **4** (1) Which sport do you like, soccer or baseball? (2) Which do you want, an apple or a banana? (3) Which umbrella is hers, this or that?

p.24

1 (1) Where (2) When (3) When (4) Where **2** (1) Where do you (2) Where does he (3) When did you **3** (1) (d) (2) (c) (3) (b) (4) (a) **4** (1) When(What time) do you go to school? (2) When(What time) does your school finish? (3) Where did you find coins? (4) Where did you buy a knife?

p.25

1 (1) How (2) How (3) How **2** (1) How far (2) How much (3) How often **3** (1) (c) (2) (d) (3) (b) (4) (a) **4** (1) How was the musical? (2) How long did he sleep? (3) How often does she exercise?

p.25

1 (1) Why (2) Why (3) Why (4) Why **2** (1) Why (2) Why (3) Because **3** (1) because (2) Why (3) Why did you **4** (1) Why was your teacher surprised yesterday? (2) Why do you like the song? (3) Why does he go jogging every day? (4) Why did she go to Busan last week?

CHAPTER 07 조동사

요점정리 노트 ·· pp.26~27

1 요청 **2** going **3** won't **4** Will **5** be able to **6** 허락 **7** cannot(can't) solve **8** 추측 **9** 허락 **10** may **11** ~해야 한다 **12** have to **13** must be **14** ~할 필요가 없다 **15** don't have to

p.27

1 (1) cook (2) wil (3) to meet **2** (1) 미래 (2) 의지 (3) 요청 **3** (1) 나를 위해 문을 열어 주겠니? (2) 그들은 오늘 저녁에 떠날 것이다. (3) 그녀가 너에게 나중에 전화할 것이다.

p.27

1 (1) will not give up (2) Will Brian join **2** (1) I will not (won't) take my camera (2) Will he call his parents soon? **3** (1) I will (2) they won't

p.28

1 (1) can (2) to skate (3) Could (4) able to repair **2** (1) 능력 (2) 능력 (3) 허락 (4) 요청 **3** (1) can run (2) could win (3) were able to **4** (1) can solve this problem (2) is able to play the guitar (3) Amy was able to pass (4) Could you help me

p.28

1 (1) 그 아기는 걸을 수 없다. (2) 그녀는 바다에서 수영할 수 있었니? **2** (1) couldn't get (2) Can you drive (3) Was, able to **3** (1) You can't(cannot) visit my office. / Can you visit my office? (2) He wasn't(was not) able to win the race. / Was he able to win the race? **4** (1) Can I borrow (2) He couldn't(could not) catch (3) Is she able to dance

1 (1) may (2) may (3) may (4) may **2** (1) 내일 화창할지도 모른다. (2) 너는 내 컴퓨터를 사용해도 좋다. (3) 너는 수영하러 가도 좋다. (4) 그는 나의 이름을 기억할지도 모른다. **3** (1) may (2) may be afraid (3) may be (4) may wait **4** (1) She may be at school now. (2) You may leave early today. (3) They may go (to) see a movie(go to the movies). (4) You may go to the meeting.

1 (1) 허락 (2) 허락 (3) 추측 (4) 금지 **2** (1) You may not like your math teacher. (2) It may not snow tonight. (3) May he come back next year? **3** (1) May I (2) may not (3) you may **4** (1) may not come (2) may not be (3) May(Can) I open

1 (1) 그녀는 화가 났음에 틀림없다. (2) 나는 그 책을 읽어야 한다. (3) 너는 오전 9시 전에 도착해야 한다. (4) 그는 오늘 숙제를 끝내야 한다. **2** (1) has to brush (2) should wear (3) must be **3** (1) I must clean the room every Saturday. (2) He should help his mother today. (3) She has to leave before 4 o'clock. **4** (1) have to play (2) must have(eat)

1 (1) Should (2) have to (3) must (4) Does **2** (1) We should not(shouldn't) waste our time. (2) I don't have to wash the dishes. (3) Does she have to buy the bicycle? **3** (1) don't have to (2) must(should) not (3) Does he have to **4** (1) No (2) has to (3) don't have to

CHAPTER **08** 형용사와 부사

요점정리 노트 p.31

1 주어 **2** many **3** much **4** some **5** any **6** beautifully **7** happily **8** well **9** 일찍 **10** 빠른 **11** 빠르게 **12** will never **13** usually plays **14** her coat on **15** take them off

1 (1) famous (2) lovely (3) small **2** (1) strange (2) kind (3) exciting (4) snowy **3** (1) My little brother is smart. (2) The cake is very sweet. (3) Emily has a black cat. (4) There is a tall tree in the garden. **4** (1) a popular soccer player (2) lives in a big city (3) made delicious cookies

1 (1) many (2) much (3) many (4) much **2** (1) Many people (2) much ice cream (3) many Chinese restaurants (4) much time **3** (1) There isn't much milk in the bottle. (2) I saw many students on the playground. **4** (1) many mistakes (2) many flowers in the vase (3) too much sugar

1 (1) some (2) some (3) any (4) any **2** (1) any (2) some (3) any (4) any **3** (1) I have some plans for this weekend. (2) There is some water in the pond. (3) I will not(won't) buy any cookies for him. (4) She doesn't(does not) want to drink any tea. **4** (1) had some apples (2) need any help (3) any food in the kitchen

1 (1) loudly (2) luckily (3) safely (4) really (5) suddenly (6) busily (7) simply (8) wonderfully **2** (1) carefully, chose(동사) 수식 (2) so, lovely(형용사) 수식 (3) very politely, very - politely(부사) 수식 / politely - asked(동사) 수식 **3** (1) well (2) very (3) quickly (4) happily **4** (1) slowly (2) quietly (3) easily (4) beautifully

1 (1) time, 형용사 (2) dinner, 형용사 (3) got up, 부사 **2** (1) high (2) fast (3) late **3** (1) 빠른 수영 선수 (2) 열심히 공부하다 (3) 늦은 여름

1 (1) is (✔) (2) sister (✔) (3) will (✔) **2** (1) usually live (2) is always (3) can never **3** (1) often rains (2) never forget (3) usually comes

1 (1) Don't throw them away. (2) He put down his bag on the floor. / He put his bag down on the floor. **2** (1) Jack put it on. (2) Please take them off. (3) Don't give it up. **3** (1) She switched off the light. / She switched the light off. (2) He took off his shoes. / He took his shoes off. (3) Sally picked them up in the garden. (4) Bill will(is going to) bring it back.

CHAPTER 09   비교

1 larger **2** largest **3** happier **4** happiest **5** more famous **6** most famous **7** better **8** least **9** latest **10** last **11** as good as **12** not as(so) **13** than **14** of **15** in

1 (1) wiser (2) hottest (3) dirtier (4) dirtiest (5) more exciting (6) most exciting **2** (1) colder (2) larger (3) heaviest (4) most beautiful **3** (1) bigger (2) deepest (3) most difficult **4** (1) shorter (2) more important (3) widest

1 (1) better (2) worst (3) more (4) little (5) last **2** (1) more (2) better (3) worst

1 (1) as (2) cute (3) hard **2** (1) as dangerous (2) as(so) much **3** (1) tall (2) as (3) Harry's (mouth) **4** (1) as large as (2) as heavy as (3) as early as

1 (1) fatter (2) better (3) more exciting **2** (1) healthier (✔) (2) is (✔) **3** (1) higher than (2) lower than (3) newer than (4) older than **4** (1) faster than (2) shorter than (3) bigger than

1 (1) the best (2) in (3) sports **2** (1) got (✔) (2) city (✔) (3) the (✔) **3** (1) the cheapest (2) the largest (3) the most difficult **4** (1) the youngest (2) the heaviest (3) the biggest

CHAPTER 10   to부정사

1 동사원형 **2** 보어 **3** 가주어 **4** It, to **5** 주어 **6** to open **7** 뒤 **8** 형용사 **9** 목적 **10** 결과 **11** in order to

1 (1) To jog (2) to make (3) it **2** (1) 그 문제를 푸는 것은 쉽다. (2) 일본어를 배우는 것은 재미있다. (3) 규칙적으로 운동하는 것은 좋은 습관이다. (4) 영화를 보는 것은 재미있다. **3** (1) To see (2) to read (3) To study (4) It, to play **4** (1) It is exciting to have fun together at the party. (2) It is important to be honest all the time. (3) It is hard to get up early in winter.

1 (1) 주어 (2) 진주어 (3) 목적어 (4) 보어 **2** (1) to ride (2) to be (3) to play (4) to live **3** (1) need to bring (2) is to be (3) wants to finish (4) decided to visit **4** (1) want to go (2) to listen

1 (1) homework (2) something (3) a house (4) (many) friends **2** (1) 해야 할 많은 일들 (2) 저 자전거를 살 돈 (3) 너에게 말할 좋은 소식 **3** (1) time to travel (2) something to eat **4** (1) I want a computer to use. (2) She bought a dress to wear tomorrow. (3) He needs someone to talk to. (4) Do you have a pen to write with?

1 (1) 원인 (2) 결과 (3) 목적 **2** (1) 나는 너를 돕게 되어 행복하다. (2) 우리는 경주(시합)에서 이기기 위해 열심히 연습했다. (3) 나의 할머니는 90세까지 사셨다. **3** (1) to lose his dog (2) to lose weight (3) to be 100 years old **4** (1) to buy (2) to become (3) to see

CHAPTER 11 동명사

1 목적어 **2** 단수 **3** playing **4** 전치사 **5** doing **6** watching **7** sitting **8** to become(be) **9** riding **10** to ride

FOCUS 60   p.41

1 (1) taking (2) Learning (3) collecting (4) Being **2** (1) Taking(To take) (2) is (3) traveling(to travel) **3** (1) Driving (2) cooking **4** (1) Smoking (2) becoming an actor

FOCUS 61   p.42

1 (1) teaching (2) painting (3) studying (4) Walking **2** (1) lying (2) camping(to camp) (3) having (4) singing **3** (1) stop playing (2) mind opening (3) avoid facing **4** (1) Thank you for inviting me. (2) He likes talking(to talk) with his parents. (3) She finished doing her homework. (4) I am (I'm) good at playing soccer.

FOCUS 62   p.42

1 (1) building (2) to go (3) lending (4) to sell **2** (1) meeting (2) to see (3) barking(to bark) **3** (1) watching (2) talking (3) to work **4** (1) I stopped dancing. (2) She wants to buy the T-shirt. (3) They learned to ride a horse(horses).

CHAPTER 12 문장의 종류

1 동사원형 **2** please **3** Don't run **4** Let's **5** not **6** What a sad **7** How heavy **8** or **9** 인칭대명사 **10** isn't he **11** does she **12** Yes, are **13** No, aren't

FOCUS 63   p.44

1 (1) Be (2) Be (3) Watch (4) Don't **2** (1) Take (2) Don't eat (3) Open (4) Don't be **3** (1) Put your bag down. (2) Don't sit down here. (3) Don't call me after 3 o'clock. (4) Help your brother with his homework. **4** (1) Clean your room (2) Don't ride a bike (3) Don't waste your time

FOCUS 64   p.44

1 (1) wait (2) read (3) not watch (4) not buy **2** (1) Let's go (2) Let's not make (3) Let's talk **3** (1) Let's invite her to my party. (2) Let's not drink too much coffee. (3) Let's be nice to our classmates. **4** (1) Let's take a break. (2) Let's not visit him today. (3) Let's make a cake for her. (4) Let's not eat here.

FOCUS 65   p.45

1 (1) How (2) What (3) How (4) What **2** (1) a tall building (2) fast (3) wonderful (4) boring books **3** (1) What a beautiful house (2) How dirty (3) How surprised (4) What cute cats **4** (1) How lucky they are! (2) What a pretty girl she is! (3) How exciting the game is! (4) What smart students they are!

FOCUS 66   p.45

1 (1) Does (2) or (3) or (4) Which **2** (1) or (2) or (3) Who **3** (1) Is, or (2) Which, or (3) Did, or **4** (1) Tom broke the window. / Tom did it. (2) She(My mother) is a teacher. (3) I like science better (than math).

FOCUS 67   p.46

1 (1) he (2) don't (3) isn't (4) does **2** (1) isn't she → isn't it (2) didn't he → did he **3** (1) Kelly is your sister, isn't she? (2) He doesn't have a pet, does he? (3) You can play baseball, can't you? (4) Sam and Emma go to the same middle school, don't they? **4** (1) wasn't it, it was (2) is it, it's not(it isn't) (3) does he, Yes, he

FOCUS 68   p.46

1 (1) Aren't (2) Isn't (3) Don't (4) Didn't **2** (1) Isn't she your grandmother? (2) Isn't it raining now? (3) Don't they like watermelons? (4) Can't Amy play the guitar? **3** (1) Yes, I do (2) No, he isn't (3) Yes, I can **4** (1) No, I didn't. (2) Yes, it is. (3) No, I don't.

CHAPTER 13 문장의 형식

요점정리 노트 ·· p.47

1 동사 2 보어 3 주어 4 형용사 5 목적어 6 간접목적어, 직접목적어 7 목적어 8 직접목적어, 간접목적어 9 a present, her 10 for 11 of 12 목적격보어

FOCUS 69 · p.48

1 (1) The train, left (2) We, met (3) Mike, goes 2 (1) 주어 (2) 동사 (3) 부사구 3 (1) well (2) alone (3) loudly 4 (1) 주어, 동사, 부사 (2) 주어, 동사, 부사구 (3) 주어, 동사, 부사구, 부사구

FOCUS 70 · p.48

1 (1) a science teacher (2) listening to music (3) hungry (4) cold 2 (1) sweet (2) salty (3) smooth (4) beautiful 3 (1) sounds (2) is (3) tastes (4) felt 4 (1) This pizza smells delicious. (2) She became a famous singer.

FOCUS 71 · p.49

1 (1) 2형식 (2) 1형식 (3) 3형식 (4) 3형식 2 (1) his homework, 그는 저녁에 그의 숙제를 한다. (2) the guitar, 그들은 콘서트에서 기타를 연주하고 있었다. (3) to be, 그녀는 미래에 의사가 되고 싶어 한다. (4) riding my bike, 나는 강을 따라 자전거 타는 것을 즐긴다. 3 (1) her (2) to buy (3) writing 4 (1) My uncle built this house. (2) He likes listening to classical music. (3) We planned to go on a trip to France.

FOCUS 72 · p.49

1 (1) this gift, me (2) a computer, me 2 (1) me (2) his parents everything (3) him any questions (4) me a nice scarf 3 (1) 그녀는 그들에게 그녀의 사진들을(그림들을) 보여 주었다. (2) 내가 너에게 근사한 저녁을 살게. (3) 엄마는 나에게 점심으로 햄버거를 만들어 주었다. 4 (1) I handed her the salt. (2) They asked him a lot of questions. (3) His grandmother told them big news.

FOCUS 73 · p.50

1 (1) to (2) to (3) of (4) for 2 (1) to us (2) of you (3) for him (4) to you 3 (1) (c) (2) (a) (3) (b) 4 (1) My parents bought an English book for me. (2) Can I ask a question of you? (3) She will give one more chance to us.

FOCUS 74 · p.50

1 (1) the room, empty (2) me, to wash 2 (1) sad (2) warm (3) to exercise 3 (1) (b) (2) (c) (3) (a) 4 (1) I think him a kind gentleman. (2) Her failure made us nervous. (3) He wanted his daughter to be a designer.

CHAPTER 14 접속사

요점정리 노트 ·· p.51

1 but 2 and 3 or 4 목적어 5 when 6 before 7 After 8 조건 9 이유 10 If 11 because

FOCUS 75 · p.51

1 (1) or (2) but (3) and 2 (1) intelligent (2) hate (3) writer 3 (1) She is interested in Korean music and (Korean) art. (2) I wanted to go to the party, but (I) had no time. (3) Is your uncle in Seoul or in Incheon?

FOCUS 76 · p.52

1 (1) that (2) that (3) that (4) that 2 (1) know (✔) (2) out (✔) (3) hope (✔) (4) said (✔) 3 (1) that (2) that (3) that 4 (1) I can't believe that it's not a goal. (2) She didn't know that Mike was absent. (3) You will find that there is no place like home. (4) They said that Kate didn't like that idea.

FOCUS 77 · p.52

1 (1) When (2) when (3) When 2 (1) hard (✔) (2) (✔) She (3) light (✔) (4) (✔) I 3 (1) 비가 올 때는 밖에 나가지 마세요. (2) 내가 어려움에 처했을 때, 그는 나를 도와주었다. (3) 그녀는 여가 시간이 있을 때, 그림을 그린다. 4 (1) When she saw me, she ran away. (2) When we heard about the accident, we were so worried. (3) When you are sick, you must go to see a doctor.

FOCUS 78 · p.53

1 (1) before (2) After (3) Before 2 (1) 나는 그가 떠나기 전

에 집에 왔다. (2) 나는 내 숙제를 끝내고 난 후에 너에게 전화를 할 것이다. **3** (1) after (2) After (3) before **4** (1) Review this book before you take your exam. / Before you take your exam, review this book. (2) After I have lunch, I brush my teeth. / I brush my teeth after I have lunch.

FOCUS 79   p.53

1 (1) because (2) If (3) because **2** (1) it is expensive (2) it was cold (3) you study hard (4) it doesn't rain **3** (1) If she comes (2) because he was **4** (1) Because I was tired, I went to bed early. (2) If you like him, you should tell him.

CHAPTER 15 전치사

요점정리 노트 ·· p.54

1 in **2** after **3** for **4** during **5** at **6** in **7** under **8** over **9** ~ 앞에 **10** between, and **11** along **12** by

---

FOCUS 80   pp.54~55

1 (1) at (2) in (3) in (4) on **2** (1) at (2) in (3) on **3** (1) in → at (2) at → on **4** (1) We can go swimming in summer. (2) I have a tennis lesson on Friday. (3) The bakery opens at 7 (seven) o'clock in the morning.

FOCUS 81   p.55

1 (1) before (2) after (3) for (4) during **2** (1) for (2) during (3) after (4) before **3** (1) He lived in London for 3(three) years. (2) We had fun during the festival. (3) The library opens before 6(six) a.m. (4) I'll(I will) be free after 3(three) o'clock.

FOCUS 82   p.55

1 (1) at (2) in (3) on (4) near **2** (1) on (2) under (3) in (4) over (5) at (6) near **3** (1) in (2) on (3) at **4** (1) He won't be at home. (2) Is there a library near here? (3) Your cap is in the drawer. (4) The plane flew over the mountain. (5) Write your name on the blackboard. (6) There is a cat under the tree.

FOCUS 83   p.56

1 (1) in front of (2) next to(by / beside) (3) between, and (4) across from **2** (1) next (2) and (3) across (4) front **3** (1) 그녀는 사진을(그림을) 꽃병 옆에 놓았다. (2) 나의 집은 공원 앞에 있다. (3) 제과점은 버스 정류장 맞은편에 있다. (4) 우체국은 제과점과 슈퍼마켓 사이에 있다. **4** (1) The library is in front of my school. (2) Don't put your bag next to the door. (3) My house is across from the building. (4) I'm(I am) between the bank and the flower shop.

FOCUS 84   p.56

1 (1) for (2) along (3) into **2** (1) for (2) from, to (3) with **3** (1) 코끼리 한 마리가 동물원에서 탈출했다. (2) 한 남자가 나에게 걸어왔다. (3) 그는 비행기 타고(비행기로) 여행가기를 원했다. (4) Judy는 그 길을 따라 걸었다. **4** (1) Something fell from the sky. (2) They left for Brazil yesterday. (3) Steve goes to school by subway. (4) The boy got out of the building.

New
Reading
Master

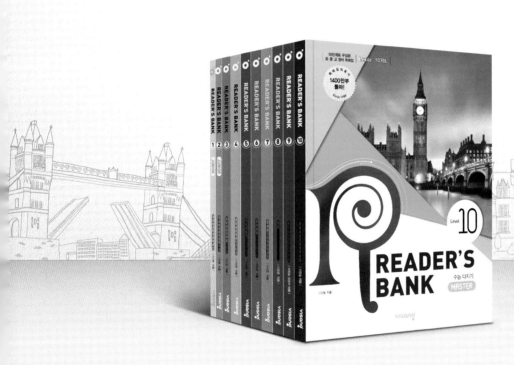

10단계 맞춤 영어 독해서의 표준! 리더스뱅크

영문 독해에 평생을 바친 이장돌 선생님의 역작

- 초등부터 고등까지 탄탄하게 잇는 **10단계 맞춤형 독해 시스템**
- 학생들의 관심사를 고려한 흥미로운 지문과 내신·수능 대비 최적화 문제 수록
- 모든 지문에 중등 교과과정 **필수 문법 항목 적용**
- 학습 효과를 더욱 높여주는 **지문 QR코드, 단어장, 워크북 제공**

1,400만 권 돌파

T·A·P·A 영역별 집중 학습으로 영어 고민을 한 방에 타파 합니다.

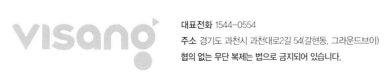
대표전화 1544-0554
주소 경기도 과천시 과천대로2길 54(갈현동, 그라운드브이)

LEVEL 1

핵심문법으로 격파하는

GRAMMAR TAPA

정답과 해설

GRAMMAR TAPA
정답과 해설

LEVEL 1

01 ① 02 ⑤ 03 ④ 04 ⑤ 05 It, ours 06 ④
07 ④ 08 ④ 09 ③ 10 ④ 11 Their 12 ④
13 ② 14 ③ 15 ③ 16 aren't 17 ② 18 Are,
they are 19 ⑤ 20 ⑤ her → him

서술형 평가

01 are, No, she isn't, a teacher
02 Yes, they are, No, he isn't, He's from Korea
03 (1) It is not(isn't) my favorite picture. (2) Are
they in the same club? 04 (1) Those books
are mine. (2) My mother loves me.
05 ⓐ are ⓑ is ⓒ am 06 No, we aren't.

FOCUS 01 p.11

A 1 You **2** We **3** my **4** Nancy's **5** them **6** His,
hers **B 1** your **2** ours **3** him, His **4** My, mine

교과서 문장 응용하기 **1** I like him. **2** That pencil is yours.

FOCUS 02 p.12

A 1 am **2** is **3** is **4** are **B 1** She's **2** It's **3** They're
4 I'm **C 1** It is(It's) so big. **2** We are(We're) fourteen
years old. **3** You are(You're) late for the class.

교과서 문장 응용하기 **1** She is(She's) sick today. **2** They
are(They're) wonderful pictures.

FOCUS 03 p.13

A 1 You're not(You aren't) **2** I'm not **3** They're
not(They aren't) **4** He's not(He isn't) **5** We're
not(We aren't) **B 1** I am not(I'm not) thirsty. **2** He
is not(He's not / He isn't) a math teacher. **3** You
are not(You're not / You aren't) from Japan. **4** It is
not(It's not / It isn't) my favorite book. **5** Lisa and
Sara are not(aren't) twelve years old. **6** We are
not(We're not / We aren't) at the bus stop.

교과서 문장 응용하기 **1** He is not(He's not / He isn't) at
home now. **2** Sam and Jenny are not(aren't) my
classmates.

FOCUS 04 p.14

A 1 Are your shoes new? **2** Is he a police officer?
3 Are we late for the meeting? **4** Are they hockey
players? **5** Is his uncle in the living room? **B 1** they
aren't **2** Is, she is **3** Are you, Yes **4** Is, No, he isn't
5 Is, No, it isn't

교과서 문장 응용하기 **1** Is Emma ten years old? **2** Are
they your father and mother? — Yes, they are.

---

01 나머지는 '소유격과 소유대명사'의 관계이고, ①은 '주격(목적
격)과 소유격'의 관계이다. it의 소유대명사는 없다.

02 '우리는 ~을(를) 매우 많이 사랑한다.'라는 뜻이므로 빈칸에는
'~을(를)'로 해석할 수 있는 목적격 인칭대명사 him이 알맞
다. ①, ④ 소유격, ②, ③ 주격

03 첫 번째 빈칸에는 Sara를 가리키는 3인칭 여성 단수주어
she가, 두 번째 빈칸에는 앞 문장의 a dog and a cat을 가리
키는 목적격 인칭대명사 them이 알맞다.

04 '이 노란 우산은 그녀의 것이다.'라는 뜻이므로 '그녀의 것'이
란 의미인 소유대명사 hers가 알맞다.

05 첫 번째 빈칸에는 주어 자리에 오는 '그것'이라는 뜻의 인칭대
명사 it이, 두 번째 빈칸에는 '우리의 것'이라는 뜻의 소유대명
사 ours가 알맞다.

06 빨간 재킷이 너의 것이냐고 물었을 때 긍정으로 답했으므로
뒤에 이어지는 말은 '그것은 나의 것이야.'라는 의미로 빈칸에
는 소유대명사 mine이 알맞다.

07 보스턴 출신이 아니라 뉴욕 출신이라고 말하고 있으므로 빈
칸에는 부정의 대답이 와야 한다. Are you ~?로 물어보면 I
am ~.으로 대답해야 하므로 ④가 알맞다.

08 be동사가 is이므로 빈칸에는 3인칭 단수주어가 알맞다. ④는
2인칭 주어로 be동사는 are가 온다.

09 ③ am not은 축약하여 쓸 수 없으므로 「주어+be동사」를 축
약한 I'm not으로 쓴다.

10 주어가 ⓐ는 2인칭, ⓒ는 3인칭 복수, ⓓ는 Isabella and I(=
We)로 1인칭 복수이므로 뒤에 aren't가 올 수 있다. ⓑ My

dog은 3인칭 단수주어이므로 aren't가 아니라 isn't가 와야 한다.

11 Noah and Olivia는 3인칭 복수형으로 받아야 하는데, 뒤의 명사 parents를 꾸며 주는 소유격이 되어야 하므로 Their가 알맞다.

12 ④ Amy and I는 1인칭 복수주어이므로 be동사는 am이 아니라 are로 써야 한다.

13 그림 속 남자는 의사(doctor)이므로 음악 선생님인지 묻는 질문에 대해 부정으로 대답해야 한다. Mr. Jones는 3인칭 단수 남성이므로 주격 인칭대명사 he를 써서 답한다.

14 ③ 주어가 you이고 형용사 sleepy가 있으므로 be동사 Are를 써야 한다. 나머지는 주어가 모두 3인칭 단수이므로 Is를 쓴다.

15 |보기|와 나머지는 뒤에 명사를 꾸며 주는 소유격 인칭대명사이고, ③은 동사 meet의 목적어로 쓰인 목적격 인칭대명사이다.

16 부정문에서 「(주어 + be동사) 축약형 + not」은 「주어 + (be동사 + not) 축약형」의 형태로도 쓸 수 있다.

17 ① This is는 줄여 쓸 수 없다. (This's → This is) ③ '이 사진들은 우리 것이다.'라는 뜻이므로 '우리의 것'이라는 의미의 소유대명사를 써야 한다. (our → ours) ④ 주어가 My favorite season으로 3인칭 단수이므로 be동사는 is를 써야 한다. (am → is) ⑤ 주어가 Jim and Kelly로 3인칭 복수이므로 be동사는 aren't가 되어야 한다. (isn't → aren't)

18 주어 the shoes는 3인칭 복수이므로 의문문일 때 주어 앞에 be동사 are가 필요하다. 긍정의 대답은 「Yes, 주어 + be동사.」로 쓰는데, 여기서 주어는 의문문의 주어인 the shoes를 받는 인칭대명사 they로 쓴다.

19 ⓐ 주어가 3인칭 복수이므로 Are, ⓑ 주어가 1인칭 단수이므로 Am, ⓒ 주어가 3인칭 단수이므로 Is가 알맞다.

20
> Mark는 호주 출신이다. 그는 지금 서울에 산다. 그의 가족도 서울에 산다. 그의 아버지는 수원에서 일한다. Mark는 그를 매우 사랑한다.

⑤ her는 바로 앞 문장의 His father를 받은 것이므로 남성형 목적격인 him으로 써야 한다.

서술형 평가

01 Ava and Jiho는 3인칭 복수주어이므로 be동사 are를 쓴다. Jessica는 선생님이므로 부정 대답인 「No, 주어 + be동사 +

not.」으로 써야 하는데, Jessica가 3인칭 여성 단수이므로 주어로 인칭대명사 she를 쓴다. (Jessica는) 그녀는 (학생이 아니라) 선생님이다.

02 Jessica and Ava는 3인칭 복수주어이므로 대답할 때는 인칭대명사 they를 주어로 쓴다. 지호는 캐나다 출신이 아니라 한국 출신이다.

03 (1) be동사의 부정문은 be동사 뒤에 not을 쓴다. 이때 「be동사 + not」은 축약형으로 쓸 수 있다. (2) be동사의 의문문은 「Be동사 + 주어 ~?」의 형태로 쓴다.

04 (1) '나의 것'이라는 뜻으로 소유대명사 mine을 쓴다. (2) '나의'라는 뜻은 소유격인 my를, '나를'이라는 뜻은 목적격인 me을 쓴다.

[05~06]

> 나에게는 친한 친구 몇 명이 있다. 그들은 Sue, Peter 그리고 John이다. Sue와 나는 같은 반이다. 그녀는 나에게 매우 다정하다. Peter와 John은 나의 이웃이다. 그들은 형제이다. 그들도 Sue를 알고 있다. 그래서 우리는 자주 함께 만난다.
> 오늘은 일요일이다. Peter와 John은 그들의 집에 있다. Sue는 지금 그녀의 조부모님 댁에 있다. 나는 지금 내 여동생과 공원에 있다.

05 ⓐ Peter and John은 3인칭 복수주어이므로 be동사 are, ⓑ Sue는 3인칭 단수주어이므로 be동사 is, ⓒ I는 1인칭 단수주어이므로 be동사 am이 알맞다.

06 Peter와 글쓴이(I)는 이웃 관계이므로 부정의 대답이 알맞다. 「3인칭 + 2인칭」 주어로 물으면 대답은 1인칭 복수주어인 we로 한다.

FOCUS 05   p.21

A 1 love 2 speak 3 need 4 have   **B** 1 read 2 do
3 teach 4 watch 5 play   **C** 1 swim 2 listen 3 go

교과서 문장 응용하기 1 They play the piano 2 We study
English after school.

FOCUS 06   p.22

A 1 cries 2 goes 3 sleeps 4 comes 5 eats
6 plays 7 wants 8 needs 9 mixes 10 teaches
11 carries 12 misses   **B** 1 starts 2 enjoys 3 has
4 washes 5 studies

교과서 문장 응용하기 1 David does his homework. 2 My
sister reads storybooks.

FOCUS 07   p.23

A 1 don't 2 doesn't 3 don't 4 doesn't
B 1 doesn't like 2 doesn't come 3 don't eat
C 1 I don't(do not) feel happy today. 2 He
doesn't(does not) have a pet. 3 You don't(do not)
read the newspaper every day. 4 Sally doesn't(does
not) go to church every Sunday.

교과서 문장 응용하기 1 My parents don't(do not) drink
coffee. 2 She doesn't(does not) wear glasses.

FOCUS 08   p.24

A 1 Do you sing well? 2 Do they come from
France? 3 Does she teach Japanese on Mondays?
4 Does Mr. Johnson have two daughters? 5 Do
Jack and Danny play badminton after school?
B 1 Does, does 2 Do you 3 Does, he does 4 Does,
Yes, she does 5 like, They don't

교과서 문장 응용하기 1 Do you get up early? 2 Does she
go to school today?

* * * *

내신적중 실전문제   pp.25~28

01 ②   02 ③   03 studies   04 ②   05 ①   06
don't   07 ⑤   08 ④   09 ④   10 ④   11 do
12 ②, ④   13 ②   14 Does, wash   15 ⑤   16 ②
17 ②   18 ②   19 ④   20 ⑤ isn't plays →
doesn't play

서술형 평가

01 (1) Sophia doesn't have lunch at noon.
(2) Does Sophia have lunch at noon?
02 I play baseball very well.   03 He practices
every afternoon.   04 (1) Suji likes sports and
movies. (2) Kevin doesn't like movies and
computer games.   05 (4행) go → goes
06 (1) No, they don't. (2) Yes, she does.

---

01   ② 「자음＋y」로 끝나는 동사는 y를 i로 바꾸고 -es를 붙인다.
    (→ flies)

02   동사가 동사원형에 -s가 붙은 3인칭 단수 형태이므로 주어는
    3인칭 단수가 알맞다.

03   주어가 3인칭 단수이므로 동사는 3인칭 단수형을 써야 한다.
    여기서 study는 「자음＋y」로 끝나는 동사로 y를 i로 바꾸고
    뒤에 -es를 붙여 쓴다.

04   주어 Janet이 3인칭 단수이므로 동사도 3인칭 단수형으로
    써야 한다. ②는 동사원형이므로 알맞지 않다. (→ rides her
    bike)

05   주어가 3인칭 단수인 일반동사의 의문문은 「Does＋주어＋
    동사원형 ~?」의 형태로 쓴다. 따라서 빈칸에는 동사원형이
    와야 하므로 ①은 알맞지 않다.

06   3인칭 복수주어(Sam and his brother)와 일반동사(eat)가 쓰
    인 문장을 부정문으로 쓸 때는 동사원형 앞에 don't를 쓴다.

07   ⑤ 「모음＋y」로 끝나는 동사는 동사원형에 -s를 붙여 3인칭
    단수형을 만든다. (→ plays)

08   주어 the concert는 it으로 받고 내용상 부정의 대답이어야
    하므로 ④가 알맞다.

09   나머지는 의문문과 부정문을 만드는 조동사이고, ④는 '~하
    다'라는 뜻의 일반동사이다.

10   ④ 빈칸 뒤에 동사가 없고 명사(a basketball player)가 있
    으므로 빈칸에는 be동사(is)가 와야 한다. 나머지는 빈칸 뒤

에 동사원형이 있으므로 빈칸에 don't[doesn't]가 들어가 부정문이 된다.

11 주어 your parents가 3인칭 복수주어인 일반동사 의문문으로 「Do + 주어 + 동사원형 ~?」의 형태로 쓴다. 긍정의 대답일 때는 「Yes, 주어 + do.」로 쓴다.

12 Sora and her brother는 3인칭 복수주어이므로 긍정문에는 동사원형을 쓰고, 부정문을 만들 때는 동사원형 앞에 don't를 쓴다.

13 ② 주어가 3인칭 단수이므로 don't가 아니라 doesn't를 써야 한다.

14 주어가 3인칭 단수인 일반동사 의문문은 「Does + 주어 + 동사원형 ~?」의 형태로 쓴다.

15 3인칭 단수주어의 일반동사 부정문은 「주어 + doesn't + 동사원형 ~.」의 형태로 쓴다.

16 주어가 Ann and Bill로 3인칭 복수인 일반동사 의문문으로 문장 맨 앞에 조동사 Do를 쓰고, 대답에서 주어는 인칭대명사 they로 받는다.

17 ⓑ 주어가 Chris로 3인칭 단수이므로 동사는 3인칭 단수형을 써야 한다. carry는 「자음 + y」로 끝나는 동사로 y를 i로 바꾸고 -es를 붙인 형태가 되어야 한다. (carrys → carries) ⓓ 주어인 My school은 3인칭 단수이므로 부정문을 만들 때 don't가 아니라 doesn't를 써야 한다. (don't → doesn't)

18 ① 3인칭 단수주어(my cat)이므로 Do 대신 Does를 써야 한다. ③ 3인칭 단수주어(Jack)이므로 동사 play에 -s를 붙인다. ④ doesn't 뒤에 동사원형을 써야 한다. (studies → study) ⑤ 3인칭 단수주어(my father)이므로 부정문일 때는 doesn't를 써야 한다. (don't → doesn't)

19 여자형제만 있다고 대답한 것으로 보아 남자형제가 있는지 묻는 질문이 자연스럽다. 대답이 3인칭 단수이므로 주어가 3인칭 단수인 일반동사 의문문 「Does + 주어 + 동사원형 ~?」의 형태가 알맞다.

20
> 너는 컴퓨터 게임을 좋아하니? 나는 컴퓨터 게임을 많이 좋아해. 나는 매일 그것을 해. 하지만 나의 남동생은 컴퓨터 게임을 전혀 하지 않아.

마지막 문장은 '내 남동생은 컴퓨터 게임을 전혀 안 한다.'라는 뜻으로 주어가 3인칭 단수(my brother)인 일반동사(play) 부정문이다. 따라서 「doesn't + 동사원형」의 형태로 써야 한다.

01 ⑴ 일반동사 부정문은 3인칭 단수주어(Sophia)일 때 「주어 + doesn't + 동사원형 ~.」의 형태로 쓴다. ⑵ 일반동사 의문문은 3인칭 단수주어일 때 「Does + 주어 + 동사원형 ~?」의 형태로 쓴다.

02 나는 훌륭한 야구 선수이다. = 나는 야구를 매우 잘한다. 「주어 + be동사 + a good player.」는 일반동사 play를 이용하여 「주어 + play ~ very well.」의 형태로 바꿔 쓸 수 있다.

03 주어가 3인칭 단수이므로 동사도 3인칭 단수형인 practices로 바꿔 쓴다.

04 ⑴ 3인칭 단수주어이므로 '좋아하다'라는 뜻의 동사 like는 뒤에 -s를 붙여 likes로 쓴다. ⑵ 일반동사(like)가 쓰인 문장을 부정문으로 쓸 때 3인칭 단수주어의 경우 「doesn't + 동사원형」의 형태로 쓴다.

[05~06]
> 나의 언니와 나는 매일 아침 6시에 일어난다. 우리는 조깅을 하러 간다. 그리고 나서 우리는 샤워를 하고 아침을 먹는다. 나의 언니는 7시 30분에 일하러 가고 나는 8시에 학교에 간다. 나는 4시에 집에 오지만 나의 언니는 7시에 집에 온다. 우리는 부모님과 함께 7시 30분에 저녁을 먹는다. 나는 저녁 식사 후에 숙제를 한다. 나의 언니는 매일 내가 숙제하는 것을 도와준다. 우리는 11시에 잔다.

05 4행에서 주어가 My sister로 3인칭 단수이므로 동사도 3인칭 단수형이 되어야 한다. go는 -o로 끝나는 동사로 뒤에 -es를 붙여 goes로 쓴다.

06 ⑴ 미나는 4시에, 그녀의 언니는 7시에 집에 오므로 부정의 대답으로 써야 한다. 주어가 Mina's sister and Mina이므로 인칭대명사 they를 써서 답한다. ⑵ 미나의 언니는 그녀의 숙제를 도와주므로 긍정의 대답으로 써야 한다. 주어가 Mina's sister이므로 인칭대명사 she를 써서 답한다.

CHAPTER 03 명사와 관사

FOCUS 09   p.31

A 1 ladies 2 keys 3 photos 4 watches 5 wolves 6 cameras 7 potatoes 8 foxes **B** 1 dog 2 classes 3 leaves 4 flowers **C** 1 teacher 2 countries 3 boys 4 tomatoes 5 pianos

교과서 문장 응용하기 1 I need two knives. 2 My aunt has three babies.

FOCUS 10   p.32

A 1 children 2 sheep 3 deer 4 teeth 5 feet 6 fish 7 mice **B** 1 Geese 2 feet 3 mice 4 sheep 5 Japanese 6 oxen 7 men, women

교과서 문장 응용하기 1 He keeps five sheep. 2 We brush our teeth every day.

FOCUS 11   p.33

A 1 is 2 is 3 salt 4 rain 5 Health **B** 1 juice 2 coffee 3 money 4 France 5 love **C** 1 Hope 2 water 3 England, London

교과서 문장 응용하기 1 Time is money. 2 Pooh likes honey.

FOCUS 12   p.34

A 1 pieces of cake 2 slices of pizza 3 bottles of beer 4 cups of green tea 5 spoonfuls of sugar **B** 1 pieces 2 bottles 3 cup 4 slice 5 glasses **C** 1 two cups of tea 2 five slices of cheese 3 two spoonfuls of sugar

교과서 문장 응용하기 1 I drink a glass of milk after breakfast. 2 He needs two slices(pieces) of bread.

FOCUS 13   p.35

A 1 a 2 a 3 A 4 a 5 an 6 An **B** 1 an 2 an 3 ×

4 × 5 a 6 an 7 a **C** 1 a → an 2 the → a 3 an → a 4 actor → an actor

교과서 문장 응용하기 1 A day has 24(twenty four) hours. 2 Jessica is an English teacher.

FOCUS 14   p.36

A 1 the 2 the 3 An 4 The 5 a **B** 1 A (moon) → The (moon) 2 A (girl) → The (girl) 3 guitar → the guitar 4 A (bag) → The (bag) 5 a (pen) → the (pen) **C** 1 The air 2 a, The 3 The sun, the east

교과서 문장 응용하기 1 The sky is very clear. 2 Brian plays the violin for me.

FOCUS 15   p.37

A 1 a lunch → lunch 2 the science → science 3 the school → school 4 by the taxi → by taxi 5 the bed → bed 6 the tennis → tennis **B** 1 have(eat) dinner 2 by train 3 teaches music 4 goes to church 5 play basketball 6 goes to bed 7 go to school

교과서 문장 응용하기 1 My friends play baseball after school. 2 She goes to school by bike(bicycle).

FOCUS 16   p.38

A 1 a coin 2 Is 3 are 4 isn't 5 Are **B** 1 are 2 Are 3 watches 4 isn't **C** 1 There isn't a restaurant 2 Is there a bank 3 There are many pictures 4 Are there many people

교과서 문장 응용하기 1 There is a cat in the box. 2 Are there books under the chair?

내신적중 실전문제
pp.39~42

01 ④ 02 ③ 03 ⑤ 04 is a slice(piece) 05 ② 06 ① 07 ③ 08 three pieces of paper 09 ②, ④, ⑤ 10 ② 11 ② 12 hands, feet 13 ④ 14 ③ 15 plays the piano 16 ② 17 ③ 18 ②

19 ④ 20 A (bike) → The (bike)

서술형 평가

01 Do you play the guitar? **02** (1) Mark eats two slices of pizza. He drinks a cup of coffee. (2) Jane eats a piece of cake and three pieces of cheese. She drinks a bottle of juice. **03** There are two children **04** (1) I go to school by bus. (2) My sister is a pretty girl. She wears a uniform **05** (1) ⓑ tooths → teeth (2) ⓓ fishes → fish **06** The woman has a big house

01 ④ bench는 -ch로 끝나는 단어이므로 복수형은 -es를 붙인 benches이다.

02 물질명사의 복수는 단위를 복수 형태로 바꿔 나타낸다. ① → two glasses of water ② → three slices(pieces) of bread ④ → two cups of tea ⑤ → three bottles of wine

03 과목명 앞과 '수업을 들으러 학교를 간다'라는 뜻의 go to school에서 school 앞에는 관사를 쓰지 않는다.

04 '케이크 한 조각'은 a slice(piece) of cake으로 쓰며, '~이 있다.'라는 뜻은 「There is(are) ~.」로 표현한다. 여기서는 주어인 '케이크 한 조각'이 단수이므로 be동사는 is를 쓴다.

05 부정관사 a와 같이 쓸 수 있는 것은 셀 수 있는 명사의 단수형이다. ①은 첫 발음이 모음으로 시작되므로 an을 써야 하고, ③, ⑤는 셀 수 없는 명사, ④는 복수형이므로 부정관사를 쓸 수 없다.

06 three(세 개의) 다음에는 복수형 명사를 써야 한다. ①은 단수형과 복수형이 같으므로 빈칸에 알맞다.

07 ③ 운동 경기(tennis) 앞에는 정관사 the를 쓰지 않는다.

08 물질명사 paper의 수량 표현은 측정하는 단위를 써서 a piece of paper로 나타내는데, 복수형일 때는 앞의 단위인 piece를 복수 형태로 쓴다.

09 「There is(are) ~.」는 '~이 있다.'라는 뜻으로 주어가 be동사 뒤에 온다. 여기서는 be동사 are가 있으므로 빈칸에는 복수명사가 알맞다. ③은 love가 추상명사로 셀 수 없기 때문에 단수 취급하므로 알맞지 않다.

10 첫 번째 빈칸에는 uniform이 철자는 모음으로 시작하지만 발음이 반모음이므로 부정관사 a가, 두 번째 빈칸에는 앞에서 언급된 명사인 uniform을 가리키므로 정관사 the가 알맞다.

11 ② news는 셀 수 없는 명사이므로 twelve와 함께 쓸 수 없으며 단수 취급한다. 따라서 be동사 are도 is가 되어야 한다.

12 빈칸에는 명사의 복수형이 알맞다. hand의 복수형은 hands, foot은 불규칙 변화하는 명사로 복수형은 feet이다.

13 |보기|와 ④는 부정관사 a가 알맞다. 나머지는 빈칸 뒤 단어의 첫 발음이 모음이므로 부정관사 an이 알맞다.

14 ③ milk는 물질명사로서 셀 수 없으므로 복수형으로 쓸 수 없다.(milks → milk)

15 '악기를 연주하다'라는 의미를 나타낼 때는 악기명 앞에 항상 정관사 the를 써야 한다.

16 ①, ③ 식사나 교통수단 앞에는 관사를 쓰지 않는다. ④ leaves가 복수이므로 a(an)를 쓸 수 없다. ⑤ 유일한 것으로 the를 쓴다.

17 ⓑ '설거지를 하다'라는 뜻의 표현은 wash the dishes로 쓴다. (a → the) ⓓ 세는 단위 앞에 five가 왔으므로 복수 형태 bottles가 되어야 한다. (five bottle of beers → five bottles of beer) ⓖ deer는 단·복수형이 같고, goose의 복수형은 geese이다. (deers and gooses → deer and geese)

18 첫 번째는 뒤에 오는 명사의 첫 발음이 자음이므로 부정관사 a가, 두 번째는 「자음+y」로 끝나는 명사의 복수형은 y를 i로 바꾸고 -es를 붙인 babies가, 세 번째는 주어가 복수이므로 복수형인 sisters가 알맞다.

19 ④ '방과 후에'라는 뜻을 나타낼 때 school 앞에는 관사를 쓰지 않는다.

20 첫 번째 문장에서 언급된 a new bike를 두 번째 문장에서 주어로 받은 것이므로 bike 앞에는 A가 아니라 정관사 The를 써야 한다.

서술형 평가

01 '기타를 치다'라는 의미의 표현은 play the guitar로 악기명 앞에는 정관사 the를 써야 한다. 일반동사 의문문은 「Do+주어+동사원형 ~?」의 형태로 쓴다.

02 cake, pizza, cheese의 세는 단위는 slice(piece)로 쓰며, 한 조각일 때는 a slice(piece) of로, 두 조각 이상일 때는 단위를 복수형으로 쓴다. 액체류는 들어 있는 용기에 따라 단위를 쓴다. coffee는 a cup of, juice는 a bottle of, water와 milk는 a glass of로 쓴다.

03 그림에는 두 명의 아이들이 놀이터에 놀고 있는 모습으로 '~들이 있다.'라는 뜻의 「There are+복수주어 ~.」의 형태로 쓴다. child는 불규칙 변화하는 명사로 복수형은 children이다.

04 (1) '등교하다'라는 의미의 표현은 관사 없이 go to school로 쓰며, 교통수단을 나타낼 때도 명사 앞에 관사 없이 「by + 교통수단」으로 쓴다. (2) 첫 번째 문장에서 girl은 셀 수 있는 명사로 주어인 My sister를 가리키므로 pretty girl 앞에 부정관사 a를 써야 한다. 두 번째 문장에서 uniform은 모음으로 시작하는 단어지만 첫 발음이 반모음이므로 an이 아니라 a를 써야 한다.

[05~06]

> 작은 마을에 많은 남자들이 있지만 그 마을에는 여자는 단지 한 명밖에 없다. 그 여자는 이가 많이 없다. 하지만 그녀는 고기를 좋아한다. 그녀에게는 자신의 마당에 11마리의 양이 있다. 한 명의 남자가 그녀를 위해 그들을 돌본다. 그녀의 집 앞에는 연못이 있다. 거기에는 물고기가 많이 있다. 그녀는 자주 물고기를 먹는다. 또 다른 남자는 매주 그녀를 위해 물고기를 잡는다. 그 여자는 큰 집을 가지고 있고 그 안에는 몇 마리의 쥐들이 있다. 그녀는 쥐를 좋아하지 않는다! 그래서 어떤 남자들은 매일 그것들을 잡기 위해 애쓴다.

05 ⓑ tooth의 복수형은 불규칙 변화로 teeth이다. ⓓ fish는 단복수형이 같다.

06 '그 여자는 큰 집을 가지고 있다.'는 의미가 되어야 하므로 주어 The woman을 먼저 쓰고 동사(has)를 쓴 다음 a big house를 쓴다.

CHAPTER 04 대명사

FOCUS 17 p.45

A 1 This 2 these 3 Those 4 That B 1 These → This 2 That → Those 3 is → are 4 (B)의 this → it
C 1 That, is 2 These, are 3 Is this, it 4 those buildings, they

교과서 문장 응용하기 1 This is my friend. 2 Those games are interesting.

FOCUS 18 p.46

A 1 It is 2 It is 3 Is it 4 it 5 It, cold 6 It, November 7 is it B 1 여기는 밝다. 2 오늘은 바람이 분다. 3 여름에는 (날씨가) 덥다. 4 오늘은 나의 생일이다. 5 8월 3일이다. 6 지금은 6시이다.

교과서 문장 응용하기 1 It's March 1st(first) today. 2 It takes four(4) hours to Busan.

FOCUS 19 p.47

A 1 one 2 one 3 one 4 ones 5 it B 1 one 2 it 3 one 4 ones C 1 one 2 one 3 it 4 ones

교과서 문장 응용하기 1 I need a new one. 2 I like blue ones.

FOCUS 20 p.48

A 1 himself 2 themselves 3 yourself 4 myself 5 herself 6 ourselves B 1 재귀용법 2 강조용법 3 강조용법 C 1 myself 2 himself 3 ourselves 4 herself

교과서 문장 응용하기 1 My father fixes his computer himself 2 They enjoyed themselves at the party.

•••• 내신적중 실전문제 pp.49~52

01 ② 02 ② 03 ③ 04 ourselves 05 ② 06 ②
07 ones 08 ④ 09 ① 10 ④ 11 That 12 ④
13 ⑤ 14 ⑤ 15 It 16 These 17 ③ 18 ②
19 ⑤ 20 (1) (1행) ones → one (2) (7행) That → It

서술형 평가

01 It rains a lot in summer. 02 My sister does the dishes herself. / My sister herself does the dishes 03 (1) It's April 10th (today). / (오늘은) 4월 10일이다. (2) It's Tuesday (today). / (오늘은) 화요일이다. (3) It's 11:00 o'clock (now). / (지금은) 11시이다.
04 (1) It takes an hour by subway. (2) He needs a new one. 05 ⓐ It is my house. ⓑ This red one has three bedrooms and a bathroom 06 저 파란 집은 침실(방)이 하나 있다(침실(방)을 하나 가지고 있다).

01 빈칸은 앞에 나온 a hair shop과 같은 종류의 것을 가리키므로 부정대명사 one이 알맞다. 특정한 미용실을 가리키는 것이 아니므로 it을 쓸 수 없다.

02 의문문의 대답에서 지시대명사 that은 it으로 받는다. 빈칸에는 부정의 답이므로 ②가 알맞다.

03 빈칸에는 복수명사 boys를 꾸며 주는 복수 지시형용사가 와야 하므로 these가 알맞다.

04 '축제에서 즐거운 시간을 보내다'라는 의미로 enjoy 다음에 주어를 받는 재귀대명사가 필요하므로 목적격 us는 ourselves가 되어야 한다.

05 시간이나 날씨를 나타낼 때는 비인칭주어 it을 쓴다.

06 one은 수사로서 '하나의'라는 뜻을 나타내며 부정대명사로 쓰여 불특정한 사물을 가리킨다.

07 빈칸은 앞에 언급된 four caps 중 나머지 3개를 받는 부정대명사이므로 복수명사를 나타내는 ones가 알맞다.

08 나머지는 '① 날씨 ② 요일 ③ 명암 ⑤ 거리'를 나타내는 비인칭주어이고, ④는 앞에서 언급한 불고기를 가리키는 인칭대명사이다.

09 나머지는 부정대명사이고, ①은 숫자 1을 의미한다.

10 첫 번째 빈칸에는 주어 you가 생략된 문장이므로 동사의 목적어 역할을 하는 yourself가, 두 번째 빈칸에는 주어 I를 강조하는 myself가 알맞다.

11 멀리 떨어져 있는 하나의 사물을 가리킬 때 명사 앞에 지시형용사 that을 쓴다.

12 날씨를 묻는 질문이므로 ④ '화창하고 따뜻해.'가 알맞다.

13 나머지는 같은 종류의 불특정한 것을 가리키고 있으므로 one이, ⑤는 그녀가 좋아하는 그 노래인 특정한 것을 가리키므로 it이 알맞다.

14 ⑤는 '사람들은 그들 자신에 대해 알지 못한다.'라는 뜻으로 재귀대명사 yourselves는 themselves가 되어야 한다.

15 첫 번째 빈칸에는 '그것은 좋은 재킷이다.'라는 뜻으로 인칭대명사 it이 알맞다. 두 번째 빈칸에는 '한국은 겨울이다.'라는 뜻으로 계절을 나타내는 비인칭주어 it이 알맞다.

16 첫 번째 빈칸에는 복수명사를 가리키는 지시대명사 these와 those가 알맞다. 두 번째 빈칸에는 뒤에 those로 보아 대비되는 지시형용사 these가 알맞다. 따라서 빈칸에 공통으로 알맞은 말은 these이다.

17 ③은 전치사의 목적어로 쓰인 재귀용법이므로 생략할 수 없고, 나머지는 강조용법이므로 생략할 수 있다.

18 ⓐ, ⓒ 앞에 나온 명사의 종류와 같은 불특정한 명사를 가리키므로 one이 알맞다. ⓑ 앞에서 언급한 특정한 가방을 가리키므로 it이 알맞다. ⓓ pants는 복수명사이므로 ones가 알맞다.

19 |보기|는 '그것은 내 여동생의 새 책상이다.'라는 뜻으로, ⑤는 '그것은 매우 뜨거운 수프이다.'라는 뜻으로 모두 인칭대명사이다. 나머지는 '시간, 요일, 계절, 날짜'를 나타내는 비인칭주어이다.

20 (1) 1행에서 언급된 a pencil을 가리키므로 ones는 단수인 one이 되어야 한다. (2) 7행에서 거리를 나타내므로 That은 비인칭주어 it이 되어야 한다.

01 '여름에 비가 많이 온다.'라는 뜻으로 비인칭주어 it을 사용해서 바꿔 쓸 수 있다. 명사 rain을 동사로 바꿔 It rains ~.로 쓴다.

02 주어를 강조할 때 재귀대명사는 강조하는 말 뒤나 문장 맨 뒤에 쓴다. 여기서는 주어가 My sister로 3인칭 여성단수이므로 재귀대명사는 herself로 써야 한다.

03 '날짜, 요일, 시간'은 모두 비인칭주어 it을 써서 나타낸다. It is 다음에 날짜, 요일, 시간을 쓰며 it은 '그것'이라고 해석하지 않는다.

04 (1) 소요 시간에 대해서 말할 때는 주어 자리에 비인칭주어 it을 쓴다. (2) '새 컴퓨터 하나'는 불특정한 것이므로 부정대명사 one을 쓴다.

[05~06]

> 이 회색 집을 보아라. 그것은 내 집이다. 그 안에는 침실이 4개 있다. 그것은 매우 오래되었다. 우리는 새 집이 필요하다. 나의 삼촌은 두 개의 좋은 집이 있다. 그것들은 우리 집 옆에 있다. 이 빨간 집은 침실이 3개이고 욕실이 1개이다. 저 파란 집은 침실이 하나이다. 나의 삼촌은 파란 집에서 살고 있다. 나는 그의 파란 집을 좋아한다.

05 ⓐ 바로 앞 문장에서 언급한 this gray house를 주어로 받을 때 3인칭 단수로 사물을 받는 주격대명사 it을 써야 한다. ⓑ 두 채의 집 가운데 빨간 집에 대해 말하는 것이므로 one과 수를 일치시켜 These를 This로 써야 한다.

06 앞의 one은 house를 가리키는 부정대명사이고, 뒤의 one은 '하나의'라는 뜻의 숫자 형용사이다.

CHAPTER 05 시제

FOCUS 21   p.55

A 1 was **2** were **3** was **4** were **B 1** was **2** was **3** were **4** were **5** were **C 1** was **2** were **3** It was **4** birds were

교과서 문장 응용하기 **1** The movie was boring. **2** They were elementary school students last year.

FOCUS 22   p.56

A 1 He was not(wasn't) from France. **2** I was not(wasn't) happy with my new bike. **3** We were not(weren't) ready for the trip. **4** The weather was not(wasn't) warm and sunny. **5** Alex and Olivia were not(weren't) middle school students. **B 1** it wasn't **2** we were **3** Was, wasn't **4** Were, Yes, I was

교과서 문장 응용하기 **1** Mr. Brown was not(wasn't) a singer. **2** Were you sick yesterday? — No, I wasn't.

FOCUS 23   p.57

A 1 moved **2** watched **3** studied **4** stopped **5** invited **6** asked **B 1** worried **2** called **3** lived **4** enjoyed **5** played

교과서 문장 응용하기 **1** He walked to school yesterday. **2** The baby cried a lot.

FOCUS 24   p.58

A 1 caught **2** got **3** heard **4** cut **5** met **6** bought **B 1** sang **2** hurt **3** thought **4** saw **5** ate

교과서 문장 응용하기 **1** Henry drank milk this morning. **2** I taught math last year.

FOCUS 25   p.59

A 1 didn't **2** didn't **3** didn't **B 1** Mr. Baker didn't(did not) wash his car. **2** I didn't(did not) go to bed late last night. **3** She didn't(did not) write a letter to her parents. **4** My sister and I didn't(did not) take a walk after dinner. **C 1** didn't(did not) finish **2** didn't(did not) pass **3** didn't(did not) read **4** met, didn't(did not) feel

교과서 문장 응용하기 **1** I didn't(did not) wear a cap yesterday. **2** Sally didn't(did not) swim in the river.

FOCUS 26   p.60

A 1 Did her father cook dinner? **2** Did he leave Seoul last year? **3** Did you sleep well last night? **4** Did Amy give you a birthday present? **5** Did the Yankees win the last game? **6** Did they wake up too early this morning? **B 1** it did **2** Did they, didn't **3** No, he didn't **4** Yes, I did

교과서 문장 응용하기 **1** Did you eat(have) lunch with Emily? **2** Did Bill draw this picture? — Yes, he did.

FOCUS 27   p.61

A 1 making **2** reading **3** planning **4** buying **5** coming **6** flying **7** leaving **8** speaking **9** working **10** stopping **11** eating **12** running **13** dying **14** winning **15** saying **16** tying **B 1** writing **2** lying **3** drinking **4** waiting **5** walking **6** sitting **7** taking **8** staying

교과서 문장 응용하기 **1** We are(We're) playing the violin. **2** Ted is driving his car.

FOCUS 28   p.62

A 1 You are(You're) listening to music **2** She is(She's) going for a walk after lunch. **3** I was looking for my cellphone. **4** We were standing in front of the building. **5** Chris was buying some meat. **B 1** Peter was talking on the phone. **2** Cathy is studying two languages. **3** My cats were sleeping under the chair at that time. **4** They are shopping at the department store.

교과서 문장 응용하기 **1** She is(She's) waiting for her

friend. **2** I was helping my mother.

FOCUS 29   p.63

A 1 are not   **2** wasn't 또는 isn't   **3** Were 또는 Are
4 Was   **B 1** She is not(She's not / She isn't)
sleeping on the sofa.   **2** Is it raining now?   **3** We
were not(weren't) talking about you.   **4** Was Alex
wearing his school uniform?   **C 1** not lying   **2** Is he
cooking   **3** Yes, she was

교과서 문장 응용하기   1 He is not(He's not / He isn't)
jumping on the bed.   **2** Were you playing in the
playground?

내신적중 실전문제 1회

pp.64~66

01 ⑤   **02** ④   **03** ③   **04** Did(did)   **05** ④   **06** ④
07 ④   **08** lying   **09** ③   **10** ④   **11** ③   **12** ⑤
13 ②   **14** No, I wasn't   **15** ③   **16** ⑤   **17** ②
18 drinking   **19** ④   **20** ③

01 ⑤ enjoy는 「모음+y」로 끝나는 동사이므로 뒤에 -ed만 붙여
과거형을 만든다. (→ enjoyed)

02 ④ ride은 -e로 끝나는 동사이므로 e를 빼고 -ing을 붙여 「동
사원형 + -ing」 형을 만든다. (→ riding)

03 과거를 나타내는 부사구 last month가 있으므로 동사는 과
거형이나 과거진행형으로 써야 한다.

04 과거시제의 문장이고 일반동사(come)가 쓰였으므로 의문문
의 주어 앞과 긍정의 대답에서 주어 뒤에 did가 필요하다.

05 주어 Lucas and his brother가 복수이고 at that time은 과
거를 나타내는 부사구이므로 빈칸에는 과거진행형인 ④가 알
맞다.

06 ④ 동사 write의 3인칭 단수형은 writes이고, 과거형은
wrote이다. ② 동사 put은 현재형과 과거형의 형태가 같은
데 주어가 3인칭 단수이므로 여기서는 과거로 쓰였다.

07 일반동사 과거형의 부정문은 「주어+didn't+동사원형 ~.」의
형태로 쓴다.

08 진행형을 만들 때 -ie로 끝나는 동사는 ie를 y로 바꾸고 -ing
를 붙인다.

09 대답에 I'm not이 쓰였고 뒤에 현재진행형 문장이 이어지고
있으므로 질문은 Are you playing ~?이 되어야 한다.

10 첫 번째 빈칸에는 주어가 I이고 과거를 나타내는 부사구 last
week로 보아 시제는 과거이며 빈칸 뒤에 형용사 sick이 있
으므로 be동사의 과거형인 was가 알맞다. 두 번째 빈칸에는
뒤에 「동사원형+-ing」 형태로 보아 be동사 is나 was가 알맞다.
따라서 빈칸에 공통으로 알맞은 말은 was이다.

11 ⓑ 의문문에서 주어 다음에 동사원형이 와야 한다. (broke
→ break) ⓓ 과거를 나타내는 부사구 last week로 보아 동
사의 시제는 과거가 되어야 한다. (is cleaning → cleaned
또는 was cleaning) ⓔ 일반동사(go)가 쓰인 문장이므로 의
문문에서 주어 앞에 did를 써야 한다. (Was → Did)

12 동사 ate은 eat의 과거형이므로 빈칸에는 과거를 나타내는
부사(구)가 알맞다. ⑤는 미래를 나타내는 부사구이다.

13 ⓐ 일반동사 과거형의 의문문에서 「Did + 주어」 뒤에는 동사
원형을 쓴다. ⓑ yesterday로 보아 과거시제이므로 동사의
과거형이 알맞다. ⓒ 일반동사 과거형의 부정문에서 didn't
뒤에는 동사원형을 쓴다.

14 Were you ~?로 물으면 Yes, I was. 또는 No, I wasn't.로
답한다. 여기서는 빈칸 뒤의 '우리는 함께 좋은 시간을 보냈
어.'라는 말로 보아 부정의 대답이 알맞다.

15 ③ 과거를 나타내는 부사구 last night로 보아 과거시제의 문
장이므로 「didn't + 동사원형」의 형태인 부정문이 되어야 한
다. (→ didn't sleep)

16 주어가 3인칭 복수이고 '걷고 있었다'라는 과거진행의 의미이
므로 「be동사의 과거형(were) + 동사원형 + -ing」 형태인 ⑤
가 알맞다.

17 ① 과거를 나타내는 부사구 last week로 보아 동사는 과거
형이 되어야 한다. (snows → snowed) ③ didn't 뒤에는 동
사원형을 써야 한다. (finished → finish) ④ My uncle은 3
인칭 단수주어이므로 be동사는 was로 써야 한다. (were →
was) ⑤ 진행시제 또는 단순 현재형 의문문이 되어야 한다.
(Does → Is 또는 teaching → teach)

18 주어 다음에 be동사의 과거형(was)이 있으므로 과거진행시
제가 되어야 한다. drank는 drink(마시다)의 과거형이므로
-ing형인 drinking으로 바꿔 쓴다.

19 ④ Jiho and Semi는 3인칭 복수주어이므로 was가 아닌
were가 알맞다.

20 ⓑ 현재 시점(now)을 나타내는 말이 있으므로 동사의 시제
도 현재진행으로 써야 한다. (saw → am seeing) ⓓ 일반동

사(have)가 쓰인 의문문이므로 주어 앞에 조동사 Did를 써야 한다. (Were → Did) ⓔ read는 현재형과 과거형의 형태가 동일하다. (readed → read)

내신적중 실전문제 2회

01 ④　02 were　03 ③　04 ④　05 ①　06 Is, she is　07 ⑤　08 ③　09 ⑤　10 are swimming 11 ③　12 ②　13 didn't cry　14 ②　15 ⑤ 16 ④　17 ②　18 slept　19 ④　20 (1) ⓑ geting → getting (2) ⓔ Did → Were 또는 dancing → dance (3) ⓕ Are → Is

서술형 평가

01 (1) Tony was singing a song. (2) Tony sang a song.　02 Were you at home yesterday? 03 I'm making a pizza.　04 I woke up at 9 o'clock this morning. / Did you wake up early this morning?　05 (1) He is eating(having) a sandwich. (2) She is sitting on the bench.　06 ⓐ was ⓑ cooked ⓒ met ⓓ bought　07 No, he didn't. (He went swimming with his uncle.)

01 ① hit — hit ② run — ran ③ try — tried ⑤ plan — planned

02 복수주어(Oliver and I)이고 뒤에 과거를 나타내는 부사구 last weekend가 있으므로 빈칸에는 복수주어를 받는 be동사의 과거형 were가 알맞다.

03 진행형을 만들 때 -ie로 끝나는 동사는 ie를 y로 바꾸고 -ing를 붙인다. 주어(The girl)가 3인칭 단수이므로 be동사는 is 나 was가 올 수 있으므로 ③이 알맞다.

04 yesterday는 과거를 나타내는 부사로 빈칸에는 과거시제로 쓰인 말이 알맞다.

05 ① 일반동사의 과거형을 만들 때 「단모음+단자음」으로 끝나는 동사는 마지막 자음을 한 번 더 쓰고 뒤에 -ed를 붙인다. (→ dropped)

06 지금 엄마가 피자를 만들고 있는지 묻는 현재진행형의 의문문이다. 주어가 3인칭 단수이므로 주어 앞에 Is가 필요하고, 긍정의 답을 할 때는 your mom을 3인칭 단수 여성형 she로 받아 Yes, she is.로 써야 한다.

07 '~을 찍고 있었다.'라는 뜻으로 과거진행의 의미를 나타내므로 「be동사의 과거형 + 동사원형 + -ing」의 형태로 쓴다. e로 끝나는 동사의 「동사원형 + -ing」 형은 e를 삭제하고 -ing를 붙인다.

08 ① having → have 또는 didn't → weren't ② isn't wrote → didn't write 또는 isn't 삭제 ④ weren't → wasn't ⑤ does → do

09 일반동사 과거형의 의문문은 「Did + 주어 + 동사원형 ~?」의 형태이며, 부정의 대답일 때는 「No, 주어 + didn't.」로 쓴다.

10 현재진행형은 「be동사의 현재형 + 동사원형 + -ing」의 형태로 쓴다. 주어가 복수(The girls and boys)이므로 be동사는 are이고, 동사인 swim은 「단모음 + 단자음」으로 끝나므로 마지막 자음을 한 번 더 쓰고 -ing를 붙인 swimming이 되어야 한다.

11 be동사의 과거형인 were는 2인칭 주어나 23인칭 복수주어에만 쓸 수 있으므로 단수주어인 ③은 알맞지 않다.

12 과거시제 문장이므로 빈칸에는 과거를 나타내는 부사(구)가 와야 한다. ②는 미래를 나타내는 부사로 알맞지 않다.

13 cried는 cry의 과거형으로 과거시제의 문장이다. 일반동사 과거형의 부정문은 「didn't + 동사원형」의 형태로 쓴다.

14 ⓐ 과거진행형은 「be동사의 과거형 + 동사원형 + -ing」의 형태로 쓴다. (sing → singing) ⓒ know는 '알다'라는 뜻의 상태를 나타내는 동사로 진행형으로 쓸 수 없다. (was knowing → knew) ⓓ 현재진행형은 「be동사의 현재형 + 동사원형 + -ing」의 형태로 쓴다. (putting → is putting)

15 ⑤ leave는 불규칙 변화 동사로 과거형은 left이다.

16 나머지는 be동사의 과거형으로 1인칭과 3인칭 단수주어를 받을 수 있는 was가, ④는 일반동사 과거형 문장에서 동사원형(play) 앞에는 부정문을 만드는 didn't가 알맞다.

17 ② 과거시제로 물으면 과거시제로 답해야 하므로 Yes, she did.가 되어야 한다.

18 과거를 나타내는 부사구 last night로 보아 동사는 과거형이 되어야 한다.

19 일반동사 과거형의 의문문은 「Did + 주어 + 동사원형 ~?」의 형태로 쓴다. 과거형 bought의 원형은 buy이다.

20 ⓑ get은 「단모음 + 단자음」으로 끝나는 동사로 마지막 자음을 한 번 더 쓰고 -ing을 붙인다. ⓔ 과거진행형 의문문이나 일반동사 과거형의 의문문 형태가 되어야 한다. 따라서 과거진행형 의문문일 경우에는 주어 앞에 be동사의 과거형을, 일반동사 과거형의 의문문일 경우에는 동사를 원형으로 써야

한다. ⓕ 주어가 3인칭 단수이므로 be동사는 Is를 써야 한다.

01 (1) 과거진행형은 「be동사의 과거형 + 동사원형 + -ing」의 형태로 쓴다. (2) sing은 불규칙 변화 동사로 과거형은 sang이다.

02 be동사의 과거형 의문문으로 「Be동사의 과거형 + 주어 ~?」의 어순으로 쓴다.

03 바로 앞에서 '무엇을 하고 있는지' 물었으므로 현재진행형으로 답해야 한다.

04 wake는 불규칙 변화 동사로 과거형은 woke이다. 일반동사 과거형의 의문문은 「Did + 주어 + 동사원형 ~?」의 형태로 쓴다.

05 현재진행형은 「be동사 + 동사원형 + -ing」의 형태로 쓴다. (1) 남자가 샌드위치를 먹고 있는 모습이다. '먹다'라는 뜻의 동사는 eat과 have가 있는데, have는 e로 끝나므로 e를 없애고 -ing를 붙인다. (2) 여자가 벤치에 앉아 있는 모습이다. sit은 「단모음 + 단자음」으로 끝나는 동사로 마지막 자음을 한 번 더 쓰고 -ing를 붙인다.

[06~07]

> 나는 어제 매우 바빴다. 나의 사촌이 우리 집에 왔다. 우리는 가구를 옮기고 있었다. 그는 우리를 도와주었다. 나의 어머니는 우리를 위해 점심을 요리했다. 우리는 약간의 샐러드와 스테이크를 먹었다. 나는 설거지를 했다. 나는 오후에 삼촌과 함께 수영하러 갔다. 나는 수영장에서 친구를 만났다. 그는 수영을 배우고 있었다. 우리는 약간의 간식을 사서 함께 먹었다. 우리는 좋은 시간을 보냈다.

06 과거시제 문장이므로 동사는 모두 과거형으로 쓴다.

07 삼촌과 같이 수영장에 갔으므로 부정의 대답이 알맞다. 일반동사 과거형의 의문문에 대한 부정 대답은 「No, 주어 + didn't.」로 한다.

CHAPTER 06 의문사

FOCUS 30　　　p.73

A 1 Who is the artist? 2 Who teaches science?
3 Who washed the dishes? 4 Who did you invite to the party? B 1 Who are you waiting for?
2 Who is your father in the picture? 3 Who made the furniture? 4 Who did you meet last Sunday?

교과서 문장 응용하기 1 Who was the man?
2 Who bought the bag?

FOCUS 31　　　p.74

A 1 What, make 2 What did she 3 What did, say
4 What are they 5 What subject B 1 What is 2 you buy 3 your favorite color 4 does, study 5 What grade

교과서 문장 응용하기 1 What are you doing now? 2 What animal does she like?

FOCUS 32　　　p.75

A 1 Which poem did you read? 2 Which apartment does he live in? 3 Which man is her father?
4 Which is your bike 5 Which ticket do you have
B 1 Which, is 2 Which club 3 Which, did you buy
4 Which do you want 5 Which do you like

교과서 문장 응용하기 1 Which do you want, coffee or tea? 2 Which ball is yours, this or that?

FOCUS 33　　　p.76

A 1 Where are you 2 When did he call 3 Where are you going 4 When does, go to 5 Where did they travel B 1 When did you meet Amy? 2 Where were you at that time? 3 When is Children's Day in your country? 4 Where did he find his watch?
5 When did they finish the project?

1 When do you get up? **2** Where did you eat(have) lunch?

FOCUS **34**   p.77

A **1** How is **2** How did they **3** How long is **4** How tall is **5** How much money   **B** **1** How old **2** How many **3** How long does **4** How often do you

교과서 문장 응용하기 **1** How was your new teacher? **2** How far is your school from here?

FOCUS **35**   p.78

A **1** Because he missed the bus. **2** Because I'm going to make pancakes. **3** Because I told them a lie. **4** Because I like the design.   **B** **1** Why is he smiling? **2** Why do they hate us? **3** Why are you so excited? **4** Why do you collect stamps?   **C** **1** Why are you **2** Why did she **3** Why, asking **4** Why did, go

교과서 문장 응용하기 **1** Why are you so sad? **2** Why do people like the singer?

내신적중 실전문제
pp.79~82

01 ⑤   02 ③   03 ④   04 ②   05 ④   06 ③
07 Who   08 ②   09 ③   10 ②   11 Why, When   12 ④   13 ③   14 ④   15 What → Which   16 ⑤   17 ⑤   18 ④   19 When   20 ③

서술형 평가
01 Who is the tall girl next to Laura?   02 When is your birthday?   03 How many friends did you invite to the party?   04 What are you doing? 05 (1) How are you doing? (2) Where is she? 06 How old is your little brother?   07 What, eat, Why, went to the hospital, How far

01 가격을 물을 때는 How much ~?로 쓴다.

02 which를 이용한 선택의문문에 답할 때는 Yes나 No로 하지 않고, 선택 사항 중 하나로 답한다.

03 나머지는 뒤에 명사와 함께 쓰여 형용사 역할을 하는 의문형용사이고, ④는 의문대명사이다.

04 어디에 사는지와 병원의 위치를 묻는 말이므로 둘 다 장소를 묻는 의문사 where가 알맞다.

05 '오늘의 날씨가 어떤지'와 '다리의 길이가 얼마나 긴지'를 묻는 말이므로 의문사 how가 알맞다.

06 '어느 종류의 음악을 좋아하는지'와 '저녁으로 무엇을 먹기를 원하는지'를 묻는 말이므로 의문사 what이 알맞다.

07 빈칸 바로 뒤에 과거형 동사가 왔고 대답에서 James가 그랬다고 했으므로 빈칸에는 '누가'라는 뜻의 의문사 who가 알맞다.

08 ② 어디서 왔는지 묻는 말이므로 의문사 where를 써야 한다.

09 ③ 셔츠의 가격을 묻는 말이므로 How much ~?로 써야 한다.

10 ⓒ 어디로 가고 있는지 묻고 있으므로 의문사 where를 써야 한다. ⓔ 상자 몇 개를 샀는지 개수를 묻고 있으므로 How many ~?로 써야 한다.

11 학교에 지각한 이유를 묻고 있으므로 첫 번째 빈칸에는 의문사 why가, 두 번째 빈칸에는 일어난 시각을 묻고 있으므로 의문사 when이 알맞다.

12 나머지는 '누구, 누가'의 뜻인 의문사 who가, ④는 '너는 주말마다 무엇을 하니?'라는 의미로 의문사 what이 알맞다.

13 ③ 근처에 버스 정류장이 어디에 있는지 묻고 있으므로 위치를 설명하는 대답이 이어지는 것이 자연스럽다.

14 ④ 의문사 how를 이용하여 출근하는 방법을 묻고 있으므로 교통수단으로 대답하는 것이 자연스럽다.

15 주스나 콜라 중에 원하는 것을 묻는 선택의문문이므로 '어느' 것인지 묻는 의문사 which를 써야 한다.

16 ⑤ 누가 안경을 쓰고 있는지 묻고 있으므로 '그 사람이 누구인지' 대답하는 것이 자연스럽다.

17 장소의 의문사 where로 물었으므로 대답에서는 장소에 대한 언급이 있어야 한다. 여기서는 의미상 ⑤ '그것을 가게에서 샀어.'라는 대답이 알맞다.

18 ④ '경주 여행은 어땠니?'라는 뜻으로 의문사 who가 아니라 how를 쓰는 것이 자연스럽다.

19 '언제'라는 뜻으로 시간이나 날짜를 묻는 의문사는 when이다.

20 ⓑ 점심으로 '무엇을' 먹을 건지 묻는 말이므로 의문사로 what을 써야 한다. (Who → What) ⓓ 상대방의 물건이 이것인지 저것인지 묻는 선택의문문이므로 '어느 것'인지 묻는

의문사 which를 써야 한다. (When → Which) ⓔ 가장 친한 친구가 '누구'인지 묻는 의문문이므로 사람을 묻는 의문사 who를 써야 한다. (What → Who)

서술형 평가

01 사람에 대해 언급한 문장이므로 의문사 who를 이용하여 '누구'인지 묻는 의문문으로 쓴다.

02 '언제'인지 물을 때는 의문사 when을 쓴다.

03 friends가 셀 수 있는 명사의 복수형이므로 '몇 명의 친구'인지 물을 때는 how many를 써야 한다.

04 둘 다 지금 하고 있는 일에 대해 말하고 있으므로 무엇을 하고 있는지 묻는 질문을 의문사 what을 이용하여 쓴다.

05 ⑴ B가 '잘 지내고 있어.'라는 안부의 말을 하므로 '어떻게 지내고 있는지' 묻는 말을 의문사 how를 이용하여 쓴다. ⑵ 침실에 있다고 위치를 알려주고 있으므로 '어디에 있는지' 묻는 말을 의문사 where를 이용하여 쓴다.

[06~07]

> 어제는 토요일이었다. 나는 토요일마다 학교에 가지 않는다. 나는 9시에 일어났다. 나는 아침으로 샌드위치를 먹었다. 나의 어머니가 병원에 가서 나는 어린 남동생을 돌보았다. 그는 5살이다. 나의 어머니는 정오에 집에 왔다. 나는 오후에 도서관에 갔다. 그 도서관은 나의 집에서 약 10km정도 떨어져 있어서 나는 지하철을 타고 갔다.

06 나이를 물을 때는 How old ~?로 쓴다.

07 A 너는 아침으로 무엇을 먹었니?
B 나는 샌드위치를 먹었어.
A 너는 왜 네 남동생을 돌보았니?
B 나의 어머니가 병원에 갔기 때문이야.
A 도서관은 얼마나 머니?
B 나의 집에서 10km쯤 떨어져 있어.

FOCUS 36   p.85

A **1** will come **2** is going to **3** will travel **B** **1** will drink **2** will help **3** is going to rain **4** am going to visit **C** **1** My father is going to buy a new car. **2** They will be surprised at the news.

교과서 문장 응용하기 **1** He will call Kate now. **2** I am(I'm) going to go to the bookstore.

FOCUS 37   p.86

A **1** He will not(won't) stay home. **2** Will you play badminton after school? **3** I will not(won't) go shopping with my sister today. **4** Will Alice buy a white shirt? **5** My teacher will not(won't) be angry at me. **B** **1** Will you **2** it won't **3** No, won't **4** I will **5** won't

교과서 문장 응용하기 **1** She will not(won't) eat(have) vegetables. **2** Will you go camping this weekend?

FOCUS 38   p.87

A **1** come → to come **2** got → get **3** cans → can **4** drinks → drink **B** **1** am able to play **2** is able to send **3** are able to buy **C** **1** 나는 버스를 운전할 수 있다. **2** 너는 앉아도 좋다. **3** 저에게 기회를 주시겠어요?

교과서 문장 응용하기 **1** The boy can ride a bike(bicycle). **2** You can close the window.

FOCUS 39   p.88

A **1** can't **2** can't **3** can't **4** can **B** **1** Can he keep a diary in English? **2** People cannot(can't) take pictures here. **3** Can you carry the boxes for me? **4** She cannot(can't) make an omelet without eggs. **C** **1** you can **2** No, I can't **3** Yes, he can

교과서 문장 응용하기 **1** I cannot(can't) believe the story. **2** Can you draw cartoons?

A **1** 추측 **2** 허락 **3** 추측 **4** 허락 **5** 추측   **B** **1** It may rain **2** You may try on **3** may be upset **4** You may swim **5** may go into the garden   **C** **1** may remember **2** may(can) open **3** may be **4** may(can) go, take

교과서 문장 응용하기 **1** Kelly may be busy now. **2** You may use my cellphone.

A **1** May(Can) I **2** may not come **3** may not ask **4** may not like **5** May(Can) I introduce   **B** **1** may not sit **2** May I help **3** May I drink **4** May, visit, may not

교과서 문장 응용하기 **1** He may not be a famous singer. **2** May I ask a question?

A **1** You should come home early today. **2** They must be twin brothers. **3** We should listen to our teachers. **4** The students must finish their test in an hour. **5** He has to wait for the bus.   **B** **1** must go **2** should be kind **3** must be **4** have to study **5** has, read

교과서 문장 응용하기 **1** You should save time. **2** He must do his English homework. / He has to do his English homework.

A **1** Must, study **2** Should, join **3** doesn't have to **4** must not leave **5** have to be   **B** **1** 너는 잔디 위를 걸어서는 안 된다. **2** 우리는 그 소문을 믿어서는 안 된다. **3** 그들은 교복을 입을 필요가 없다.

교과서 문장 응용하기 **1** You must not open the box. **2** Should I read the book?

내신적중 실전문제

01 ④   **02** ②   **03** ②   **04** may, should   **05** ⑤
06 ②, ⑤   **07** ②   **08** can swim, cannot(can't)
09 ⑤   **10** ③   **11** ⑤   **12** ④   **13** ①   **14** should (must) not give   **15** ⑤   **16** ⑤   **17** won't visit
18 ②   **19** ③   **20** ③

서술형 평가

01 (1) You should(must) not take a picture. (2) You can(may) ride a bike(bicycle).   **02** 그녀는 오늘 피아노 수업을 받을 필요가 없다.   **03** (1) He is going to meet Emily. (2) He is going to clean the house.   **04** (1) Tina has to turn off her cellphone. (2) Bill and Tom are able to play badminton.   **05** ⓐ can ⓑ will ⓒ has to ⓓ may   **06** No, he isn't.

01 마지막 문장에서 다른 계획이 있다고 했으므로 '미안하지만 다음 주에 영화 보러 갈 수 없다.'는 의미가 자연스럽다. 따라서 빈칸에는 '~할 수 없다'는 뜻의 cannot이 알맞다.

02 가장 친한 친구이므로 사과하라는 내용의 대화이다. should 로 물었을 때는 should로 답한다.

03 be going to는 가까운 미래를 나타내는 표현이므로 빈칸에는 미래를 나타내는 부사(구)가 알맞다. ②는 과거를 나타내는 부사구이다.

04 날씨가 매우 흐려 비가 '올지도 모른다'고 추측하면서 우산을 '갖고 가야 한다'고 충고를 하는 상황이다. 따라서 첫 번째 빈칸에는 '~일지도 모른다'는 뜻의 조동사 may가, 두 번째 빈칸에는 '~해야 한다'는 충고의 의미인 조동사 should가 알맞다.

05 ⑤ must not은 '~해서는 안 된다'는 금지의 의미를, don't have to는 '~할 필요가 없다'는 불필요의 의미를 나타낸다. (그 아이는 길거리에서 놀면 안 된다 ≠ 그 아이는 길거리에서 놀 필요가 없다.)

06 ② 조동사 다음에는 항상 동사원형을 쓴다. (rides → ride) ⑤ 불필요를 나타낼 때는 don't(doesn't) have to로 쓴다. (has → have)

07 ㅣ보기ㅣ와 ⓐ, ⓔ는 '~임에 틀림없다'라는 추측의 의미이고, 나머지는 '~해야 한다'는 의무의 의미이다.

08 Henry는 수영을 매우 잘할 수 있지만 Jack은 수영을 하지 못하므로 '~할 수 있다'는 뜻의 능력을 나타내는 조동사

can을 쓴다. 긍정문은 「can + 동사원형」의 형태로, 부정문은 「cannot (can't) + 동사원형」의 형태로 쓴다.

09 ⑤ 숙제하는 것을 도와달라는 요청에 '좋아, 고마워.'라는 응답은 어색하다.

10 ③ don't have to는 '~할 필요가 없다'라는 불필요의 의미를 나타내므로 주어진 문장은 '너는 버스를 기다릴 필요가 없다.'라는 의미가 된다. 따라서 '~해서는 안 된다'라는 금지의 의미를 나타내는 must not이나 should not을 써야 한다.

11 첫 번째 빈칸에는 허락의 의미를 나타내는 조동사 may나 can이, 두 번째 빈칸에는 주차장이 아닌 곳에서는 주차할 수 없으므로 금지의 의미를 나타내는 must not이 알맞다.

12 '나는 너무 오래 머물 수가 없어.'라는 말에 '몇 시에 가야 하니?'라고 묻는 대화가 자연스러우므로 빈칸에는 can't와 have to가 각각 알맞다.

13 ⓐ Will you ~?는 '~해 주시겠어요?'라는 뜻을 나타낸다. ⓑ 조동사 will 뒤에는 항상 동사원형을 쓴다. ⓒ '~해서는 안 된다'는 뜻은 「must not + 동사원형」의 형태로 쓴다.

14 '동물에게 먹이를 주지 말라'는 의미의 표지판이므로 '~해서는 안 된다'는 금지의 의미를 나타내는 조동사 should나 must의 부정형을 쓴다.

15 조동사 can은 '능력, 가능, 허락' 등의 의미로 쓰이는데, 나머지는 '~할 수 있다'의 능력이나 가능의 의미이고, ⑤는 '~해도 좋다'라는 허락의 의미이다.

16 ⑤는 나에게 편지를 보낼 것인지 묻는 조동사 will이 알맞다. 나머지는 허락(①, ③)이나 추측(②, ④)을 나타내는 조동사 may가 알맞다.

17 조동사 will의 부정문은 「will not (won't) + 동사원형」의 형태로 쓴다.

18 ① 조동사 뒤에는 항상 동사원형을 쓴다. (cleans → clean) ③ 조동사는 두 개 이상 연이어 쓸 수 없다. (will이나 can 중 하나 생략 또는 will can → will be able to) ④ She는 3인칭 단수주어이므로 조동사 doesn't를 써야 한다. (don't → doesn't) ⑤ be going to는 가까운 미래나 계획을 나타낸다. (We're going go → We're going to go)

19 주어진 문장은 '교실에서는 뛰지 마.'라는 의미로 '~해서는 안 된다'는 금지의 의미를 나타내는 must not을 이용한 문장으로 바꿔 쓸 수 있다.

20 ⓑ 조동사 may의 부정문은 「may + not + 동사원형」의 어순으로 쓴다. (may be not → may not be) ⓒ '~해야 한다'라는 뜻의 조동사 have to 뒤에는 동사원형을 써야 한다.

(turning → turn) ⓔ '~할 수 없다'라는 뜻으로 「can't (be not able to) + 동사원형」의 형태로 써야 한다. (can't able to → can't 또는 isn't able to)

서술형 평가

01 ⑴ '사진을 찍지 말라.'는 의미의 표지판이므로 '~해서는 안 된다'는 금지의 의미를 나타내는 must not이나 should not을 사용해서 문장을 완성한다. 사진을 찍다: take a picture ⑵ '자전거를 타도 된다'는 의미의 표지판이므로 '~해도 좋다'는 허락의 의미를 나타내는 조동사 can이나 may를 사용해서 문장을 완성한다. 자전거를 타다: ride a bike (bicycle)

02 don't have to는 조동사 have to의 부정형으로 '~할 필요가 없다'라는 뜻을 나타낸다.

03 구체적으로 정해진 가까운 미래의 계획은 「be going to + 동사원형」의 형태로 쓴다.

04 ⑴ '휴대전화를 꺼야 한다'는 의무를 나타내므로 must 자리에 have to를 쓰면 되는데, 주어가 3인칭 단수이므로 has to로 쓴다. ⑵ 능력을 나타내는 조동사 can 대신 be able to를 쓸 수 있는데, 여기서는 주어가 복수이므로 are able to로 쓴다.

[05~06]

> Eric은 겨울 스포츠를 잘한다. 그는 스키를 탈 수 있다. 그는 스케이트도 탈 수 있다. 그는 또한 하키도 할 수 있다. 그는 이번 겨울에 스케이트보드를 배울 것이다. 그는 강습을 받을 예정이다. 그는 매주 토요일 지역 문화회관에 가야 한다. 그의 남동생도 그것을 배우길 원할지도 모른다. 그래서 그는 그의 남동생에게 그것에 대해 물어볼 것이다.

05 ⓐ '~할 수 있다'는 능력을 의미하는 조동사 can이 알맞다. ⓑ '~할 것이다'라는 미래의 일을 나타내는 조동사 will이 알맞다. ⓒ '~해야 한다'는 의무를 의미하는 조동사 has to가 알맞다. ⓓ '~일지도 모른다'는 추측을 의미하는 조동사 may가 알맞다.

06 Eric은 이번 겨울에 스케이트보드를 배울 예정이라고 했으므로 부정의 대답이 알맞다. 질문이 Is Eric ~?으로 시작하므로 No, he isn't.로 답한다.

A 1 a big city 2 that small bird 3 bought white shoes 4 drink something hot   **B** 1 kind students 2 a beautiful cheerleader 3 a famous movie star   **C** 1 He is a handsome boy. 2 This is an easy puzzle. 3 An elephant has a long nose. 4 They are expensive cameras.

교과서 문장 응용하기   1 Kate is an honest student. 2 This book is interesting.

A 1 much 2 much 3 many 4 many 5 many **B** 1 much coffee 2 many students 3 How much time 4 a lot of eggs   **C** 1 Much → Many 2 language → languages 3 many → much 4 a lot → many(a lot of / lots of)

교과서 문장 응용하기   1 We need much(a lot of / lots of) water. 2 How many cats do you have?

A 1 some 2 any 3 some 4 any   **B** 1 some 2 any 3 any 4 some   **C** 1 any trees 2 some money

교과서 문장 응용하기   1 I bought some cheese and bread. 2 There aren't(are not) any people in the park.

A 1 very 2 so beautifully 3 Luckily 4 happily 5 suddenly   **B** 1 clearly 2 quickly 3 slowly 4 really **C** 1 quietly 2 happily 3 loudly 4 busily 5 easily 6 carefully

교과서 문장 응용하기   1 The birds are singing noisily. 2 Cathy dances very beautifully.

A 1 late 2 fast 3 early 4 hard   **B** 1 형용사 2 부사 3 형용사 4 부사   **C** 1 (a) 그녀는 열심히 하는 근로자이다. (b) 그녀는 열심히 일한다. 2 (a) Fred는 늦은 아침 식사를 하고 있었다. (b) Fred는 늦게 아침 식사를 하고 있었다.

교과서 문장 응용하기   1 A cheetah is a very fast animal. 2 The meeting finished early.

A 1 often 2 usually 3 always 4 never 5 sometimes **B** 1 My sister is always busy on Mondays. 2 We often take a walk after dinner. 3 Tony sometimes listens to classical music. 4 I can never remember his phone number.

교과서 문장 응용하기   1 She usually gets up at 7. 2 I will always help you.

A 1 threw it away 2 Turn off the lights 3 putting on his pants 4 try this on 5 take our shoes off 6 Put down your umbrella, Put it down   **B** 1 Don't throw the bottles away., Don't throw them away. 2 She cut a piece of meat off., She cut it off. 3 Mike will bring your books back., Mike will bring them back.

교과서 문장 응용하기   1 Bob turned on the radio. / Bob turned the radio on. 2 Sally put it down.

내신적중 실전문제   pp.106~110

01 ③	02 ③	03 ④	04 ②	05 ①	06 late
07 ④	08 ⑤	09 ②	10 any	11 ⑤	12 ③
13 ④	14 ④	15 some students		16 ③	17 ⑤
18 ①, ④	19 ③	20 ②	21 turn it off		22 ③
23 ②	24 ②	25 ②	26 drinks never → never drinks		

01 ⑴ There aren't any children in the garden.
⑵ Are there any children in the garden?　02 I
have a lot of(much) water.　03 Does Brian run
fast?　04 ⑴ How many boys are there in the
classroom? ⑵ John will look for a nice shirt.
05 ⑴ Can you turn the lights off(turn off the
lights)? ⑵ I will never go there again.　06 ⓓ →
I should bring some food with me　07 I ate a
little bread

01　나머지는 '형용사와 부사'의 관계이다. ③ love는 '사랑'이라
는 뜻의 명사이고, lovely는 '사랑스러운'이라는 뜻의 형용사
이다.

02　much는 '많은'의 뜻으로 셀 수 없는 명사 앞에 쓰므로 셀 수
있는 명사인 ③은 알맞지 않다.

03　명사 girl을 설명해 주는 말은 형용사이므로 부사인 ④는 알
맞지 않다.

04　② 이어동사에서 목적어가 대명사이면 「동사＋목적어(대명
사)＋부사」의 어순으로 쓴다. (→ try it on)

05　빈도부사는 일반동사(listen) 앞에 위치하므로 ①이 알맞다.

06　late는 형용사와 부사의 형태가 같은데, 여기서는 '늦게' 일어
났다는 부사의 의미로 late가 되어야 한다. lately는 '최근에'
라는 뜻이다.

07　첫 번째 문장은 권유의 의문문이므로 some이, 두 번째 문장
은 부정문이므로 any가 알맞다.

08　나머지는 동사를 수식하는 부사이고, ⑤는 형용사 happy를
수식하는 부사이다.

09　many는 '많은'의 뜻으로 셀 수 있는 명사의 복수형 앞에 쓴다.
② time은 셀 수 없는 명사이므로 much가 알맞다.

10　빈칸에는 부정문이나 의문문에서 명사 앞에 '어떤, 아무런'의
뜻을 나타내는 any가 알맞다.

11　빈도부사는 be동사와 조동사 뒤, 일반동사 앞에 위치한다.
(⑤ often were → were often)

12　③ friends는 셀 수 있는 명사의 복수형이므로 much가 아니
라 many나 some을 써야 한다.

13　이어동사에서 목적어가 대명사일 경우에는 반드시 「동사＋대
명사＋부사」의 어순이므로 Mom picked them up slowly.
가 된다. 따라서 세 번째로 오는 말은 them이다.

14　빈칸에는 동사 speak를 수식하는 부사가 알맞다. fast는 형
용사와 부사의 형태가 같고, nice는 형용사이다

15　긍정문에서 '몇몇의'의 뜻으로 셀 수 있는 명사의 복수형
(students) 앞에는 some을 쓴다.

16　③ 빈도부사(usually)는 일반동사 앞에 위치한다. (→
usually read)

17　⑤ 동사 answered를 수식해 주는 부사가 와야 한다. (→
easily)

18　셀 수 없는 명사인 food 앞에는 lots of, some, any를 쓸 수
있는데, 여기서는 긍정문이므로 any는 쓸 수 없다.

19　ⓐ 부정문이므로 some → any, ⓑ children은 셀 수 있는 명
사의 복수형이므로 much → many, ⓒ pocket money는 셀
수 없는 명사이므로 many → much로 써야 한다.

20　나머지는 셀 수 있는 명사의 복수형이므로 many로, ② milk
는 셀 수 없는 명사이므로 much로 바꿔 쓸 수 있다.

21　이어동사의 목적어로 대명사가 오면 「타동사＋목적어(대명
사)＋부사」의 어순이 되고, your smartphone은 단수이므로
대명사 it으로 쓴다.

22　나머지는 동사를 수식하는 부사의 역할을 하며 '빠르게'라고
해석한다. ③은 명사 animals를 수식하는 형용사 역할을 하
며 '빠른'이라고 해석한다

23　나머지는 부사로 동사, 형용사, 다른 부사, 문장 전체를 수식
한다. ②는 「명사＋-ly」 형태의 형용사이다.

24　나머지는 긍정문과 권유의 의문문에 쓰는 some이, ②는 의
문문에 쓰는 any가 알맞다.

25　a lot of는 '많은'의 뜻으로 셀 수 있는 명사와 셀 수 없는 명
사 앞에 쓸 수 있다. 여기서 cookies는 셀 수 있는 명사의 복
수형이므로 ②와 바꿔 쓸 수 있다.

26　빈도부사(never)는 조동사 뒤, 일반동사 앞에 위치한다.

01　some이 포함된 긍정문을 부정문이나 의문문으로 바꿀 때는
some을 any로 바꿔 쓴다.

02　water는 셀 수 없는 명사이므로 앞에 much 또는 a lot of를
쓴다.

03　동사 run을 사용하고 fast를 부사로 바꿔 Does Brian run
fast?로 쓸 수 있다.

04　⑴ 인원수를 물을 때는 복수명사를 쓰므로 셀 수 있는 명사
앞에 오는 의문사 how many를 문장 맨 앞에 쓴다. ⑵ 「주

어(John)＋조동사(will)＋동사(look for)」의 어순으로 쓴 다음, 목적어 자리에 「관사＋형용사＋명사」의 어순으로 쓴다.

05 ⑴ '~을 끄다'는 뜻은 이어동사 turn off로 쓰는데, 목적어가 명사일 경우 「타동사＋명사＋부사」 또는 「타동사＋부사＋명사」의 어순으로 쓴다. ⑵ 빈도부사는 조동사 뒤, 일반동사 앞에 위치한다.

[06~07]

> 나는 보통 8시에 일어나지만, 오늘 아침에는 일찍 일어났다. 냉장고에는 몇 개의 과일과 약간의 빵은 있지만, 우유는 없었다. 나는 아침으로 약간의 빵을 먹었다. 나는 내일 하이킹을 갈 것이다. 내 등산화는 매우 오래되었다. 나는 약간의 음식도 가져 가야 해서 큰 배낭도 필요하다. 나는 많은 것이 필요하므로 오늘 쇼핑하러 갈 것이다.

06 긍정문에서 '약간의'라는 뜻을 나타낼 때는 some을 쓴다. any는 부정문이나 의문문에 쓴다.

07 bread는 셀 수 없는 명사이므로 '약간의'라는 뜻을 나타낼 때 some과 a little을 쓴다. 여기서는 5단어의 문장이므로 a little을 써야 한다.

CHAPTER 09 비교

FOCUS 51   p.113

A 1 older, oldest 2 safer, safest 3 heavier, heaviest 4 cuter, cutest 5 fatter, fattest 6 warmer, warmest 7 more dangerous, most dangerous 8 sunnier, sunniest 9 wetter, wettest 10 more expensive, most expensive 11 taller, tallest 12 more delicious, most delicious **B** 1 wiser 2 smarter 3 easier 4 hotter 5 faster 6 most interesting 7 nicest

교과서 문장 응용하기   1 uglier 2 most difficult 3 wide 4 more slowly, most slowly

FOCUS 52   p.114

A 1 worse, worst 2 less, least 3 better, best 4 worse,

worst 5 more, most 6 better, best 7 worse, worst 8 more, most 9 later, latest 10 latter, last **B** 1 better 2 more 3 later 4 worse 5 last

교과서 문장 응용하기   1 best 2 more 3 little 4 worse, worst

FOCUS 53   p.115

A 1 as thin as 2 as quietly as 3 as famous as 4 not as(so) fast as 5 not as(so) sweet as **B** 1 as old as 2 as long as 3 as(so) many books as 4 isn't as(so) expensive as

교과서 문장 응용하기   1 Emily is as diligent as Anna. 2 Dogs are not as(so) fast as lions.

FOCUS 54   p.116

A 1 shorter than 2 larger than 3 easier than 4 bigger than 5 better than 6 more beautiful than **B** 1 thiner → thinner 2 as → than 3 most → more 4 very → much(even, still, far, a lot 등) 5 more late → later 6 interesting → more interesting

교과서 문장 응용하기   1 Baseball is easier than basketball. 2 My skirt is much longer than her skirt.

FOCUS 55   p.117

A 1 the youngest 2 the happiest boy 3 the biggest, in 4 the fastest of 5 the most handsome 6 the most popular sports **B** 1 most 2 friends 3 worst 4 in 5 heaviest 6 most

교과서 문장 응용하기   1 What is the highest mountain in the world? 2 This is the most delicious cake of the three.

내신적중 실전문제   pp.118~122

01 ⑤   02 ②   03 ⑤   04 heavier than   05 ①
06 ④   07 ②   08 man → men   09 ②   10 worse
11 ③   12 ④, ⑤   13 ⑤   14 ④   15 ①   16 most

important 　 17 ② 　 18 ③ 　 19 ③ 20 ③ 　 21 ②, ⑤ 　 22 ④ 　 23 ② 　 24 ③ 　 25 ⑤ 26 cheaper 27 as(so) cold as

---

서술형 평가

01 A giraffe is taller than an elephant. / An elephant is shorter than a giraffe. 　 02 (1) Brian is the oldest of the three. (2) Alex is heavier than Sally. / Sally is lighter than Alex. 　 03 Brian is faster than Alex. 　 04 The blue building isn't as(so) high as the white one. 05 (1) Jenny sings the best in our class. (2) He is as rich as her. 06 Roy is more interesting than Ann. 07 (마지막 문장) popularest of our class → most popular in our class

01 ⑤ exciting은 3음절 단어로 비교급은 more exciting, 최상급은 most exciting이다.

02 빈칸 뒤의 than으로 보아 비교급 비교 문장이므로 「비교급+than」의 형태가 되어야 한다. 따라서 빈칸에는 tall의 비교급인 taller가 알맞다.

03 범위를 나타내는 in his class로 보아 빈칸에는 최상급 형태가 알맞다. interesting의 최상급은 앞에 most를 붙인다.

04 두 개를 비교할 때는 비교급 비교로 「형용사(부사)의 비교급+than+비교 대상」의 형태로 쓴다. 그림에서는 오렌지가 배보다 더 무겁다. heavy는 y로 끝나므로 비교급 형태는 heavier이다.

05 원급 비교로 첫 번째 문장은 '~만큼 …한'의 뜻인 「as+원급+as」의 형태가, 두 번째 문장은 '~만큼 …하지 않은'의 뜻인 「not as(so)+원급+as」의 형태가 된다. 따라서 빈칸에 공통으로 알맞은 말은 형용사의 원급이다.

06 첫 번째 문장은 비교급 비교로 빈칸에는 well의 비교급인 better가 알맞다. 두 번째 문장은 최상급 비교로 빈칸에는 many의 최상급인 most가 알맞다.

07 ① big의 비교급은 bigger이다. ③ 범위를 나타내는 in the world가 있으므로 최상급 비교 문장이 되어야 한다. (happier → happiest) ④ 원급 비교는 「as+원급+as」의 형태로 쓴다. (than → as) ⑤ high의 최상급은 highest이다.

08 '가장 ~한 … 중의 하나'라는 뜻의 「one of the+최상급+복수명사」의 형태로, 여기서는 단수명사인 man이 복수명사인 men이 되어야 한다.

09 두 개를 비교하여 '~만큼 …한'의 뜻인 원급 비교는 「as+원급+as」의 형태로, '~보다 더 …한'의 뜻인 비교급 비교는 「비교급+than」의 형태로 쓴다. 여기서는 원급 비교로 고쳐 '이 피자는 매우 크다. 그것은 초콜릿 케이크만큼 크다.'라는 의미가 된다.

10 '더 ~하다'라는 비교급 의미로 빈칸에는 비교급 형태가 알맞다. bad는 불규칙 변화하는 형용사로 비교급은 worse이다.

11 비교급 앞에 쓰여 '훨씬'의 뜻으로 비교급을 강조하는 부사에는 even, still, far, much, a lot 등이 있다. very는 원급을 강조하는 말이다.

12 「A 비교급+than B」= 「B less+원급+than A」= 「B is not as(so)+원급+as A」로 나타낼 수 있다. 주어진 문장의 '비행기가 보트보다 빠르다.' = ④ 보트가 비행기보다 덜 빠르다. = ⑤ 보트가 비행기 만큼 빠르지 않다.가 된다.

13 ⑤ 장소(범위)를 나타내는 in her school로 보아 최상급 비교 문장이므로 more는 most가 되어야 한다.

14 나머지는 비교급 비교 문장으로 비교 대상 앞에 오는 than이, ④는 최상급 비교 문장으로 장소를 나타내는 this town 앞에 쓰는 in이 알맞다.

15 빈칸 뒤의 than으로 보아 비교급 비교 문장이므로 빈칸에는 비교급 형태가 알맞다. ①은 최상급 형태이므로 알맞지 않다.

16 최상급 비교 문장으로 빈칸에는 '가장 중요한'의 의미인 최상급 형태가 알맞다. 여기서 important는 3음절 단어로 최상급은 앞에 most를 붙인 most important가 된다.

17 ⓐ hot의 비교급 형태는 hotter이다. (hoter → hotter) ⓓ 원급 비교 문장이므로 「as+원급+as」의 형태로 써야 한다. (warmest → warm) ⓕ difficult는 3음절어로 최상급 형태는 앞에 most를 붙인다. (difficulter → most difficult)

18 첫 번째 문장에는 최상급 비교 문장에서 장소나 범위를 나타낼 때 쓰는 in이 알맞다. 두 번째 문장에는 최상급 다음에 범위를 나타내는 복수명사 앞에 쓰는 of이 알맞다.

19 |보기|와 ③의 much는 비교급 앞에 쓰여 '훨씬'의 뜻으로 비교급을 강조한다. 나머지는 '많은'의 뜻으로 수량 형용사이다.

20 ③ 원급 비교는 「as+원급+as」의 형태로 쓴다. (busier → busy)

21 「as+원급+as」는 '~만큼 …한'의 뜻인 원급 비교로 빈칸에는 형용사나 부사의 원급이 알맞다.

22 '가장 ~한 … 중 하나'의 뜻은 「one of the+최상급+복수명사」의 형태로 쓴다.

23 ② 개와 고양이를 비교하여 개가 고양이보다 물을 더 많이 마시다는 의미이므로 비교급 형태인 more로 고쳐야 한다.

24 ⓐ 「the + 최상급 + of + 복수명사」인 최상급 비교 문장으로 his friend는 his friends가 되어야 한다. ⓑ than이 있는 비교급 비교 문장이므로 최상급 wisest는 비교급 wiser가 되어야 한다. ⓒ 「one of + 최상급 + 복수명사」의 형태로 nicer는 최상급 형태인 nicest가 되어야 한다.

25 ⑤ Box C가 Box D보다 더 무거우므로 Box D isn't as(so) heavy as Box C.가 맞다.

26 내 재킷이 그녀의 것보다 더 비싸므로 그녀의 재킷이 내 것보다 '더 싸다'는 말이 되어야 의미가 같다. 따라서 빈칸에는 '싼'의 의미인 형용사 cheap의 비교급 cheaper가 알맞다.

27 '뉴욕의 겨울이 L.A.의 겨울보다 더 춥다.'는 것은 결국, 'L.A.의 겨울이 뉴욕의 겨울만큼 춥지 않다.'는 것과 의미가 같다. 따라서 빈칸에는 '~만큼 …하지 않은'의 뜻으로 앞에 부정어가 있으므로 「as(so) + 원급 + as」의 형태가 알맞다.

서술형 평가

01 두 동물의 키를 비교하므로 「비교급 + than + 비교 대상」의 형태로 쓴다.

02 (1) 세 명을 비교하므로 「the + 최상급(+명사) + of the three」의 형태로 쓴다. (2) 두 명을 비교하므로 「비교급 + than + 비교 대상」의 형태로 쓰는데, heavy(무거운)의 비교급 형태는 heavier, light(가벼운)의 비교급 형태는 lighter이다.

03 Brian의 기록이 더 높으므로 Brian을 주어로 하여 쓴다.

04 흰색 건물은 파란색 건물보다 높다. = 파란색 건물은 흰색 건물만큼 높지 않다. '~만큼 …하지 않은'의 뜻인 「not as(so) + 원급 + as」의 형태로 쓴다.

05 (1) '~에서 가장 … 한'의 뜻은 「the + 최상급 + in + 장소(범위)」의 형태로 쓴다. (2) '~만큼 …한'의 뜻은 「as + 원급 + as」의 형태로 쓴다.

[06~07]

> 너에게 내 반 친구들을 소개할게. 이 애는 Chris야. 그는 잘생겼어. 그는 우리 반에서 키가 가장 커. 이 애는 Kate야. 그녀는 우리 중에서 가장 똑똑해. 이 애들은 Ann과 Roy야. Ann은 Roy보다 더 친절하지만, Roy는 Ann보다 더 재미있어. 이 애는 Max야. 그는 Chris보다 더 잘생겼지만 그보다 키가 작아. 하지만 그는 매우 친절해. 사실, 그는 우리 중에서 가장 친절해. 그는 우리 반에서 가장 인기가 있어.

06 interesting은 3음절 단어라서 비교급 형태는 앞에 more를 붙인다.

07 popular는 3음절 단어라서 최상급 형태는 앞에 most를 붙이며 장소나 범위를 나타낼 때는 전치사 in을 쓴다.

CHAPTER **10** to부정사

FOCUS 56   p.125

A 1 It, to break 2 It, to do 3 It, to understand 4 It, to learn 5 It, to get up **B** 1 To meet, fun 2 It, boring to watch 3 To swim, is dangerous 4 It isn't easy to catch

교과서 문장 응용하기 1 To grow vegetables is difficult.
2 It is interesting(fun) to play computer games.

FOCUS 57   p.126

A 1 is to get 2 was to climb 3 is to exercise 4 is to teach 5 is to go **B** 1 to eat 2 to travel 3 to buy 4 to learn 5 to go 6 to invite

교과서 문장 응용하기 1 Her hope is to live in New York.
2 I want to meet your cousin.

FOCUS 58   p.127

A 1 to remember 2 to do 3 to wear 4 to play 5 anyone to speak 6 something to eat(have) **B** 1 to read 2 to take care of 3 something new to tell

교과서 문장 응용하기 1 There are many(a lot of) places to visit in London. 2 Alex needed someone to help him.

A 1 감정의 원인 **2** 결과 **3** 목적 **4** 감정의 원인 **5** 목적
B 1 농구를 하기 위해 **2** 시합(게임 / 경기)에 이겨서 기쁜 **3** 96세까지 살았다 **4** 우리 친구들을 만나기 위해 **C 1** to buy **2** in order to

교과서 문장 응용하기 **1** We went to the restaurant to(in order to) have(eat) dinner. **2** I was angry to hear the news.

내신적중 실전문제

01 ① **02** ② **03** ③ **04** it, to, use **05** ④
06 ⑤ **07** ③ **08** ⑤ **09** ③ **10** to cook
11 ④ **12** ⑤ **13** ③ **14** ② **15** ④ **16** something fun to do **17** ② **18** to hear **19** ④ **20** ③

서술형 평가

01 (1) I am(I'm) planning to read many books in February. (2) I want to learn to swim in April.
02 It is hard to answer all the questions. **03** I went to the post office to send a package.
04 나의 할아버지께서는 101세까지 사셨다. **05** He needed something warm to drink. **06** ⓐ, ⓓ / ⓑ, ⓒ, ⓔ **07** (6행) go → to go

01 to부정사가 주어 역할을 할 때는 가주어 it을 써서 「It ~ to부정사」로 바꿔 쓸 수 있다.

02 첫 번째 문장은 '나는 영화배우를 만나기 위해 기다렸다.'라는 의미이므로 빈칸에는 '~하기 위해'라는 목적의 의미를 나타내는 to부정사의 형태가 알맞다. 두 번째 문장은 '그녀는 플루트 연주하는 것을 배웠다.'라는 의미이므로 빈칸에는 동사 learn의 목적어 역할을 하는 to부정사의 형태가 알맞다. 따라서 공통으로 알맞은 말은 to이다.

03 명사 man을 뒤에서 수식하는 형용사 역할을 하는 to부정사 형태가 알맞다.

04 to부정사가 주어 역할을 할 때 to부정사구가 길면 주어 자리에 가주어 it을 쓰고, to부정사를 문장 뒤로 보내는 것이 자연스럽다.

05 '나는 파티에서 Mary를 보게 되어 행복했다.'는 의미이므로 seeing은 감정의 원인을 나타내는 to부정사로 바꿔야 한다.

06 여기서는 '마실 것'이라는 뜻으로 to부정사가 형용사처럼 쓰였으므로 to부정사(to drink)는 수식하는 대명사(something)의 뒤에 위치해야 한다.

07 want는 목적어로 to부정사의 형태가 와서 '~하기를 원하다'라는 뜻을 나타낸다. 따라서 빈칸에는 「to + 동사원형」의 형태로 쓰인 to부정사를 포함하는 ③이 알맞다.

08 나머지는 문장에서 주어(①, ③), 보어②), 목적어(④) 역할을 하는 to부정사의 명사적 용법이고, ⑤는 앞의 명사 books를 수식하는 to부정사의 형용사적 용법이다.

09 주어진 문장의 to부정사는 '…해서 (결국) ~하다(~가 되다)'라는 결과의 의미를 나타내는 부사적 용법으로 쓰였다.

10 to부정사가 앞의 명사 many ways를 수식하는 형용사적 용법의 문장이 되어야 한다.

11 주어진 문장의 to부정사는 '일찍 일어나기 위해'라는 목적의 의미를 나타내므로 「in order to + 동사원형」으로 바꿔 쓸 수 있다.

12 '~하는 것은'의 뜻으로 문장에서 주어 역할을 하는 to부정사로 나타낸다. 이때 to부정사구가 길 경우 가주어 it을 to부정사 자리에 놓고 to부정사를 문장 뒤로 보낸다.

13 ⓑ some bread, ⓒ 대명사 something을 뒤에서 수식하는 형용사적 용법으로 쓰였다. ⓐ 주어 My plan을 보충 설명하는 보어로 명사적 용법, ⓓ 감정의 원인을 나타내는 부사적 용법, ⓔ 결과의 의미를 나타내는 부사적 용법으로 쓰였다.

14 나머지는 to부정사 대신에 쓰인 가주어이고, ②는 날씨를 나타내는 비인칭주어이다.

15 나머지는 to부정사를 만드는 to이고, ④는 명사 앞에 쓰는 전치사이다.

16 -thing으로 끝나는 대명사를 to부정사와 형용사가 함께 수식할 경우 「-thing + 형용사 + to부정사」의 어순으로 쓴다.

17 모두 to부정사의 부사적 용법으로 쓰였다. |보기|와 ②는 '~하기 위해'라는 목적의 의미를, ①, ④는 결과의 의미, ③, ⑤는 감정의 원인의 의미를 나타낸다.

18 '우리는 그 이야기를 듣게 되어 슬펐다.'는 의미로 감정을 나타내는 형용사 뒤에 to부정사를 쓰면 '~해서'라는 감정의 원인을 나타내는 to부정사의 부사적 용법이 된다.

19 '~하기 위해'라는 뜻으로 목적의 의미를 나타내는 to부정사는 「in order to + 동사원형」으로 바꿔 쓸 수 있다. ④는 감정형

용사 뒤에 쓰여 '~해서, ~하다니'라는 뜻으로 감정의 원인을 나타낸다.

20 ⓐ -thing으로 끝나는 대명사를 수식하는 to부정사는 대명사 뒤에 위치한다. (to eat nothing → nothing to eat) ⓑ need는 to부정사를 목적어로 취한다. (practice → to practice) ⓔ 책을 '빌리기 위해' 도서관에 간 것이므로 목적을 나타내는 to부정사 형태가 되어야 한다. (for → to)

서술형 평가

01 plan과 want는 to부정사를 목적어로 취하므로 시제에 맞게 「plan/want + to + 동사원형」의 형태로 쓴다.

02 긴 to부정사구가 주어로 온 경우 주어 자리에 가주어 it을 쓰고, to부정사구를 문장 뒤로 보낸다.

03 '소포를 보내기 위해' 우체국에 간 것이므로 '목적'을 나타내는 to부정사를 이용하여 연결한다.

04 to부정사구(to be 101 years old)가 결과를 나타내는 부사적 용법으로 쓰였으므로 '101세가 될 때까지 사셨다'로 해석한다.

05 '마실 따뜻한 것'은 something을 형용사 warm과 to부정사(to drink)가 함께 수식하는 to부정사의 형용사적 용법으로 나타낸다. 이때 어순은 「대명사+형용사+to부정사」이다.

[06~07]

> 오늘은 일요일이다. Emily는 할 일이 많다. 먼저, 그녀는 아침 일찍 교회에 갈 필요가 있다. 그러고 나서 그녀는 그녀의 부모님과 함께 낚시하러 갈 것이다. 그들은 낚시하는 것을 매우 좋아한다. 그들은 먹을 것을 가져가야만 한다. 그들은 먹을 것과 마실 것을 사기 위해 쇼핑하러 가기로 결심한다. 그들은 오늘 물고기를 많이 잡기를 바란다. Emily는 6시 전에 집에 돌아오기를 원한다. 그녀는 저녁에 그녀가 가장 좋아하는 쇼를 보기를 원한다.

06 ⓐ, ⓓ는 to부정사의 형용사적 용법으로, ⓑ, ⓒ, ⓔ는 to부정사의 명사적 용법으로 쓰였다.

07 '쇼핑 가기로 결정한다'는 뜻으로 decide는 to부정사를 목적어로 취하는 명사적 용법이므로 「decide to + 동사원형」의 형태가 되어야 한다.

CHAPTER 11 동명사

FOCUS 60　　　　p.135

A 1 Watching　2 Riding　3 Learning　4 taking　5 keeping　　**B** 1 My hope is traveling to Europe. 2 Having breakfast is good for your health.　3 Writing a letter in English is hard.　4 One of her hobbies is cooking.　5 Recycling bottles is very important.　6 Swimming in deep water is dangerous.

교과서 문장 응용하기　1 Making good friends is important. 2 My brother's hobby is listening to rock music.

FOCUS 61　　　　p.136

A 1 playing　2 taking　3 singing　4 saying　**B** 1 gave up buying　2 afraid of going　3 practiced dancing 4 started working　　**C** 1 Thank you for helping me.　2 I like meeting new people.　3 My sister is interested in watching the stars.　4 He finished writing an email.

교과서 문장 응용하기　1 I enjoy cooking for my family. 2 I'm sorry for being late.

FOCUS 62　　　　p.137

A 1 making　2 to meet　3 to climb　4 lending **B** 1 closing　2 doing　3 to plant　4 to be　5 to go **C** 1 started crying(to cry)　2 like playing(to play) basketball　3 loves watching(to watch) Korean dramas.

교과서 문장 응용하기　1 Alex finished cleaning his room. 2 I want to go to the beach this summer.

내신적중 실전문제　　　pp.138~142

01 ③　02 ①　03 ⑤　04 ④　05 ②, ④　06 reading
07 ④　08 ④　09 playing → to play　10 to

carry → carrying　11 ④, ⑤　12 ②　13 ④　14 ③
15 ④　16 ⑤　17 Driving　18 ①　19 ⑤　20 good
at speaking　21 ④　22 ②　23 ⑤　24 ②, ④
25 ③　26 decorating　27 ②

서술형 평가

01 My little sister is afraid of seeing a dentist.
02 One of my hobbies is traveling.　03 I like
drawing(to draw) pictures.　04 I enjoy cooking.
05 (1) He gave up making a cake.　(2) We
decided to go to the museum.　06 Reading
books(Reading a book) is one of his best
habits　07 ⓑ He finishes reading a book a day.
ⓒ Someday he hopes to become a writer.

01 동사가 주어 역할을 할 때는 동명사 형태로 쓴다. to부정사를 쓰려면 「to+동사원형」의 형태가 되어야 한다.

02 빈칸 다음에 동명사가 있으므로 빈칸에는 동명사를 목적어로 취하는 동사인 ①이 알맞다. 나머지는 to부정사를 목적어로 취하는 동사이다.

03 빈칸에는 동명사를 목적어로 취하는 동사가 알맞다. ⑤는 to부정사를 목적어로 취한다. ③, ④는 to부정사와 동명사 모두 목적어로 취할 수 있다.

04 avoid는 동명사를 목적어로 취하므로 빈칸에 알맞지 않다.

05 love는 동명사와 to부정사를 모두 목적어로 취한다.

06 enjoy는 동명사를 목적어로 취한다.

07 hope는 to부정사를 목적어로 취하고, 전치사 about 뒤에는 동명사가 목적어로 온다.

08 |보기|의 밑줄 친 singing은 동사의 목적어로 쓰인 동명사이다. ① 전치사의 목적어, ② 동사의 목적어, ③ 주어, ⑤ 보어의 역할을 하는 동명사이다. ④는 '노래 부르고 있는'의 뜻으로 현재분사이다.

09 learn은 to부정사를 목적어로 취하는 동사이다.

10 finish는 동명사를 목적어로 취하는 동사이다.

11 문장의 주어이므로 빈칸에는 동명사나 to부정사의 형태 모두 쓸 수 있다.

12 ⓒ, ⓔ 동사 plan과 want는 to부정사를 목적어로 취한다. ⓑ 보어의 역할을 하는 동명사로 쓰였다.

13 ④ 동사 give up은 동명사를 목적어로 취한다. (to smoke → smoking)

14 ③ want는 to부정사를 목적어로 취한다. (sending → to send)

15 빈칸에는 동명사(playing)와 to부정사(to listen)를 모두 목적어로 취하는 동사가 알맞다. ④는 동명사만을 목적어로 취한다.

16 ① give up, ② finish, ③ enjoy는 동명사를, ④ decide는 to부정사를 목적어로 취한다.

17 빈칸에는 문장의 주어 역할을 하는 동명사가 알맞다. '나의 아버지는 버스를 운전한다. = 버스를 운전하는 것은 나의 아버지의 직업이다.'

18 동명사가 보어로 쓰인 문장으로 배열하면 His hobby is reading comic books.가 된다. 따라서 세 번째로 오는 말은 is이다.

19 |보기|의 making은 타동사(finished)의 목적어로 쓰였으므로 동명사이다. ⑤ 전치사(of)의 목적어로 쓰였으므로 동명사이다. ① '신나는'의 뜻의 형용사이다. ② '자고 있었다'는 뜻으로 과거진행시제의 동사로 쓰였다. ③ 현재진행시제의 동사로 쓰였다. ④ be going to는 '~할 예정이다'라는 뜻으로 가까운 미래에 예정된 일을 나타낼 때 쓴다.

20 '~을 잘하다'는 뜻의 표현은 be good at이며, at이 전치사이므로 뒤에 동사가 올 경우 동명사 형태로 써야 한다.

21 나머지는 동사의 목적어로 쓰인 동명사이고, ④는 '샤워하고 있는'의 뜻으로 현재진행의 의미를 나타낸다.

22 ⓑ hope는 to부정사를 목적어로 취하는 동사이다. (meeting → to meet) ⓔ plan은 to부정사를 목적어로 취하는데, to부정사는 「to+동사원형」의 형태로 써야 한다. (to visiting → to visit)

23 like의 목적어로 to부정사와 동명사 둘 다 올 수 있지만, mind는 동명사만 목적어로 올 수 있다.

24 ① '상자를 재사용하는 것은 쉽다.'라는 뜻으로 reuse가 문장의 주어이므로 동명사 또는 to부정사 형태가 되어야 한다. (Reuse → Reusing 또는 To reuse) ③ enjoy는 동명사를 목적어로 취한다. (to talk → talking) ⑤ learn은 to부정사를 목적어로 취한다. (playing → to play)

25 decide는 to부정사를 목적어로 취하는 동사이므로 뒤에 to bring이 와야 한다. '먹을 것'은 to부정사의 형용사적 용법으로 something to eat의 어순으로 쓴다.

26 '방을 장식하는 것은 재미있다.'라는 뜻으로 동명사가 주어로 쓰인 문장으로 배열하면 Decorating a room is

interesting.이 된다. 따라서 첫 번째 오는 말은 동명사 주어 인 decorating이다.

27 ⓐ, ⓒ는 현재진행시제의 동사로, ⓑ, ⓓ, ⓔ는 동명사로 쓰였다.

서술형 평가

01 '내 여동생은 치과 의사를 만나는 것을 두려워한다.'라는 의 미가 되어야 한다. be afraid of에서 of가 전치사이므로 뒤 에는 목적어로 동명사가 와야 하므로 동사 see는 seeing으로 써야 한다.

02 그림에서 Peter는 여행을 하는 모습이므로 '나의 취미 중 하 나는 여행이다.'라는 의미가 되도록 문장을 완성한다. 주어가 One of my hobbies일 때 동사는 is를 쓰며 보어로 동명사 (traveling)를 쓴다.

03 그림에서 Lisa는 그림을 그리고 있으므로 '나는 그림 그리는 것을 좋아한다.'라는 의미가 되도록 문장을 완성한다. 여기서 동사 like는 목적어로 동명사와 to부정사를 모두 취하므로 '그 리다'의 뜻인 draw는 drawing이나 to draw가 되어야 한다.

04 그림에서 Amy는 요리를 하고 있으므로 '나는 요리하는 것을 즐긴다.'라는 의미가 되도록 문장을 완성한다. enjoy는 동명 사를 목적어로 취하는 동사이므로 '요리하다'라는 뜻의 cook 은 cooking이 되어야 한다.

05 (1) give up(포기하다)은 동명사를 목적어로 취한다.
(2) decide(결정하다)는 to부정사를 목적어로 취한다.

[06~07]

> Peter의 취미는 새로운 것을 배우는 것이다. 그는 모 든 것을 배우는 것을 너무 좋아해서 매일 책을 읽는 것을 즐긴다. 책을 읽는 것 또한 그의 가장 좋은 습관 중에 하 나이다. 그는 하루에 한 권 읽는 것을 끝마친다. 그는 또 한 영어책을 읽는 것을 원한다. 그래서 그는 영어를 배우 기 위해 공부를 한다. 그는 독후감을 쓰는 것을 좋아한 다. 그는 자기 전에 한 편을 쓴다. 언젠가 그는 작가가 되 기를 바란다.

06 '책을 읽는 것'이 주어이므로 Reading books(Reading a book)를 주어 자리에 쓰고 동명사 주어는 단수 취급하므로 동사 is를 그 다음에 쓴다.

07 ⓑ finish는 동명사를 목적어로 취하므로 to read를 reading 으로 써야 한다. ⓒ hope는 to부정사를 목적어로 취하므로 becoming을 to become으로 써야 한다.

FOCUS 63 p.145

A 1 Stand up. **2** Turn off your cellphone. **3** Be nice to your classmates. **B 1** Write **2** Don't touch **3** Be **4** Don't throw **5** Don't be afraid

교과서 문장 응용하기 1 Wash your hands. **2** Don't be late for the class.

FOCUS 64 p.146

A 1 Let's play baseball after school. **2** Let's listen to rock music. **3** Let's not make model airplanes. **4** Let's watch a magic show tomorrow. **5** Let's not eat fast food for lunch. **B 1** Let's meet **2** Let's open **3** Let's not swim **4** Let's talk **5** Let's not buy **6** Let's play computer games

교과서 문장 응용하기 1 Let's decorate a Christmas tree. **2** Let's not eat out tonight.

FOCUS 65 p.147

A 1 How **2** What **3** How **4** What **B 1** How delicious **2** What a long **3** How difficult **4** What big eyes **5** How beautifully **6** What an honest **C 1** How large these elephants are! **2** What a nice dress this is!

교과서 문장 응용하기 1 What a lazy boy Brian is! **2** How fast Judy runs!

FOCUS 66 p.148

A 1 a goat or a sheep **2** a bike or a horse **3** by bus or on foot **4** the piano or the violin **B 1** Is, tall or short / tall **2** Did, order, or / I ordered spaghetti **3** Which, or / I like

교과서 문장 응용하기 1 Is this bag yours or hers? **2** Which do you want, juice or milk?

FOCUS 67   p.149

A **1** can he **2** didn't he **3** don't you **4** isn't she
B **1** won't it **2** can you **3** aren't they **4** didn't they
C **1** wasn't she / she wasn't **2** can he / Yes, he can
3 do you / No, I don't

교과서 문장 응용하기 **1** You are very(so) tired, aren't you?
2 Sara doesn't like to play(playing) tennis, does she?

FOCUS 68   p.150

A **1** Doesn't / she does **2** Wasn't / No, wasn't **3** Can't you / Yes, I can **B** **1** No, they aren't. **2** Yes, I do. **3** No, he isn't(he's not). **4** No, she didn't. **5** Yes, it is.

교과서 문장 응용하기 **1** Aren't you hungry? **2** Doesn't Tony like soccer? — No, he doesn't.

∙∙∙∙ 내신적중 실전문제   pp.151~154

01 ⑤ **02** ③ **03** ② **04** didn't she **05** ①
06 ② **07** Let's not go **08** ② **09** ③ **10** ③
11 ③ **12** ③ **13** How small **14** ② **15** ③ **16** ⑤
17 What → Which **18** ③, ④ **19** ② **20** ③

서술형 평가

01 (1) Be kind to your younger brother. (2) Let's go to the movies. **02** Didn't Cathy have a cold yesterday? / Yes, she did. **03** Which shoes do you like better, these green ones or those light blue ones? **04** You like them, too, don't you? **05** (1) Jiho can speak English, can't he?
(2) Don't play near the river. **06** What a big shopping mall this is! **07** ⓑ → We'll go to the clothing store first, won't we?

01 빈칸 뒤의 「a(an)+형용사+명사+주어+동사!」의 형태로 보아 What으로 시작하는 감탄문이다.

02 도마뱀과 앵무새 중 하나를 고르는 선택의문문이므로 「A or B」로 나타낸다.

03 '~하지 마라.'는 뜻의 부정명령문은 「Don't+동사원형 ~.」의 형태로 쓴다.

04 일반동사 과거형의 긍정문이므로 빈칸에는 과거형의 부정인 didn't와 주어 Ms. Park을 인칭대명사로 받는 she를 써야 한다.

05 각각 '네 그림을 보여 줘라', '조심해라'는 의미인 명령문이므로 모두 동사원형으로 시작한다.

06 ② 앞 문장이 일반동사 긍정문이므로 부가의문문에서 동사는 일반동사 부정형으로 써야 한다. (→ doesn't she)

07 '~하지 말자.'는 뜻은 「Let's not+동사원형 ~.」의 형태로 쓴다.

08 앞 문장에 aren't가 있으므로 부가의문문에서 동사는 긍정형의 are를, 긍정의 대답 또한 are를 쓴다.

09 빈칸 다음의 말로 보아 빈칸에는 긍정의 대답이 와야 한다. 일반의문문과 동일하게 긍정일 때는 Yes로 한다.

10 「A or B」의 선택의문문에 대한 대답은 Yes나 No로 하지 않고 둘 중 하나를 골라 대답한다.

11 나머지는 빈칸 뒤에 모두 형용사나 부사가 있으며 「주어+동사」 앞에 명사가 없으므로 How로 시작하는 감탄문이고, ③은 「a+형용사+명사+주어+동사」로 보아 What으로 시작하는 감탄문이다.

12 ③ '~하지 말자.'는 뜻은 「Let's not+동사원형 ~.」의 형태이므로 tells는 동사원형인 tell로 써야 한다.

13 감탄문은 「What a(an)+형용사+명사(+주어+동사)!」 또는 「How+형용사(부사)(+주어+동사)!」의 형태로 쓸 수 있다.

14 ② 일반동사가 없으므로 Doesn't는 「Be동사+not」의 축약형인 Isn't로 써야 한다.

15 과거의 일을 부정의문문으로 묻고 있는데 busy는 형용사로 be동사가 필요하다. 따라서 주어 앞에 weren't가, 주어 다음에 바로 busy가 온다.

16 부가의문문은 앞 문장이 긍정이면 부정, 부정이면 긍정으로 쓰며, be동사와 조동사는 그대로, 일반동사는 do(does/did)로 쓴다. (① → were you ② → can he ③ → doesn't she ④ → aren't they)

17 두 개 중 한 개의 선택을 묻는 의문문에서 의문사는 which를 써야 한다.

18 ③ 부정명령문은 「Don't+동사원형 ~.」의 형태로 쓴다. (Aren't → Don't) ④ 명령문은 주어 you를 생략하고 동사

원형으로 문장을 시작한다. (Moves → Move)

19 ⓑ, ⓒ는 빈칸 뒤의 「(a) + 형용사 + 명사」의 형태로 보아 What으로 시작하는 감탄문이다. 나머지는 빈칸 뒤에 부사 (sadly, quietly, loudly)가 있으므로 How로 시작하는 감탄 문이다.

20 ⓑ How로 시작하는 감탄문은 「How + 형용사(부사)(+ 주 어 + 동사)!」의 어순으로 쓴다. (are the cats → the cats are) ⓒ Let's 다음에는 동사원형이 온다. (to buy → buy) ⓓ 앞 문장에 won't가 쓰였으므로 부가의문문에서 동사는 will을, 주어는 Emily를 인칭대명사로 바꿔 she로 써야 한 다. (do Emily → will she)

서술형 평가

01 (1) 명령문은 동사원형으로 시작한다. (2) 제안명령문은 「Let's + 동사원형 ~.」의 형태로 쓴다.

02 일반동사 과거형의 부정의문문은 Didn't로 시작하여 쓰고, 빈칸 뒤에 이어지는 '그녀는 병원에 가야 한다.'는 내용으로 보아 빈칸에는 긍정의 대답인 Yes, she did.가 알맞다.

03 둘 중 하나의 선택을 묻는 선택의문문이므로 「Which ~, A or B?」의 형태로 쓴다.

04 앞 문장이 긍정이므로 부가의문문에서 동사는 부정인 don't 를 써야 한다.

05 (1) 조동사 can이 쓰인 문장의 부가의문문은 「can't + 주어」로 쓴다. 이때 주어는 인칭대명사로 바꿔 써야 한다. (2) 부정명 령문은 「Don't + 동사원형 ~.」의 형태로 쓴다.

[06~07]

> **A** 이것은 정말 큰 쇼핑몰이구나!
> **B** 그래, 매우 커. 서두르자.
> **A** 좋아. 우리는 먼저 옷가게에 갈 거지, 그렇지 않니?
> **B** 그래.
> **A** 오, 저기 좀 봐! 퍼레이드가 있어. 정말 재미있구나!
> **B** 그래, 하지만 우리는 시간이 충분하지 않아. 오, 그 가 게를 찾았어.
> **A** 좋아. 안으로 들어가자!

06 '정말 ~하구나!'라는 뜻의 What으로 시작하는 감탄문은 「What a(an) + 형용사 + 명사(+ 주어 + 동사)!」의 형태로 쓴다.

07 앞 문장에 조동사 will이 쓰였으므로 부가의문문에서 동사는 won't가 되어야 한다.

FOCUS 69 p.157

A 1 loudly **2** on the sofa **3** well **4** to her office by subway **B 1** Birds, fly **2** The sun, rises **3** The window, closed **4** I, go **5** a picture, is **C 1** in bed **2** yesterday **3** beside the door

교과서 문장 응용하기 1 The girl smiles. **2** My brother swims very well.

FOCUS 70 p.158

A 1 a famous cook **2** good **3** smart **4** comfortable **B 1** Jenny looks beautiful. **2** The cloth feels smooth. **3** The chicken soup smells delicious. **C 1** always busy, Smith 씨는 항상 바쁘다. **2** a singer, Sophia는 가수가 되었다. **3** yellow and red, 나뭇잎들이 노랗고 빨갛게 되었다(변했다).

교과서 문장 응용하기 1 Sally is pretty and tall. **2** Alex looks happy.

FOCUS 71 p.159

A 1 played, football **2** repaired, the bike **3** visited, her grandparents **4** hope, to take **5** minds, eating **B 1** 모든 소녀는 음악을 좋아한다. **2** 그녀는 약간의 설탕을 사기를 원한다. **3** 나의 남동생은 인터넷 서핑(검색)하는 것을 즐긴다. **C 1** always helps me **2** finished washing the car **3** decided to buy a new computer

교과서 문장 응용하기 1 Paul cleans the bedroom. **2** The birds began to sing(singing).

FOCUS 72 p.160

A 1 He showed her a map. **2** I made Jerry some cookies. **3** Cathy told me the truth. **4** The foreigner asked us some questions. **5** My friend bought me a dictionary. **B 1** She sent Bob a postcard. **2** He handed a girl the letter. **3** I'll(I will) give her this watch. **4** My uncle bought me a new cellphone.

교과서 문장 응용하기 **1** Thomas showed Betty his pictures. **2** My grandmother told me a sad story.

FOCUS 73   p.161

A **1** social studies to us **2** a chocolate cake for us **3** asked some questions of me **4** jokes to my friends **5** a doll for her daughter   **B** **1** me a Christmas card, sent a Christmas card to **2** Ann a concert ticket, bought a concert ticket for

교과서 문장 응용하기 **1** Emily showed us pretty dolls. **2** My mother gave a ring to me.

FOCUS 74   p.162

A **1** me(목적어), sleepy(목적격보어) **2** their baby(목적어), Angel(목적격보어) **3** Peter(목적어), a chairman(목적격보어) **4** me(목적어), to exercise(목적격보어)   **B** **1** We think him a good teacher. **2** I found the book difficult. **3** My brother asked me to help.   **C** **1** her sad **2** him Hero **3** us to join

교과서 문장 응용하기 **1** Andy keeps his room clean. **2** I advise you to read this book.

내신적중 실전문제
pp.163~166

01 ④	02 ③	03 ①	04 ③	05 of	06 ⑤

07 ③   08 ③   09 washed → to wash   10 ③
11 ⑤   12 ②   13 ②   14 made me angry
15 ④   16 ③   17 ③   18 for, of   19 ①, ④
20 ⑤

서술형 평가
01 (1) 그 음악은 멋지게 들린다. (2) 이 코트는 나를 따뜻하게 (유지)해 줄 것이다. **02** My mother told me to buy some milk. **03** Can you buy some fruit for me? **04** (1) She asked me to join the club. (2) Mr. Park teaches us P.E. **05** I showed my favorite photos to him. **06** ⓐ I live in a small town. ⓑ My blanket feels soft. **07** (8행) brings → to bring

01 tell은 수여동사로 다음에 「간접목적어(me) + 직접목적어(a story)」가 와서 4형식 문장이나 「직접목적어(a story) + to + 간접목적어(me)」가 와서 3형식 문장으로 쓸 수 있다.

02 '이 스웨터는 너를 따뜻하게 해 줄 거야.'라는 뜻으로 빈칸에는 「동사 + 목적어 + 목적격보어(형용사)」가 와서 5형식 문장이 되어야 한다.

03 2형식 문장에서 감각동사 feel은 보어로 형용사를 써야 한다. ①은 부사이므로 알맞지 않다.

04 「주어 + 동사 + 목적어 + 부사구」인 3형식 문장으로 명사구인 ③이 목적어이다.

05 4형식 문장인 「주어 + 동사 + 간접목적어 + 직접목적어」는 3형식 문장인 「주어 + 동사 + 직접목적어 + 전치사 + 간접목적어」로 바꿔 쓸 수 있는데, 이때 동사 ask는 전치사 of를 써야 한다.

06 ⑤ 「주어 + 동사 + 목적어 + 목적격보어」인 5형식 문장으로 him은 목적어, Bill이 목적격보어이다.

07 ③ 목적어 the test를 설명해 주는 목적격보어로 형용사가 와야 한다. (→ easy)

08 나머지는 「주어 + 동사 + 목적어」인 3형식 문장이고, ③은 toward George가 문장의 형식에 영향을 주지 않는 부사어이므로 1형식 문장이다.

09 「주어 + 동사 + 목적어 + 목적격보어」인 5형식 문장으로 동사 want는 목적격보어로 to부정사를 쓴다.

10 2형식 문장에서 감각동사는 보어로 형용사를 써야 한다. ③ sweetly → sweet

11 |보기|와 ⑤는 「주어 + 동사 + 부사구」인 1형식 문장이다. ① 3형식, ② 2형식, ③ 5형식, ④ 4형식 문장이다.

12 동사가 send인 4형식 문장을 3형식 문장으로 바꿀 때 간접목적어 앞에 전치사 to를 써야 한다.

13 ⓐ feel은 감각동사로 보어로 형용사를 써야 한다. (well → good) ⓒ 3형식 문장으로 「동사(taught) + 직접목적어(math) + 전치사(to) + 간접목적어(us)」의 형태로 써야 한다. 또는 4형식 문장으로 쓸 경우 「동사(taught) + 간접목적어(us) + 직접목적어(math)」의 어순으로 써야 한다.

14 「주어 + 동사 + 목적어 + 목적격보어(형용사)」의 어순인 5형식 문장이다.

15 ④ 「주어 + 동사 + 직접목적어 + 전치사 + 간접목적어」인 3형식 문장이므로 4형식 문장으로 쓰려면 Jason lent me textbooks.가 되어야 한다.

16 동사 show, give, write, tell은 3형식 문장으로 쓸 때 간접

목적어 앞에 전치사 to를, ③ 동사 make는 간접목적어 앞에 전치사 for를 써야 한다.

17 나머지는 '~에게 …을'의 두 개의 목적어를 갖는 4형식 문장의 동사(수여동사)이고, ③은 목적어와 목적격보어를 갖는 5형식 문장의 동사이다.

18 간접목적어와 직접목적어의 어순을 바꾸면 동사가 buy인 경우 간접목적어 앞에 전치사 for를, 동사가 ask인 경우 of를 써야 한다.

19 목적어가 두 개인 4형식 문장으로 '~에게'에 해당하는 것은 사람인 간접목적어, '…을'에 해당하는 것은 사물인 직접목적어이다. (①) 또한 4형식 문장을 3형식 문장으로 바꿀 때 동사가 tell이면 간접목적어 앞에 전치사 to를 써야 한다. (④)

20 |보기|와 ⓐ, ⓒ, ⓓ는 5형식 문장으로 밑줄 친 부분이 목적격보어의 역할을 한다. ⓑ, ⓔ는 3형식 문장으로 밑줄 친 부분이 목적어의 역할을 한다.

서술형 평가

01 2형식 문장의 주격보어나 5형식 문장의 목적격보어로 형용사가 올 때 우리말로는 부사처럼 해석된다

02 동사 tell이 쓰인 5형식 문장으로 목적격보어는 to부정사가 온다. (buying → to buy)

03 4형식 문장의 「주어＋동사＋간접목적어＋직접목적어」를 3형식 문장으로 바꿔 쓸 때, 동사 buy가 쓰인 문장은 간접목적어 앞에 전치사 for를 써야 한다.

04 (1) 5형식 문장으로 「주어＋동사＋목적어＋목적격보어(to부정사)」의 어순으로 쓴다. (2) 4형식 문장으로 「주어＋동사＋간접목적어(~에게)＋직접목적어(~을)」의 어순으로 쓴다.

05 간접목적어는 my brother로 3인칭 남성형으로 him으로 바꿔 쓸 수 있다. 4형식 문장의 「주어＋동사＋간접목적어＋직접목적어」는 3형식 문장인 「주어＋동사＋직접목적어＋전치사＋간접목적어」로 바꿔 쓸 수 있다. 이때 동사 show는 전치사 to를 써야 한다.

[06~07]

> 나는 작은 마을에 산다. 우리 집은 호수 근처에 있다. 내 방은 위층이다. 내 방 안에는 많은 것들이 있다. 나는 그것들을 매우 좋아한다. 내 배낭은 멋있어 보인다. 책상 위에 있는 초콜릿은 달콤한 맛이 난다. 나의 담요는 부드럽게 느껴진다. 침대 옆에 있는 꽃들은 좋은 향기가 난다. 이 모든 것들이 나를 행복하게 한다. 오늘, 나는 꽃 좀 더 가져와 달라고 엄마에게 부탁할 것이다.

06 ⓐ 「주어＋동사＋부사구」의 1형식 문장이다. ⓑ 감각동사가 쓰인 2형식 문장으로 주격보어 자리에 형용사가 와야 한다.

07 ask가 쓰인 5형식 문장이므로 목적격보어로 to부정사가 온다. (brings → to bring)

CHAPTER 14 접속사

FOCUS 75   p.169

A 1 and 2 or 3 but 4 or 5 and 6 and 7 but 8 or 9 or 10 but   **B** 1 Mom bought a magazine, but she didn't read it. 2 Do you like vegetables or fruits? 3 We went to a Chinese restaurant and (we) had dinner there.

교과서 문장 응용하기 1 Tina is cute and smart. 2 I like English, but Sue doesn't (like English). 3 Bill can play tennis or badminton.

FOCUS 76   p.170

A 1 We all know that the Earth is round. 2 I believe that you didn't make a mistake. 3 Everybody hopes that spring will come early. 4 Isabella says that she enjoys taking a walk in the park.   **B** 1 that I should save water 2 that they were singers 3 that this road was dangerous 4 that the girl was honest 5 that he will win first prize

교과서 문장 응용하기 1 They said (that) Betty is kind. 2 I don't think (that) the movie is interesting.

FOCUS 77   p.171

A 1 when she is tired 2 When he heard 3 when I was 4 When they arrived 5 when I need

B 1 When Jacob came back, I was glad. / I was glad when Jacob came back. 2 When she was ten years old, she learned to swim. / She learned to swim when she was ten years old.

교과서 문장 응용하기 **1** When I came home, my mother was cooking. / My mother was cooking when I came home. **2** When Steven visited me, I was sleeping. / I was sleeping when Steven visited me.

FOCUS 78   p.172

A **1** I have lunch after I wash my hands. **2** Watch out before you cross the road. **3** He did his homework before he played computer games.
B **1** After he made a wish **2** Before I fell asleep under the tree **3** after she took off her shoes **4** before he went out **5** after my mother read us a short story

교과서 문장 응용하기 **1** Before he left, I arrived at the station. / I arrived at the station before he left.
2 After she took a shower, she watched TV. / She watched TV after she took a shower.

FOCUS 79   p.173

A **1** if **2** because **3** If **4** because **B** **1** because **2** If **3** if **4** Because **C** **1** upset because I lost my watch **2** stand in line if you want to buy a ticket

교과서 문장 응용하기 **1** If you like this book, you can(may) read it. **2** Because it was very hot, I opened the window. / I opened the window because it was very hot.

내신적중 실전문제   pp.174~178

01 ② **02** ⑤ **03** After **04** ② **05** ② **06** ⑤
07 ④ **08** ③ **09** ④ **10** and **11** ③ **12** ⑤
13 ⑤ **14** because **15** ③ **16** ④ **17** ④
18 ③ **19** If **20** ② **21** ③ **22** ⑤ **23** If → that **24** will come → comes **25** ⑤ **26** ②
27 that **28** ③

서술형 평가
01 (1) When I entered the room, he was sleeping. / He was sleeping when I entered the room. (2) I know that my parents love me.

02 (1) Paul(He) rides a bike before he listens to music. (2) Paul(He) studies English after he has dinner. **03** My brother is tall, but I am(I'm) short. **04** (1) I won't buy the bag because it is too big. (2) If I miss the bus, I'll be late. **05** ⓐ when → that ⓒ and → or **06** I helped him with his homework before I left home.

01 빈칸에는 동사 said의 목적어 역할을 하는 접속사 that이 알맞다.

02 빈칸 뒤의 she was tired가 Emily가 집에 일찍 간 이유를 나타내므로 빈칸에는 이유의 접속사 because가 알맞다.

03 점심을 먹은 '후에' 쇼핑하러 간 것이므로 빈칸에는 '~한 후에'라는 뜻의 접속사 after가 알맞다.

04 첫 번째 빈칸에는 앞 문장(Fred는 요거트를 좋아한다)과 뒤 문장(그는 자주 아침 식사로 그것을 먹는다)이 비슷한 내용을 나타내므로 접속사 and가 알맞다. 두 번째 빈칸에는 앞 문장 (Fred는 요거트를 좋아한다)과 뒤 문장(그는 결코 그것을 사지 않는다)이 서로 상반된 내용을 나타내므로 접속사 but이 알맞다.

05 첫 번째 빈칸에는 '네가 거기 도착했을 때 비가 내리고 있었다.'라는 의미로 '~할 때'라는 뜻의 접속사 when이 알맞다. 두 번째 빈칸에는 '만약 네가 연습을 많이 한다면 너는 영어를 잘 말할 수 있다.'는 의미로 '만약 ~한다면'이라는 뜻의 접속사 if가 알맞다.

06 첫 번째 빈칸에는 일요일에 올 건지 월요일에 올 건지 묻는 것이므로 둘 중 하나를 선택할 때 쓰는 접속사 or가 알맞다. 두 번째 빈칸에는 '대답하기 전에 질문을 다시 읽어라.'라는 의미로 '~하기 전에'라는 뜻의 접속사 before가 알맞다.

07 that은 접속사로 쓰여 동사의 목적어 역할을 할 경우에는 생략할 수 있다. ④는 woman을 꾸며 주는 지시형용사이므로 생략할 수 없다.

08 ③ 조건을 나타내는 부사절에서는 현재시제가 미래를 나타낸다. (will visit → visit)

09 before는 '~하기 전에'라는 뜻이므로 문장의 앞뒤 순서를 바꾸면 접속사 after(~한 후에)로 바꿔 쓸 수 있다. (Kelly는 저녁 먹기 전에 춤추고 노래를 했다. = Kelly는 춤추고 노래를 한 후에 저녁을 먹었다.)

10 구입한 세 개의 물건이 펜 두 개와 스케치북 한 권이므로 빈칸에는 '그리고'라는 뜻의 접속사 and가 알맞다.

11 빈칸에는 동사 think와 hope의 목적어 역할을 하는 접속사 that이 공통으로 알맞다.

12 첫 번째 빈칸에는 '나는 조언자가 필요할 때 나의 삼촌을 만난다.'는 의미로 '~할 때'라는 뜻의 접속사 when이, 두 번째 빈칸에는 '언제 영어를 배우기 시작했니?'라는 의미로 '언제'라는 뜻의 의문사 when이 알맞다.

13 나머지는 빈칸 앞뒤가 비슷한 내용의 연결이므로 접속사 and가 알맞다. ⑤는 '나는 신문을 사고 싶었지만, 돈이 없었다.'는 대조의 의미이므로 접속사 but이 알맞다.

14 Jack이 기뻤던 이유가 대회에서 우승했기 때문이므로 빈칸에는 이유를 나타내는 접속사 because가 알맞다.

15 '~할 때'라는 뜻으로 시간이나 때를 나타내는 절에는 접속사 when을 쓴다.

16 'A와 B 둘 중 하나'라는 뜻은 「either A or B」로 나타낸다.

17 나머지는 '~할 때'라는 뜻으로 시간을 나타내는 접속사이고, ④는 '언제'라는 뜻으로 의문사이다.

18 나머지는 동사의 목적어 역할을 하는 접속사이고, ③은 지시대명사이다.

19 빈칸에는 '만약 ~한다면'이라는 뜻으로 조건을 나타내는 접속사 if가 알맞다.

20 ② '~하는 것'이라는 뜻으로 동사 think의 목적어 역할을 하는 접속사 that은 생략할 수 있다.

21 ⓑ '아프지만 학교에 가겠다'는 의미이므로 '그러나'라는 뜻의 접속사 but이 되어야 한다. (if → but) ⓒ '스키를 즐기기 때문에 겨울을 좋아한다'는 의미이므로 '~ 때문에'라는 뜻의 접속사 because가 되어야 한다. (when → because) ⓔ 길을 건너기 '전에' 양쪽을 봐야 하므로 '~ 전에'라는 뜻의 접속사 before가 되어야 한다. (after → before) ⓕ '일찍 일어나면 기차를 탈 수 있다'는 의미이므로 '만약 ~한다면'이라는 뜻의 접속사 if가 알맞다. (Before → If)

22 ⑤ 신발이 비싼 것이 이유이고 Kate가 신발을 살 수 없는 것이 결과이므로 「결과 + because + 원인」에 맞지 않다. 따라서 빈칸에는 '그래서'라는 뜻의 접속사 so가 알맞다.

23 나는 Sam이 우리 반에서 가장 똑똑하다고 생각한다.'는 의미로 절이 think의 목적어로 올 때는 접속사 that을 써야 한다.

24 시간을 나타내는 부사절에서는 현재시제가 미래를 나타낸다.

25 |보기|와 ⑤는 동사 say와 hope의 목적어 역할을 하는 접속사이고, 나머지는 지시형용사이다.

26 ② 바빴던 것과 도와준 것은 서로 상반되는 상황이므로 '그러나'라는 뜻의 접속사 but을 써야 한다.

27 빈칸에는 동사 know의 목적어 역할을 하는 접속사 that이 알맞다.

28 ⓐ '시간 있을 때 전화하라'는 의미이므로 '~할 때'라는 뜻의 접속사 when을 써야 한다. (because → when) ⓔ '너무 추워서 집에 있었다'는 의미이므로 이유를 나타내는 접속사 because를 써야 한다. ⓔ that은 타동사의 목적어가 되는 절을 연결할 때 쓴다. (that → because)

서술형 평가

01 (1) '내가 방에 들어갔을 때 그는 자고 있었다.'라는 의미가 자연스러우므로 '~할 때'라는 뜻의 접속사 when을 이용하여 연결한다. (2) 첫 번째 문장의 it이 두 번째 문장의 내용을 의미하므로 여기서는 동사 know의 목적어 역할을 하는 접속사 that을 이용하여 연결한다.

02 (1) 음악을 듣기 전에 자전거를 타므로 He rides a bike before ~.로 쓴다. (2) 저녁을 먹은 후에 영어를 공부하므로 He studies English after ~.로 쓴다.

03 두 문장이 서로 대조를 이루므로 접속사 but을 이용해서 쓴다.

04 (1) 그 가방이 너무 크기 때문에 나는 그것을 사지 않을 것이다. (2) 만약 내가 버스를 놓친다면, 나는 늦을 것이다.

[05~06]

> 오늘 아침 일어났을 때, 나는 숙제를 하지 않았다는 것을 알게 되었다. 그래서 나는 오늘 도서관에 가야 한다고 생각했다. 집에서 나가기 전에, 나는 침실을 청소하고 설거지를 했다. 내가 집을 나가려고 했을 때, 내 남동생은 내게 도와달라고 부탁을 했다. 나는 그의 숙제를 도와준 후에 집을 나섰다. 나는 버스나 지하철로 도서관에 갈 수 있었다. 나는 지하철을 탔다. 내가 도서관에 도착했을 때, 도서관 문은 닫혀있었다!

05 ⓐ '오늘 도서관에 갈 필요가 있다고 생각했다.'는 의미이므로, '~할 때'라는 뜻의 접속사 when 대신 동사 think의 목적어 역할을 하는 접속사 that을 써야 한다. ⓒ 뒤의 문장에서 지하철을 탔다고 했으므로 '버스나 지하철로' 갈 수 있다는 말이 되어야 한다. 따라서 접속사 and가 아니라 둘 중 하나를 선택할 때 쓰는 접속사 or를 써야 한다.

06 남동생의 숙제를 도와준 '후에' 집을 나간 것이므로 집을 나가기 '전에' 남동생의 숙제를 도와주었다는 의미가 되도록 쓴다.

FOCUS 80 p.181

A 1 at 2 in 3 in 4 on 5 on **B** 1 at 2 in 3 in 4 on 5 on **C** 1 on Friday 2 at ten 3 in winter 4 in the afternoon

교과서 문장 응용하기 1 She went to New York in 2015. 2 We don't go to school on Saturday.

FOCUS 81 p.182

A 1 before 2 after, before 3 for 4 during 5 fo 6 during **B** 1 (a) Aiden은 크리스마스 후에 돌아올 것이다. (b) Aiden은 일요일 전에 돌아올 것이다. 2 (a) Olivia는 두 시간 동안 그 자리에 앉았다. (b) Olivia는 점심 시간 동안 그 자리에 앉았다.

교과서 문장 응용하기 1 He drinks water before breakfast. 2 I learned to swim for a(one) year.

FOCUS 82 p.183

A 1 under 2 on 3 near 4 in 5 at 6 over **B** 1 over the chair 2 on the stage 3 in the classroom 4 near my house

교과서 문장 응용하기 1 People live on land, and fish live in the sea. 2 The river runs under the bridge.

FOCUS 83 p.184

A 1 next to 2 from 3 between 4 in **B** 1 next to 2 in front of **C** 1 across from 2 behind the door 3 by(beside) the sofa 4 next to the bakery 5 between, and

교과서 문장 응용하기 1 The bike(bicycle) is in front of the bench. 2 Our school is next to the bank.

FOCUS 84 p.185

A 1 into 2 for 3 by 4 from 5 to **B** 1 out of my bag 2 along the street 3 with a knife 4 from tree to tree

교과서 문장 응용하기 1 This bus is for Busan. 2 It takes an hour from here to my house.

내신적중 실전문제 pp.186~190

01 ② 02 ② 03 ④ 04 ① 05 at 06 ③
07 ①, ③ 08 ② 09 out of, into 10 ⑤ 11 ②
12 ① 13 ⑤ 14 on 15 ② 16 across
17 ② 18 ③ 19 ③ 20 ⑤ 21 over, under
22 ①, ⑤ 23 ② 24 or → and 25 ⑤ 26 ③
27 ④

서술형 평가

01 (1) My birthday(It) is on December 12. (2) I'm going to go to the movies on Friday. 02 The backpack is between the desk and the bed. 03 The chair is in front of the desk. 04 (1) We went camping for three days. (2) Some people are walking into the building. 05 ⓐ → His father commutes to Seattle every morning. 06 James goes to school by bike after breakfast.

01 구체적인 시각 앞에는 전치사 at을 쓴다.

02 나머지는 시간을 나타내는 전치사이고, ②는 장소를 나타내는 전치사로 '~ 안에'의 의미이다.

03 날짜 앞에는 전치사 on을, 구체적인 시각 앞에는 전치사 at을 쓴다.

04 close는 '가까운'이라는 뜻의 형용사이므로 close to는 '~ 근처에, ~ 가까이에'라는 의미의 ①과 바꿔 쓸 수 있다.

05 특정한 시점을 나타낼 때는 전치사 at을 쓴다.

06 ③ 뒤에 숫자를 포함한 구체적인 기간이 나오므로 전치사 for를 써야 한다.

07 ① 비교적 넓은 장소나 지역 앞에는 전치사 in을 쓴다. (on the sky → in the sky) ③ 표면이 접한 상태로 '~ 위에'라는 뜻을 나타낼 때는 전치사 on을 쓴다. (in the roof → on the roof)

08 나머지는 내부 '~ 안에'의 뜻으로 장소의 전치사 in이, ②는 표

면과 닿은 상태의 '~ 위에'를 뜻하므로 전치사 on이 알맞다.

09 '~의 밖으로'라는 뜻의 전치사는 out of이고, '~ 안으로'라는 뜻의 전치사는 into이다.

10 ⑤ across from은 '~의 맞은편에'라는 뜻을, along은 '~을 따라서'의 뜻을 나타낸다.

11 ② 구체적인 시각 앞에는 전치사 at을 쓴다.

12 연도와 도시 앞에 모두 쓸 수 있는 전치사는 in이다.

13 ⑤ '~로'의 뜻으로 교통수단과 함께 쓰는 전치사는 by이다. (in → by)

14 요일 앞에는 전치사 on을, 표면에 닿은 상태의 '~ 위에'의 뜻을 나타낼 때도 전치사 on을 쓴다.

15 ⓐ '~ 동안'의 뜻으로 구체적인 기간을 나타내는 숫자와 함께 쓰일 때는 전치사 for를 쓴다. ⓑ '~ 옆에'라는 뜻을 나타내는 전치사는 next to이다. ⓒ '~ 동안'의 뜻으로 특정 기간과 함께 쓰일 때는 전치사 during을 쓴다.

16 '내 여동생은 내 맞은편에 서 있다.'라는 의미가 자연스럽다. 따라서 '~의 맞은편에'라는 뜻을 나타내는 전치사 across from이 알맞다.

17 ⓐ 도구를 나타낼 때는 전치사 with를 써야 한다. (→ with) ⓒ 표면에 닿는 상태로 '~ 위에'라는 뜻을 나타내는 전치사는 on이다. ⓔ 날짜 앞에는 전치사 on을 써야 한다.

18 ③ in front of는 '~ 앞에'라는 뜻이다. '~ 아래에'라는 뜻은 전치사 under이다.

19 '~ 동안'의 뜻으로 뒤에 구체적인 기간을 나타내는 숫자가 오면 전치사 for를 쓴다.

20 시간을 나타내는 말 앞에 this가 있으면 시간의 전치사를 쓰지 않는다. (on this Sunday → this Sunday)

21 그림에서 풍선은 탁자 위쪽에 있고, 상자들은 탁자 아래에 있다. 표면에 접하지 않은 상태에서 '~ 위에'라는 뜻을 나타낼 때는 전치사 over를, '~ 아래에'라는 뜻은 전치사 under를 쓴다.

22 ② '~로 부터'라는 뜻으로 전치사 from을 써야 한다. ③ 특정한 시점 앞에는 전치사 at을 써야 한다. ④ 날짜 앞에는 전치사 on을 써야 한다.

23 ⓐ 목적지를 나타내는 '~로'라는 뜻은 전치사 to를 쓴다. ⓑ 교통수단 앞에는 전치사 by를 쓴다. ⓒ 특정한 날 앞에는 전치사 on을 쓴다.

24 'A와 B 사이에'라는 뜻은 「between A and B」로 쓴다.

25 '~을 향해'라는 뜻으로 목적지 앞에는 전치사 for를, noon(정오) 앞에는 전치사 at을 쓴다.

26 '~ 위에'라는 뜻으로 표면에 접한(게시판 위에 써 있음) 상태를 의미할 때는 전치사 on을 쓴다.

27 ⓑ China는 넓은 장소이므로 전치사 in을 써야 한다. (on → in) ⓓ 강 '위로' 무지개가 있는 것이므로 전치사 over를 써야 한다. (in → over) ⓔ '~의 앞에'라는 뜻의 전치사는 in front of이다. (at front of → in front of) ⓕ '~층에'라는 뜻을 나타낼 때는 전치사 on을 써야 한다. (for → on)

서술형 평가

01 ⑴ 특정한 날짜 앞에는 전치사 on을 쓴다. ⑵ 요일 앞에는 전치사 on을 쓴다.

02 배낭이 책상과 침대 사이에 있으므로 전치사 「between A and B」의 표현을 써서 문장을 완성한다.

03 의자가 책상 앞에 있으므로 전치사 in front of를 써서 문장을 완성한다.

04 ⑴ 3일은 구체적인 시간의 길이를 나타내므로 전치사 for를 쓴다. ⑵ '~의 안으로'라는 뜻을 나타내는 전치사 into를 쓴다.

[05~06]

James는 시애틀 근처에 있는 아름다운 마을에 산다. 그의 아버지는 매일 아침 시애틀로 통근한다. 그는 시애틀에서 일한다. 그는 차를 타고 출근한다. 그는 오전 9시부터 오후 5시까지 일한다. James는 아침 식사 후에 자전거로 학교에 간다. 그의 어머니는 정원에서 채소를 기른다. 그는 자주 저녁 식사 전에 그의 어머니를 도와준다. James의 가족은 저녁 7시에 함께 저녁 식사를 한다.

05 James의 아빠가 시애틀에서 일하므로 매일 아침 시애틀로 간다고 해야 의미가 자연스럽다. 따라서 전치사 from은 '~로'의 뜻인 to가 되어야 한다.

06 '학교에 가다'는 go to school의 표현을 쓴다. 교통수단 앞에는 전치사 by를, '~ 후에'라는 뜻을 나타낼 때는 전치사 after를 쓴다.

Memo

Memo